1001가지 기독교 명언

1001 Unforgettable Quotes About God, Faith, and the Bible

Copyright ⓒ by Ron Rhodes
Published by Harvest House Publishers
Eugene, Oregon 97402, USA
www.harvesthousepublishers.com
All right reserved.

Korean Edition Copyright ⓒ 2012 by Timothy Publishing House, Inc.,
Seoul, Republic of Korea

이 한국어판의 저작권은 Harvest House Publishers와 독점 계약한 (주)도서출판 디모데에 있습니다.
신 저작권법에 의하여 한국 내에서 보호를 받는 저작물이므로 무단 전재와 무단 복제를 금합니다.

1001가지 기독교 명언

1쇄 인쇄	2012년 9월 5일
3쇄 발행	2019년 7월 25일
지은이	론 로즈
옮긴이	정옥배
펴낸곳	주)도서출판 디모데 〈파이디온 선교회 출판 사역 기관〉
등록	2005년 6월 16일 제 319-2005-24호
주소	서울특별시 서초구 서초대로 141-23(방배동, 세일빌딩)
전화	마케팅실 070) 4018-4141
팩스	마케팅실 031) 902-7795
홈페이지	www.timothybook.com

값 12,000원
ISBN 978-89-388-1548-4 03230
Copyright ⓒ 주)도서출판 디모데 2012 〈Printed in Korea〉

1001가지 기독교 명언

론 로즈 지음 | 정옥배 옮김

삶과 묵상과 설교의 깊이를 더하는 명언 선집

나는 아내 케리(Kerri)와
두 아이 데이비드(David)와 카일리(Kylie)를 주신
하나님께 단 하루도 감사하지 않은 적이 없다.
이들은 나의 삶에 기쁨이며 풍요로움이다.
또 하비스트 하우스 출판사 사장 밥 호킨스(Bob Hawkins, Jr.)와
훌륭한 직원들과 함께 일할 수 있었던 것은 큰 특권이었다.
함께 신나게 일할 수 있게 해준 그 팀에게 감사한다.

차례

1001 Unforgettable
Quotes About God,
Faith, and the Bible

15	가족	38	교회
16	감사	43	교회 출석
16	감사의 삶	43	교회, 완전한가?
17	감정	44	교회의 영향
17	거룩함	45	구세주
19	건강과 부	45	구원
20	게으름	47	구원의 확신
20	격려	47	권위
21	결과	48	그리스도를 얻음
22	결의	48	그리스도와 함께 십자가에 못 박힘
23	겸손	49	그리스도의 사랑
27	겸양	49	그리스도의 신성
28	경건함	50	근면함
28	경외 그리고 경이로움	50	금식
29	고난	51	긍휼
31	고백	51	기다림
31	고통	51	기도
32	관계	62	기도, 겸손을 위한
32	교리	63	기도, 성경을 탐구하기 위한
33	교만	63	기도, 자비를 위한
37	교제	64	기도, 평온을 위한

64	기도의 열심	89	마귀
65	기독교	93	마귀의 거짓말
69	기쁨	94	마음의 공백
70	기사와 경외	95	마음의 열망
70	기억해야 할 머리글자	95	말
71	기적	95	말씀
71	끈기	100	말씀을 행하는 자
72	나이 든다는 것	100	무신론자
72	나태함	101	무지
73	낙심	102	미덕
74	남편과 아내	102	미래
74	내어 드림	103	미성숙한 그리스도인
75	노동	103	믿음
75	놀라운 기회	112	믿음과 행동
76	놀라운 시편	113	믿음에 대한 열심
76	다른 사람을 낙심케 함	113	배교
76	다른 사람을 섬김	113	번영
77	다른 사람을 판단함	114	변절
78	다스림	114	변화
78	다툼	115	복음
80	당신은 특별하다	116	복음의 긴급성
81	돈과 물질주의	116	본질적인 것에 대한 연합
86	돈을 사랑함	116	부모의 사랑
87	두려움	117	부유함
88	뒷공론	118	부정작함
88	리더십	118	부족함

119	부활	149	성경의 상호관계
120	부활의 능력	151	성경의 약속
120	분노	152	성도의 인내
123	분별	152	성령
123	분주함	154	성령께 의지함
124	불신자	154	성품
124	불의	157	세상
125	비문	157	소망
125	비판	159	순종
126	빈곤	162	슬픔
126	빛으로 살아가기	162	습관
126	빛을 발하라	162	승리
128	사과	163	시간 사용
128	사랑	164	시기
131	사역의 능력	165	시련
132	사역자	171	시민권
135	삶과 죽음	171	신뢰
135	삼위일체	171	신실함
136	선과 악	172	신자의 제사장직
136	선교 사역	172	신학
137	선한 생각	173	실망
137	선한 행동	174	실패
139	설교	174	심판
140	성경	176	십자가
148	성경 공부	176	아름다움
149	성경을 적용하기	176	아버지

177	아버지와 아들	208	예수의 완전하심
177	악(惡)	210	예수의 긴성과 신성
179	악의	210	예수의 주장
179	약함 속의 강함	211	예수를 신뢰함
180	양심	212	예수의 죽음과 대속
184	얕잡아 봄	213	오늘을 충실히 살기
185	어둠에서 빛으로	216	오염
185	어려운 문제	216	온유함
186	어려움	217	욕망
186	여행	217	용서
187	여호와를 경외함	219	우상숭배
188	역사	220	웃음
189	연약함	220	위대함
189	열매 맺음	221	위로
189	열심	221	위선
190	염려	222	유용하게 쓰임받는 사람
191	영원한 관점	222	유혹
203	영원한 생명	226	은혜
204	영원한 안전	228	은혜 안에서 자라감
204	영의 세계	228	은혜의 필요성
205	영적 맹인	229	음악
206	영혼의 건강	229	의가 구원을 이루지 못하는 이유
206	예배	230	의로움
207	예수	230	인기
208	예수, 우리의 중보자	231	인내
208	예수를 의지함	232	인종 평등

232	일	266	죽음의 순간
233	일관성	268	중요한 의도
233	자기 부인	268	증거
234	자기 신뢰	269	지구
234	자기 십자가를 짐	269	지옥
234	자기 이해	270	지혜로운 내기
235	자기 초점	270	진리
236	자비	271	진정성
237	자선	272	진화
238	자유	272	찬양
239	장수	273	천국
239	재림	280	천국 시민
241	전도	280	천국과 지옥
243	전쟁	282	천사
243	죄	282	첫인상
253	죄를 감춤	283	축복
253	죄를 범함	283	친구
253	죄 안에 남아 있는 것	284	친절함
254	죄에 대한 슬픔	285	침묵의 지혜
254	죄에 대한 현실적 평가	285	크리스마스
255	죄의 결과	285	타락
255	죄의 자각	287	탐욕
256	죄책	287	태도
256	주님을 본받음	288	패배
256	주신 것에 감사	289	평온함
257	죽음	289	평화

290	풍성한 삶	311	하나님의 임재
290	하나님과 동행함	312	하나님의 임재 연습
291	하나님께 굴복함	314	하나님의 자녀
291	하나님께 복종함	314	하나님의 자비로우심
292	하나님께 사용됨	315	하나님의 전능하심
293	하나님에 대한 잘못된 개념	316	하나님의 주권
293	하나님에 대한 증거	316	하나님의 징계
294	하나님을 갈망함	319	하나님의 축복
294	하나님을 기쁘시게 함	319	하나님의 침묵
295	하나님을 따름	321	하나님의 편재하심
296	하나님을 신뢰함	321	한결같은 마음
298	하나님을 아는 것	322	행복
299	하나님을 의지함	325	행위에 근거한 구원?
300	하나님의 거룩하심	325	허영심
300	하나님의 도우심	326	헌금
304	하나님의 뜻	327	헌신
304	하나님의 말씀	330	혀
305	하나님의 무한한 완전하심	331	혀를 길들임
305	하나님의 사랑	331	협력
305	하나님의 선하심	331	화
306	하나님의 섭리	332	화합
308	하나님의 아름다우심	332	환멸과 그리스도인
308	하나님의 약속	333	회개
309	하나님의 영광	335	회심
310	하나님의 위대하심		
311	하나님의 인내하심		

머리말

1001 Unforgettable
Quotes About God,
Faith, and the Bible

    이 책을 집필하는 동안 나는 행복한 시간을 누렸다. 나는 읽는 것을 좋아한다! 나는 책벌레다. 좋은 책을 읽을 때면 기억하고 싶은 문장들을 표시하기 위해 노란색 형광펜을 곁에 둔다. 이것은 벌써 수십 년이 된 습관이다. 내 서재에는 이렇게 노란색 표시가 된 책들로 가득하다.
    나는 이따금 그 책들을 다시 집어 들고 책장을 훌훌 넘기면서, 형광펜으로 표시된 부분만 읽어 본다. 다시 축복의 자리로 들어서기 위해서다. 이렇게 하면 내 영혼에 새로운 영감이 솟아난다.
    이 책을 쓰기 위해 내 서재의 책들을 한 권도 빠짐없이 살펴보면서 형광펜으로 표시된 그 많은 지혜의 말들 중 '최고 중의 최고'를 가려냈다. 그 모든 순간 내가 느낀 설렘과 기쁨은 표현하기 어렵다. 나는 또한 다른 훌륭한 저자들이 편집한 책들도 참고했다. 존경받는 그리스도인들의 명언집도 살펴보았다. 뿐만 아니라 그리스도가 주신 많은 진주, 곧 다양한 상황들에 적용되는 재치 있고 설득력 넘치는 말씀들을 모았다.
    각 명언들을 성경 말씀으로 조명하여 정리하였는데 이 부분을 '성경의 진리'라고 이름 붙였다. 각 명언들을 뒷받침하고 있는 성경의 지혜를 통해 당신의 묵상은 더욱 깊어질 것이다. 하루에 명언 한두 개를 성경의 진리와 함께 묵상해보라. 짧은 경건의 시간을 위해서도 유용할 것이다.
    차례 부분은 주제별 색인으로도 활용할 수 있다. 그것을 참고하면 항해가 보다 쉬워질 것이다.

    이 책을 읽는 동안 과거와 현재의 훌륭한 그리스도인들이 제공하는 통찰력이 당신의 지식과 지혜의 원천이 되며, 그 시간이 행복한 여행이 되기를 기도한다. 우리는 명언들을 통해 많은 것을 배울 수 있다. 이 책을 읽는 당신에게 주님이 복 주시기를!

1001 Unforgettable
Quotes About God,
Faith, and the Bible

가족

1
어떤 부모들은 엘리처럼 자녀들이 그들의 가정을 파멸시키도록 키운다.
-조지 스윈녹(1627-1673), 영국 청교도 목사

성경의 진리 "마땅히 행할 길을 아이에게 가르치라 그리하면 늙어도 그것을 떠나지 아니하리라"(잠 22:6).

2
당신이 자녀들에게 거룩함에 대해 가르치는 것을 소홀히 할 때, 마귀도 그것을 소홀히 할까? 그렇지 않다. 당신이 자녀들에게 기도하도록 가르치지 않는다면, 마귀는 저주하고, 욕하며, 거짓말하는 것을 가르칠 것이다. 땅을 경작하지 않으면 잡초가 솟아오를 뿐이다.
-존 플라벨(1627-1691), 영국 장로교 목사

성경의 진리 자녀를 "주의 교훈과 훈계로" 양육하라(엡 6:4).

3
가정은 정부의 가장 기본이 되는 단위다. 사람이 소속되는 최초의 공동체이자 살아가는 법을 배우는 최초의 권위인 가정은 사회의 가장 기본적인 가치관을 확립한다.
-찰스 칼렙 콜튼(1780-1832), 영국 저술가

성경의 진리 좋은 부모는 자녀에게 선하고 오래 지속되는 영향력을 발휘한다(왕상 9:4, 대하 17:3, 딤후 1:5).

⁴
나는 영국의 모든 신학자보다 나의 어머니에게서 기독교에 대해 더 많이 배웠다.
-존 웨슬리(1703-1791), 감리 교회 창시자

성경의 진리 자녀들은 자기 부모들이 가르치는 것에 귀를 기울여야 한다(잠 1:8, 6:20, 23:22).

⁵
신령하게 되기가 가장 쉬운 곳은 대중 앞이다. 가장 어려운 곳은 집이다.
-찰스 라이리(1925-), 신학자, 달라스 신학교 교수

성경의 진리 남편과 아내 사이에서(마 5:32), 부모와 자녀 사이에서(엡 6:4, 골 3:21)가 문제들이 가장 쉽게 불거질 수 있다.

감사

⁶
삶에서 중요한 것은 모든 것을 당연한 것으로 받아들이느냐 감사함으로 받아들이느냐 하는 것이다.
-G. K. 체스터튼(1874-1936), 저자, 변증가

성경의 진리 무엇이 어찌 되었든, 우리는 언제나 감사해야 한다(살전 5:18).

감사의 삶

⁷
감사를 드리는 것(thanksgiving)은 좋은 것이다. 하지만 감사하는 삶

(thanks-living)은 더 좋은 것이다.

−매튜 헨리(1662−1714), 성경 주석가, 장로교 목사

성경의 진리 우리가 하나님께 드리는 감사는 우리 삶의 방식에서 나타난다. 우리는 이 점에서 그리스도의 본을 따를 수 있다(마 14:19, 15:36, 26:26, 막 6:41, 8:6, 14:22, 눅 9:16).

감정

8
감정에 기초한 그리스도인의 삶은 곧 커다란 붕괴를 맞게 된다.

−어윈 루처(1941−), 시카고 무디 교회 목사

성경의 진리 감정은 긍정적인 것이 될 수도 있고(시 45:7, 112:1, 잠 15:30), 부정적인 것이 될 수도 있다(레 19:18, 시 37:8, 잠 27:4, 전 7:9). 감정은 변동이 심하다.

거룩함

9
경건한 사람일수록 자신의 불경건함에 대해 더 애통해한다.

−찰스 스펄전(1834−1892), 런던 뉴파크 스트리트 교회 목사

성경의 진리 바울은 자신을 죄인 중의 괴수로 여겼다(딤전 1:15).

10
거룩한 서투름이 죄 많은 웅변술보다 낫다.

−제롬(374−420), 변증가, 번역가

성경의 진리 "오직 너희를 부르신 거룩한 이처럼 너희도 모든 행실에 거룩한 자가 되라"(벧전 1:15).

11
그리스도인은 절대 완성된 상태가 아니며, 언제나 완성되는 과정 중에 있다.
–마르틴 루터(1483-1546), 종교개혁가, 사제, 신학 교수

성경의 진리 그리스도인은 신분적으로 성화되었지만(히 10:10, 29), 동시에 날마다 지속적이고 점진적으로 성화되는 과정 속에 있다(벧후 1:3-11).

12
거룩한 사람은 하나님의 손안에 있는 강력한 무기다.
–로버트 머레이 맥체인(1813-1843), 스코틀랜드 교회 목사

성경의 진리 "의인의 간구는 역사하는 힘이 큼이니라"(약 5:16).

13
거룩함은 아예 유혹을 받지 않는 게 아니라, 유혹을 극복하는 능력이다.
–캠벨 몰간(1863-1945), 웨스트민스터 교회 목사

성경의 진리 "사람이 감당할 시험 밖에는 너희가 당한 것이 없나니 오직 하나님은 미쁘사 너희가 감당하지 못할 시험 당함을 허락하지 아니하시고 시험 당할 즈음에 또한 피할 길을 내사 너희로 능히 감당하게 하시느니라"(고전 10:13).

14
교회의 과업은 사람들을 행복하게 하는 게 아니라 거룩하게 하는 것이다.
–척 콜슨(1931-), 저자, 교도소 선교회 설립자

성경의 진리 그리스도인은 "그 앞에 거룩하고 흠이 없게 하시려고"(엡 1:4) 부르심을 받는다. 주님은 "거룩하신 소명으로 우리를 부르"(딤후 1:9)셨다.

15
하나님은 뛰어난 은사를 받기보다 예수님을 닮는 것을 축복하신다.
—로버트 머레이 맥체인(1813-1843), 스코틀랜드 교회 목사

성경의 진리 "여호와여 주는 의인에게 복을 주시고 방패로 함 같이 은혜로 그를 호위하시리이다"(시 5:12).

16
하나님은 우리의 안락함보다 우리의 성품에 더 관심이 있으시다. 그분의 목표는 우리를 육적으로 애지중지하시는 것이 아니라, 우리를 영적으로 온전하게 하시는 것이다.
—폴 파웰(1933-), 전(前) 조지 트루엣 신학교 학장

성경의 진리 "너희가 참음은 징계를 받기 위함이나 하나님이 아들과 너희를 대우하시나니 어찌 아버지가 징계하지 않는 아들이 있으리요…하나님은 우리의 유익을 위하여 그의 거룩하심에 참여하게 하시느니라"(히 12:7, 10).

건강과 부

17
건강과 부는 우리로 하여금 그리스도를 필요로 하지 않게 만든다.
—캘빈 밀러, 저자, 예술가

성경의 진리 "부자는 천국에 들어가기가 어려우니라"(마 19:23).

게으름

¹⁸ 하나님은 당신이 어떤 일을 스스로 할 수 있도록 힘을 주시지만, 그 일을 대신 해주지는 않으신다.
-밥 존스(1883-1968), 전도자

성경의 진리 하나님이 도와주셨지만, 그래도 방주를 지은 것은 노아였다(창 6-7장).

¹⁹ 그리스도를 신뢰할 때 우리는 게으름, 태만, 부주의에 빠질 수 없다. 오히려 각성하고 분발하여 의롭고 적극적으로 선을 행하는 삶을 살게 된다.
-울리히 츠빙글리(1483-1531), 스위스 종교개혁자

성경의 진리 "무슨 일을 하든지 마음을 다하여 주께 하듯 하고 사람에게 하듯 하지 말라"(골 3:23).

격려

²⁰ 내가 삶을 다시 살 수 있다면, 다른 사람들을 격려하는 데 더 많은 시간을 사용하겠다.
-F. B. 마이어(1847-1929), 침례교 목사, 전도자

성경의 진리 그리스도인들이여, 서로 격려하라(엡 6:22, 골 4:8, 살전 4:18, 5:11, 14, 딤전 5:1)!

21

실망하고 싶다면 다른 사람들을 보라. 낙담하고 싶다면 자신을 보라. 격려받고 싶다면 예수 그리스도를 보라.

-에리히 자우어(1989-1959), 독일 비데네스트 성경학교

성경의 진리 우리는 끊임없이 "믿음의 주요 또 온전하게 하시는 이"(히 12:2)인 예수를 바라보아야 한다.

22

인간이 감당해야 할 중요한 의무 가운데 하나는 격려다. 다른 사람들을 낙심시키기는 쉽다. 가뜩이나 세상은 낙심시키는 자들로 가득 차 있다. 우리 그리스도인들에게는 서로 격려해야 할 의무가 있다.

-윌리엄 바클레이(1907-1978), 글래스고 대학교 교수

성경의 진리 "피차 권면하고 서로 덕을 세우라"(살전 5:11).

결과

23

어떤 사람이 술에 취해 돌아다니다가 다리가 부러져 절단하게 되었다면 하나님께 간구함으로 용서를 받을 수 있겠지만, 평생 한 다리로 다녀야 할 것이다.

-D. L. 무디(1837-1899), 전도자

성경의 진리 다윗은 밧세바와 더불어 지은 죄를 용서받았다. 그럼에도 그는 그 불순종에 대해 중대한 대가를 치렀다(삼하 12:10).

결의

24
이미 천국의 행복과 지옥의 고통을 맛보았다면, 옳다고 여기는 것을 실천하기 위해 온 힘을 다하라.
-조나단 에드워즈(1703-1758), 신학자

성경의 진리 "위의 것을 생각하고 땅의 것을 생각하지 말라"(골 3:2).

25
어떤 식으로든 자신이 발휘할 수 있는 모든 힘을 다해 이 땅에서 가능한 한 천국과 동일한 행복을 획득하려고 부단히 노력하라.
-조나단 에드워즈(1703-1758), 신학자

성경의 진리 이 말씀에 동기부여를 받으라. "우리의 시민권은 하늘에 있는지라"(빌 3:20).

26
숨을 거둘 때 후회하지 않을 삶을 살라.
-조나단 에드워즈(1703-1758), 신학자

성경의 진리 "우리에게 우리 날 계수함을 가르치사 지혜로운 마음을 얻게 하소서"(시 90:12).

27
삶의 마지막 순간에 후회할 만한 어떤 것도 하지 말라.
-조나단 에드워즈(1703-1758), 신학자

성경의 진리 "여호와여 나의 종말과 연한이 언제까지인지 알게 하사 내가 나의 연약함을 알게 하소서"(시 39:4).

28
살아 있는 동안 최선을 다해 살라. 한순간도 시간을 허비하지 말고, 가장 유익한 방식으로 자신의 부족함을 개선하라. 다른 사람에게서 멸시를 받거나 비난받을 만한 어떤 일도 하지 말라.
–조나단 에드워즈(1703-1758), 신학자

성경의 진리 "세월을 아끼라 때가 악하니라"(엡 5:16).

겸손

29
겸손만큼 사람을 마귀의 손아귀에서 멀리 벗어나게 하는 것은 아무것도 없다.
–조나단 에드워즈(1703-1758), 신학자

성경의 진리 "그러므로 하나님의 능하신 손 아래에서 겸손하라 때가 되면 너희를 높이시리라…근신하라 깨어라 너희 대적 마귀가 우는 사자 같이 두루 다니며 삼킬 자를 찾나니"(벧전 5:6-8).

30
거룩한 사람은 겸손을 추구한다…그는 세상의 다른 누구에게서보다 자신의 마음속에서 더 많은 악을 본다. 그는 "나는 티끌이나 재와 같사오나"라고 말한 아브라함의 심정을 깊이 이해한다.
–J. C. 라일(1816-1900), 영국 리버풀 성공회 주교

성경의 진리 이사야는 고백했다. "화로다 나여 망하게 되었도다 나는 입술이 부정한

사람이요"(사 6:5).

31
겸손한 사람에게는 지속적인 평화가 있지만, 교만한 사람에게는 잦은 시기와 분노가 있다.
-토마스 아 켐피스(1380-1471), 『그리스도를 본받아』 저자

성경의 진리 다윗은 겸손히 말했다. "내가 평안히 눕고 자기도 하리니 나를 안전히 살게 하시는 이는 오직 여호와이시니이다"(시 4:8).

32
휫필드의 이름은 멸하고 그리스도가 영광 받으시게 하라. 내 이름은 어디에도 나타나지 않도록, 친구들조차도 나를 잊게 하라. 복 되신 예수 그리스도의 복음이 더욱 널리 전파될 수만 있다면.
-조지 휫필드(1714-1770), 신학자, 설교자

성경의 진리 세례 요한은 "그는 흥하여야 하겠고 나는 쇠하여야 하리라"(요 3:30)고 힘주어 말했다.

33
나는 우리가 더 많은 빛 가운데 거할수록, 우리의 죄성을 더 많이 보게 된다고 확신한다. 천국에 가까이 갈수록 겸손으로 옷 입게 되기 때문이다.
-J. C. 라일(1816-1900), 영국 리버풀 성공회 주교

성경의 진리 겸손한 바울은 "오호라 나는 곤고한 사람이로다 이 사망의 몸에서 누가 나를 건져내랴"(롬 7:24)고 말했다. 물론 그 대답은 예수 그리스도다(롬 7:25 참고).

34
바르게 성장하고 있다는 증거는 자기 눈으로 보기에는 덜 성장하고 있는 것이다.
-토마스 왓슨(1620-1686), 청교도 설교자, 저자

성경의 진리 여호와께서 우리에게 요구하시는 것은 "겸손하게 네 하나님과 함께 행하는 것"(미 6:8)이다.

35
자신을 작게 여기고, 큰 영광을 취하는 것에 무신경한 사람이 진정 위대한 사람이다.
-토마스 아 켐피스(1380-1471), 『그리스도를 본받아』 저자

성경의 진리 바울은 "이제 내가 사람들에게 좋게 하랴 하나님께 좋게 하랴 사람들에게 기쁨을 구하랴 내가 지금까지 사람들의 기쁨을 구하였다면 그리스도의 종이 아니니라"(갈 1:10)고 단언했다.

36
우리가 언제나 성공만 한다면 겸손을 유지하기 어려울 것이다. 그래서 하나님은 우리를 겸손하게 하시려고 때로 실패라는 벌을 주신다.
-마틴 로이드 존스(1899-1981), 웨일스 개신교 목사

성경의 진리 "주께서 그 사랑하시는 자를 징계하시고 그가 받아들이시는 아들마다 채찍질하심이라"(히 12:6).

37
모세는 자신이 대단한 사람이라고 생각하며 40년을 보냈다. 그 후 자신이 보잘것없는 사람임을 실감하며 광야에서 40년을 보냈다. 마침내, 그는 보잘것없는 사람을 통해 하나님이 어떤 일을 하실 수 있는지 배우며 생애

마지막 40년을 보냈다!
-D. L. 무디(1837-1899), 전도자

성경의 진리 "하나님께서 세상의 미련한 것들을 택하사 지혜있는 자들을 부끄럽게 하려 하시고 세상의 약한 것들을 택하사 강한 것들을 부끄럽게 하려 하시며"(고전 1:27).

38
겸손은 다른 모든 미덕의 어머니, 뿌리, 양성소, 토대 그리고 중심이다.
-크리소스톰(347-407), 초대 교회 교부

성경의 진리 우리는 겸손으로 옷 입어야 한다(참고 골 3:12, 벧전 5:5-6).

39
하나님께는 두 개의 보좌가 있다. 하나는 가장 높은 하늘에, 다른 하나는 가장 낮은 마음에.
-D. L. 무디(1837-1899), 전도자

성경의 진리 "내가 높고 거룩한 곳에 있으며 또한 통회하고 마음이 겸손한 자와 함께 있나니 이는 겸손한 자의 영을 소생시키며 통회하는 자의 마음을 소생시키려 함이라"(사 57:15).

40
겸손한 사람은 질투하거나 시기하지 않는다. 그는 사람들이 다른 사람을 자신보다 더 좋아할 때에도 하나님을 찬양한다. 그는 자기 공로가 드러나지 않고, 다른 사람이 칭찬받는 것을 견뎌낸다. 왜냐하면 그 사람에게는 예수의 영이 있기 때문이다. 예수님도 자신의 기쁨이나 영광을 구하지 않으셨다. 그렇기 때문에 그는 주 예수 그리스도를 입음으로 긍휼, 인자함,

온유함, 오래 참음, 겸손의 마음도 입을 수 있는 것이다.

-앤드류 머레이(1828-1917), 저술가, 목사

성경의 진리 "너희 안에 이 마음을 품으라 곧 그리스도 예수의 마음이니 그는 근본 하나님의 본체시나 하나님과 동등 됨을 취할 것으로 여기지 아니하시고"(빌 2:5-6).

41

이 세상의 영광에 헛바람, 공허함, 추락의 위험 외에 또 다른 무엇이 있을 수 있겠는가?

-아우구스티누스(354-430), 히포의 주교

성경의 진리 역설적이게도, 참된 영광을 받는 사람은 바로 겸손한 사람이다(참고 잠 15:33, 18:12, 29:23, 눅 14:11, 18:14).

42

사람의 모든 영광을 미워하고 멸시하라. 그것은 사람의 어리석음과 같은 것이다. 사람의 영광은 당신이 마음속에 들일 수 있는 가장 큰 덫이자, 배신자다.

-윌리엄 로(1686-1761), 목사, 저자

성경의 진리 교만은 패망의 선봉이다(참고 잠 16:18, 18:12).

겸양

43

겸양의 신중함을 스스로 지니는 법을 배우라.

-장 칼뱅(1509-1564), 프랑스 종교개혁가

성경의 진리 성경은 겸양의 훌륭한 예들을 보여 준다(삼상 9:21, 에 1:11-12, 욥 32:4-7).

경건함

44
경건함은 진리의 자녀이며, 반드시 그 어머니가 양육해야 한다.
-윌리엄 거널(1617-1679), 저자

성경의 진리 "갓난아기들 같이 순전하고 신령한 젖을 사모하라 이는 그로 말미암아 너희로 구원에 이르도록 자라게 하려 함이라"(벧전 2:2).

경외 그리고 경이로움

45
자연 속에 있을 때마다, 나는 사방으로 하나님 아버지의 멋진 솜씨와 마주하고 있다는 것을 깨닫는다. 마치 모든 나무와 바위, 강과 산, 꽃과 새 혹은 한 포기 풀에 '하나님 제작'(Made by God)이라는 라벨이 영구히 새겨져 있는 것 같다. 그리스도께서 모든 생명이 드러내는 장엄한 경외감과 존경으로 온 땅에서 아버지의 이름이 거룩히 여김 받으시기를 간절히 바라신 것은 결코 이상한 일이 아니다.
-필립 켈러(1920-1997), 저자

성경의 진리 "창세로부터 그의 보이지 아니하는 것들 곧 그의 영원하신 능력과 신성이 그가 만드신 만물에 분명히 보여 알려졌나니"(롬 1:20). 시편 104편은 하나님의 놀라운 피조 세계를 아름다운 언어로 묵상하고 있다.

고난

46
우리 인생의 어두운 순간들은 하나님이 우리 안에서 그분의 목적을 성취하시는 데 필요한 만큼만 지속될 것이다.
―찰스 스탠리(1932-), 애틀랜타 제일침례교회 담임 목사

성경의 진리 요셉은 자신을 노예로 팔아넘긴 형들에게 이렇게 말했다. "당신들은 나를 해하려 하였으나 하나님은 그것을 선으로 바꾸사 오늘과 같이 많은 백성의 생명을 구원하게 하시려 하셨나니"(창 50:20).

47
심장 발작을 비롯한 육체적 질병의 대단히 많은 경우가 우리 죄에서 비롯된다. 교만, 오만, 분개함, 악한 상상, 악의, 탐욕 등은 유한한 육체를 일찍이 괴롭힌 다른 모든 질병보다 더 고통스럽게 하는 원인이 된다.
―A. W. 토저(1897-1963), 설교자, 저자

성경의 진리 다윗은 자신의 죄를 고백하며 이렇게 말했다. "내가 입을 열지 아니할 때에 종일 신음하므로 내 뼈가 쇠하였도다"(시 32:3).

48
사람이 더 영적으로 살려고 애쓸수록, 이 땅에서의 삶은 더욱 고통스러운 것이 된다. 왜냐하면 그는 인간 부패로 인한 결함들을 더 잘 인식하고 더 분명하게 보기 때문이다.
―토마스 아 켐피스(1380-1471), 『그리스도를 본받아』 저자

성경의 진리 바울은 "내 속에 선한 것이 거하지 아니"하며 죄가 "내 속에 거"한다고 단언했다(롬 7:18, 20). 그는 자신을 "곤고한 사람"이라고 불렀다(롬 7:24).

49
당신이 받는 모든 고통 아래서 더 나아지도록 애쓰라. 당신의 고통이 더 악화되지 않도록.
-존 오웬(1616-1683), 교회 지도자, 신학자

성경의 진리 하나님은 징계가 그 목적을 달성할 때까지 자녀에 대한 그분의 징계를 거두지 않으실 것이다(히 12:5-11 참고).

50
우리는 산꼭대기에서 하는 경험보다 골짜기에서 하는 경험을 통해 더 많은 것을 배운다.
-찰스 스탠리(1932-), 애틀랜타 제일침례교회 담임 목사

성경의 진리 "내 형제들아 너희가 여러 가지 시험을 당하거든 온전히 기쁘게 여기라 이는 너희 믿음의 시련이 인내를 만들어내는 줄 너희가 앎이라"(약 1:2-3).

51
나는 종종 병실에서 있었던 시간을 감사하는 마음으로 되돌아본다. 나는 다른 어떤 곳에서보다 고통의 침상에 있었을 때 은혜 가운데 가장 성장했음을 확신한다.
-찰스 스펄전(1834-1892), 런던 뉴파크 스트리트 교회 목사

성경의 진리 시편 기자는 "고난 당한 것이 내게 유익이라 이로 말미암아 내가 주의 율례들을 배우게 되었나이다"(시 119:71)라고 단언했다.

고백

52
우리의 죄를 덮는 길은 고백함으로 그 죄를 들추어내는 것이다.
-리처드 시브스(1577-1635), 영국 신학자

성경의 진리 우리는 "만일 우리가 우리 죄를 자백하면 그는 미쁘시고 의로우사 우리 죄를 사하시며 우리를 모든 불의에서 깨끗하게 하실 것"(요일 1:9)이라는 약속을 받았다.

53
악한 행위를 고백하는 것은 선한 행위의 시작이다.
-아우구스티누스(354-430), 히포의 주교

성경의 진리 "내가 이르기를 내 허물을 여호와께 자복하리라 하고 주께 내 죄를 아뢰고 내 죄악을 숨기지 아니하였더니 곧 주께서 내 죄악을 사하셨나이다"(시 32:5).

고통

54
하나님은 우리가 기쁨 가운데 있을 때는 속삭이시고, 우리가 어려움에 처했을 때는 말씀하신다. 그리고 우리가 고통 가운데 있을 때는 큰 소리로 외치신다.
-C. S. 루이스(1898-1963), 저자, 옥스퍼드 대학 교수

성경의 진리 "고난 당한 것이 내게 유익이라 이로 말미암아 내가 주의 율례들을 배우게 되었나이다"(시 119:71).

55
고통은 귀먹은 세계를 깨우려는 하나님의 확성기다.

−C. S. 루이스(1898−1963), 저자, 옥스퍼드 대학 교수

성경의 진리 "고난 당하기 전에는 내가 그릇 행하였더니 이제는 주의 말씀을 지키나이다"(시 119:67).

관계

56
인생은 독창이 아니라 합창이다. 우리는 요람에서 무덤에 이르기까지 관계 안에서 산다.

−작자 미상

성경의 진리 우리는 가족(마 15:4, 19:19, 참고 눅 18:20), 친구(잠 27:10 참고), 하나님 가족의 일원들(마 25:40, 참고 눅 8:21, 요 21:23)과 관계를 맺으며 산다.

교리

57
하나님이 잘못된 교리들을 발견하실 때마다 번개를 보내셨다면, 이 지구의 상공은 밤이면 밤마다 크리스마스트리처럼 불꽃이 번쩍였을 것이다.

−필립 얀시(1949−), 저자

성경의 진리 성경은 "귀신의 가르침"(딤전 4:1)과 "바른 교훈을 받지 아니하는"(딤후 4:3) 사람들에 대해 말한다. 성경은 또한 다른 복음(갈 1:8), 다른 예수, 다른 영(고후 11:4)에 대해 말한다. 그리스도인들이여, 주의하라!

교만

58
하나님은 자기 자신으로 가득 차 있는 사람들 외에는 아무도 빈손으로 보내지 않으신다.
−D. L. 무디(1837−1899), 전도자

성경의 진리 하나님은 교만한 조롱자를 비웃으신다(잠 3:34).

59
자기를 찬양하는 노래를 부르는 사람의 노래는 보통 음정이 맞지 않는다.
−작자 미상

성경의 진리 자신만만한 자랑을 피하라(고후 11:17).

60
교만은 기어 올라가기를 좋아한다. 삭개오처럼 그리스도를 보기 위해서가 아니라, 사람들에게 자신을 드러내기 위해서다.
−윌리엄 거널(1617−1679), 저자

성경의 진리 마음을 낮추는 것이 더 낫다(잠 16:19).

61
사람은 겸손의 태도를 취할 때 가장 교만하다.
−C. S. 루이스(1898−1963), 저자, 옥스퍼드 대학 교수

성경의 진리 스스로 지혜 있는 체하지 말라(롬 12:16).

62
가난과 불행은 교만을 타오르게 하는 연료를 제거해 버린다.
-리처드 십스(1577-1635), 영국 신학자

성경의 진리 하나님은 교만한 자를 낮추신다(사 13:11, 단 4:37).

63
교만한 사람은 지옥으로 내려가는 경사면의 중간쯤에서 산다.
-작자 미상

성경의 진리 교만은 패망의 선봉이다(잠 16:18, 19:12).

64
자만심은 이상한 병이다. 그것은 그 병을 가진 사람을 제외한 모든 사람을 역겹게 한다.
-제임스 돕슨(1936-), '포커스 온 더 패밀리' 설립자

성경의 진리 자랑하는 것은 악에 속한 것이다(약 4:16).

65
천사를 마귀로 돌변하게 한 것은 교만이었다. 반면 사람을 천사로 만드는 것은 겸손이다.
-아우구스티누스(354-430), 히포의 주교

성경의 진리 너의 하나님과 함께 겸손히 행하라(미 6:8).

66
자기 사랑의 수고는 참으로 힘든 것이다. 당신이 느끼는 슬픔 중 많은 부분이 누군가 당신을 깔 보는 듯 말하기 때문은 아닌지 생각해보라. 당신

이 자신을 충성을 바쳐야 하는 작은 신으로 사람들에게 제시할 때, 그 우상을 모욕하기를 기뻐할 사람들이 있을 것이다.
-A. W. 토저(1897-1963), 설교자, 저자

성경의 진리 "아무 일에든지 다툼이나 허영으로 하지 말고 오직 겸손한 마음으로 각각 자기보다 남을 낫게 여기고"(빌 2:3).

67
자신의 장점에 대해 지나치게 자신만만한 사람은, 오히려 다른 사람으로 하여금 그 사람의 단점을 생각하게 한다.
-작자 미상

성경의 진리 "만일 누가 아무 것도 되지 못하고 된 줄로 생각하면 스스로 속임이라"(갈 6:3).

68
하늘의 문은 가장 큰 죄인이라도 들어갈 수 있도록 넓지만, 그럼에도 교만은 절대 통과할 수 없도록 매우 낮다.
-찰스 스펄전(1834-1892), 런던 뉴파크 스트리트 교회 목사

성경의 진리 누가복음 18장 10-14절의 교만한 바리새인("하나님이여 나는 다른 사람들…과 같지 아니함을 감사하나이다")과 겸손하고 회개하는 세리("불쌍히 여기소서…")에 대한 예수님의 말씀을 깊이 생각해보라. 구원을 발견한 것은 자신을 부풀린 바리새인이 아닌 겸손한 세리였다.

69
자기 자랑은 내적 교만의 외적 표현이다.
-존 파이퍼(1936-), 설교자, 저자

성경의 진리 교만한 사람에게는 자랑하는 혀가 있다(시 12:3-4).

70
교만은 다른 모든 죄가 자라는 기반이자, 그 생성의 근원이다.
-윌리엄 바클레이(1907-1978), 글래스고 대학 교수

성경의 진리 "교만이 오면 욕도 오거니와"(잠 11:2).

71
당신이 스스로 충분히 겸손하다고 생각하는 것보다 만성적 교만을 나타내는 더 큰 표시는 없다.
-윌리엄 로(1686-1761), 목사, 저자

성경의 진리 "아무 일에든지 다툼이나 허영으로 하지 말고 오직 겸손한 마음으로 각각 자기보다 남을 낫게 여기고"(빌 2:3).

72
자기 자랑을 치료하는 방법은 하루 종일 주님을 자랑하는 것이다.
-찰스 스펄전(1834-1892), 런던 뉴파크 스트리트 교회 목사

성경의 진리 "자랑하는 자는 주 안에서 자랑하라"(고전 1:31).

73
사람이 자신을 스스로 예배 받기 합당한 대상이라고 믿는 것은 너무나 어리석은 일이다. 그것은 마치 예수님을 예루살렘으로 태우고 간 나귀가 예수님을 반기는 무리를 보고, 그들이 자신 때문에 환호하며, 자신을 위해 그들의 옷을 길에 깔아놓았다고 믿는 것과 같다.
-척 콜슨(1931-), 저자, 교도소 선교회 설립자

성경의 진리 도끼가 그것을 사용하는 사람에게 자신을 자랑할 수 있는가(사 10:15 참고)?

74
하나님은 겸손하게 자신을 낮추셨다. 하지만 사람은 여전히 교만하다.
-아우구스티누스(354-430), 히포의 주교

성경의 진리 그리스도께서는 사람이 되심으로 자신을 낮추셨다(빌 2:5-11 참고). 그러나 많은 사람이 교만하게 그분을 거부했다(요 1:11 참고).

75
교만은 지체하는 것만 **빼면** 다른 무엇보다 마귀가 더 많은 고기를 끌어 모으는 그물과 같다.
-찰스 스펄전(1834-1892), 런던 뉴파크 스트리트 교회 목사-

성경의 진리 주님은 "교만한 중에 사로잡힌"(시 59:12) 사람들에 대해 경고하신다.

교제

76
사탄은 호위자 없이 항해하는 배들을 주시한다.
-조지 스윈녹(1627-1673), 영국 청교도 목사

성경의 진리 그리스도인은 자신의 유익을 위해 교회에 출석해야 한다. "모이기를 폐하는 어떤 사람들의 습관과 같이 하지 말고 오직 권하여 그 날이 가까움을 볼수록 더욱 그리하자"(히 10:25).

교회

77
고립된 그리스도인은 마비된 그리스도인이다.
-프레드 베비척, 가톨릭 사제

성경의 진리 우리는 다른 그리스도인들과 교제를 나눌 때만 영적으로 세워지고(눅 22:32), 격려를 받으며(살전 4:18, 5:11), 경고를 받고(히 3:13), 사랑을 받는다(요 13:34, 히 13:1, 요일 4:7).

78
기독교는 본질적으로 사회적 종교다. 그러므로 기독교를 외톨이 종교로 만드는 것은 기독교를 파괴시키는 것이다.
-존 웨슬리(1703-1791), 감리 교회 창시자

성경의 진리 초대 교회 신자들은 서로의 유익함을 위해 모였다(행 4:31, 12:12, 14:27, 15:6, 30, 20:7). 예수님은 "두세 사람이 내 이름으로 모인 곳에는 나도 그들 중에 있느니라"(마 18:20)고 약속하셨다.

79
불가피한 일도 아닌데 교회에 나가지 않는 것은 영적 타락의 확실한 증거다.
-프랜시스 리들리 하버갈(1836-1879), 영국 시인, 찬송 작사가

성경의 진리 우리는 교회에서 함께 모이는 것을 포기하지 말고 서로 격려하기 위해 정기적으로 모여야 한다(히 10:25).

80
목사가 그의 청렴함에 대한 불필요한 질문들을 야기하고, 필요 없는 것들

로 짐을 지게 되며, 교인들을 차별 대우하려는 유혹을 받는 가장 빠른 길 가운데 하나는 교회 재정에 관여하는 것이다. 장로들이 궁극적으로 책임을 지지만 일상적인 일들은 집사들에게 위임하라.
-커티스 C. 토마스, 목사, 저자

성경의 진리 목사는 차별을 조장하는 유혹에 넘어가서는 절대 안 된다. 그것은 하나님이 싫어하시는 일이다(참고 딤전 5:21, 약 2:1, 9). 목사는 "책망할 것이 없"어야 한다(딛 1:7).

81
교회의 탁월함은 교인 수의 많고 적음에 있는 게 아니라 순결함에 있다.
-장 칼뱅(1509-1564), 프랑스 종교개혁가

성경의 진리 교회를 향한 중대한 질문은 교인 수가 얼마나 많은가가 아닌 얼마나 거룩한가다. 교회가 추구해야 할 이상은 "티나 주름 잡힌 것"이 없고 "흠이 없는" 것이다(엡 5:27).

82
성도들이 죽어 있는 이유는 죽은 사람들이 그들에게 설교를 해왔기 때문이다. 어떻게 죽은 사람이 산 자녀를 낳을 수 있겠는가?
-조지 휫필드(1714-1770), 신학자, 설교자

성경의 진리 설교자는 자신이 소유하지 않은 것을 다른 사람에게 줄 수 없다. 성경은 만물은 각각 자기와 같은 종류를 낸다고 말한다(창 1:12 참고). 그러므로 교회 지도자들은 "믿을 만하고, 책망할 것이 없으며, 신중하고, 절제하며, 존경할 만하고, 나그네를 대접하며, 가르치기를 잘하고, 폭력적이지 않고 온유하며, 다투지 않고, 돈을 사랑하는 자가 아니어야" 한다(딤전 3:1-11). 그래서 그는 이런 미덕들을 교인들에게 전해줄 수 있어야 한다.

83
교회가 세상과 비슷하게 사는 한, 교회는 결코 자녀들을 양의 우리로 데려올 수 없다.
―D. L. 무디(1837-1899), 미국 전도자

성경의 진리 부활하신 예수님은 어느 교회에 이렇게 말씀하셨다. "네가 말하기를 나는 부자라 부요하여 부족한 것이 없다 하나 네 곤고한 것과 가련한 것과 가난한 것과 눈 먼 것과 벌거벗은 것을 알지 못하는도다"(계 3:17). 이런 교회들은 어떤 영적 유익도 끼치지 못한다.

84
어떤 신문의 경고처럼, 우리는 세상과 함께 움직일 교회는 원하지 않는다. 우리는 세상을 움직일 교회를 원한다.
―G. K. 체스터튼(1874-1936), 저자, 변증가

성경의 진리 교회는 세상에 증거하고(눅 24:45-49, 행 1:7-8), 모든 사람에게 선을 행하며(갈 6:10, 딛 3:14), 제자를 삼고(마 28:19-20), 말씀을 전파하도록(막 16:15-16, 딤전 4:6, 13) 부름받았다.

85
세상을 향한 교회의 섬김과 선교는 교회가 세상과 다르다는 사실에 그 영향력이 좌우된다. 즉, 교회는 세상에 있되 세상에 속하지 말아야 한다.
―짐 월리스(1948-), 저자, 정치가

성경의 진리 신자들은 "세상에 속하지"(요 17:16) 말아야 한다. "누구든지 세상과 벗이 되고자 하는 자는 스스로 하나님과 원수 되는"(약 4:4) 것이다.

86
교회가 세상 안에 있는 것은 옳다. 그러나 세상이 교회 안에 있는 것은 잘

못이다. 배가 물에 있는 것은 옳다. 배의 용도가 바로 그것이다. 하지만 배 안에 물이 있으면 배는 가라앉는다.
-해럴드 린드셀(1913-1998), 저자, 잡지 편집자

성경의 진리 "세상에 있는 모든 것이 육신의 정욕과 안목의 정욕과 이생의 자랑이니 다 아버지께로부터 온 것이 아니요 세상으로부터 온 것이라"(요일 2:16)는 사실을 잊지 말라. 그런 것들은 교회에 암적 존재가 될 수 있다.

87

순교자들은 결박당했고 투옥당했으며, 욕을 먹었고 고문당했으며, 불에 태워졌고 강간당했으며, 마침내 사형에 처해졌다. 그럼에도 그들의 수는 늘어났다.
-아우구스티누스(354-430), 히포의 주교

성경의 진리 바울은 감옥에 갇혔지만 이렇게 단언했다. "내가 당한 일이 도리어 복음 전파에 진전이 된 줄을 너희가 알기를 원하노라"(빌 1:12). "우리가 알거니와 하나님을 사랑하는 자 곧 그의 뜻대로 부르심을 입은 자들에게는 모든 것이 합력하여 선을 이루느니라"(롬 8:28).

88

기독교 역사를 주의 깊게 들여다보면, 진정한 교회는 거의 언제나 빈곤함으로 고난을 받기보다 번영함으로 더 고난을 받았다. 교회가 영적으로 가장 권능이 있던 때는 대개 교회가 빈곤하고 거부당하던 시기와 일치했다. 부유할 때 교회는 약해지고 배교했다.
-A. W. 토저(1897-1963), 설교자, 저자

성경의 진리 예수님은 "재물이 있는 자는 하나님의 나라에 들어가기가 얼마나 어려운 지"(눅 18:24)라고 단언하셨다.

89
교회에 다니는 사람들은 불 속의 석탄과 같다. 함께 있을 때는 불꽃이 계속 타오른다. 그러나 하나씩 따로 떨어지면 그들은 소멸해 버린다.
－빌리 그레이엄(1918-), 전도자

성경의 진리 교회는 우리가 "피차 안위함을 얻"는 곳이다(롬 1:12).

90
다른 그리스도인들과 연합하라. 엉성하게 벽돌로 쌓은 벽은 좋지 않다. 벽돌들을 시멘트로 단단히 접합시켜야 한다.
－코리 텐 붐(1892-1983), 홀로코스트 생존자

성경의 진리 바울은 그리스도인들에게 "같은 말을 하고 너희 가운데 분쟁이 없이 같은 마음과 같은 뜻으로 온전히 합하라"(고전 1:10)고 권면한다.

91
성경적으로 교회는 조직이 아니라 유기체다. 기념비가 아니라 운동체다. 공동체의 일부가 아니라, 완전히 새로운 공동체. 질서정연한 모임이 아니라, 새로운 가치관을 가진 새 질서다. 종종 주위 사회의 가치관과 명확하게 충돌하는 질서다.
－척 콜슨(1931-), 저자, 교도소 선교회 설립자

성경의 진리 교회는 "새 사람"(엡 2:15), "하나님의 집"(딤전 3:14-15), "하나님의 성전"(고전 3:16)이라고 불린다. 그것은 세상이 말하는 '일상적인 비즈니스'가 아니다.

92
권력에 대한 사랑은 교회를 가장 강하게 분열시킨다.
－크리소스톰(347-407), 초대 교회 교부

성경의 진리 요한3서 1장 9절은 "으뜸되기를 좋아하는 디오드레베", "우리를 맞아들이지 아니하는" 그에 대해 언급한다. 이런 사람은 교회에 해가 된다.

교회 출석

93
누군가는 산책을 하러 교회에 간다. 누군가는 웃고 이야기하려고 간다. 누군가는 친구를 만나기 위해 간다. 누군가는 시간을 보내려고 간다. 누군가는 연인을 만나기 위해 간다. 누군가는 잘못을 덮기 위해 간다. 누군가는 사색을 위해 간다. 누군가는 관찰을 하러 간다. 누군가는 꾸벅꾸벅 졸려고 간다. 그러나 지혜로운 사람은 하나님을 예배하기 위해 간다.
-찰스 스펄전(1834-1892), 런던 뉴파크 스트리트 교회 목사

성경의 진리 교회에 출석하는 사람들 가운데 많은 수가 자신들이 하나님과 함께 있다고 생각하지만 실제로는 그렇지 않은 채 시늉만 하고 있다는 사실은 가슴을 서늘하게 한다(마 7:21-22). 헤아림의 날이 다가오고 있다(고후 5:10).

94
외톨이 그리스도인보다 더 비기독교적인 것은 없다.
-존 웨슬리(1703-1791), 감리 교회 창시자

성경의 진리 초대 그리스도인들은 "사도의 가르침을 받아 서로 교제"했다(행 2:42).

교회, 완전한가?

95
당신이 완전한 교회를 찾고 있다면, 천국에 갈 때까지 기다려야 한다. 설

령 당신이 지상에서 완전한 모임을 발견한다 해도 그 모임은 당신을 허락하지 않을 것이다. 당신이 완전하지 않기 때문이다.
-작자 미상

성경의 진리 심지어 사도이자 교회 지도자였던 바울도 자신을 죄인 중의 "괴수"라고 여겼다(딤전 1:15, 롬 7:15-20).

96
완전한 교회를 찾을 때까지 교회에 다니지 않았다면, 나는 어떤 교회에도 나가지 못했을 것이다. 그리고 설령 내가 그런 교회를 발견했다 해도, 내가 그 교회에 나간 순간 교회를 망쳐 버렸을 것이다. 내가 그 교회의 교인이 됨으로써 그곳의 완전함이 훼손되었기 때문이다. 비록 교회가 불완전하기는 하지만, 이 땅에서 우리에게 가장 소중한 곳이다.
-찰스 스펄전(1834-1892), 런던 뉴파크 스트리트 교회 목사

성경의 진리 우리는 불완전하기 때문에 상대방을 너무 몰아붙이면 안 된다. 성경은 우리에게 "긍휼과 자비와 겸손과 온유와 오래 참음을 옷 입고 누가 누구에게 불만이 있거든 서로 용납하여 피차 용서하되 주께서 너희를 용서하신 것 같이 너희도 그리하고"(골 3:12-13)라고 권면한다.

교회의 영향

97
지금 이 순간 하나님의 교회가 그처럼 세상에 영향력을 발휘하지 못하는 한 가지 이유는 세상이 교회에 너무나 많은 영향력을 발휘하기 때문이다.
-찰스 스펄전(1834-1892), 런던 뉴파크 스트리트 교회 목사

성경의 진리 교회의 많은 성도들이 여전히 세상적이었던 것은 고린도 교회의 큰 문제

였다(고후 5:1). 성경은 "이 세상도, 그 정욕도 지나가되 오직 하나님의 뜻을 행하는 자는 영원히 거하느니라"(요일 2:17)고 말씀한다. 세상인가? 하나님의 뜻인가? 선택은 둘 중 하나다.

구세주

98
나는 내가 큰 죄인이라는 것과 그리스도가 크신 구세주라는 두 가지 사실을 안다.
-존 뉴턴(1725-1807), 영국 목사

성경의 진리 사도 바울은 "그리스도 예수께서 죄인을 구원하시려고 세상에 임하셨다 하였도다 죄인 중에 내가 괴수니라"(딤전 1:15)고 강조했다. 바울은 비록 자신이 큰 죄인임을 인정했지만, 동시에 크신 구세주가 자신과 함께하신다는 사실을 알았다(딛 2:13-14).

구원

99
역사 전에 그분 안에서 영원히 결정된 것은 역사 안에서 달성되고 완성될 것이다.
-에리히 자우어(1898-1959), 독일 비데네스트 성경학교

성경의 진리 바울은 하나님의 구원 계획을 그분의 "영원부터 예정하신 뜻"(엡 3:11)으로 "영원하신 왕"(딤전 1:17)이 수행하시는 것이라고 부른다.

100
그리스도는 우리의 지옥을 취하셔서, 우리가 그분의 천국을 취할 수 있게 하셨다.
-도널드 그레이 반하우스(1895-1960), 설교자, 목사, 신학자

성경의 진리 "하나님이 죄를 알지도 못하신 이를 우리를 대신하여 죄로 삼으신 것은 우리로 하여금 그 안에서 하나님의 의가 되게 하려 하심이라"(고후 5:21).

101
자연 속에서 질서정연하게 일하시는 분은 사람의 구원을 우연하고 불확실한 실험에 맡겨두지 않으셨다. 성경은 그분이 명확한 구원 계획을 갖고 계심을 보여 준다. 이 계획에는 구원을 얻는 수단, 실현되어야 할 목표, 그로 인해 유익을 얻는 사람들, 구원을 받아 누릴 수 있는 조건, 구원의 원동력과 수단 등이 포함된다.
-헨리 C. 티센, 신학자, 저자

성경의 진리 구원의 계획은 창세전에 고안되었다(벧전 1:20 참고).

102
하나님이 애초부터 선하다는 이유로 당신을 택하지 않으셨으므로, 선하지 않다는 이유로 당신을 버리지 않으실 것이다.
-존 플라벨(1627-1691), 영국 장로교 목사

성경의 진리 "내가 결코 너희를 버리지 아니하고 너희를 떠나지 아니하리라"(히 13:5).

103
천국은 넓다. 그러나 분명 천국으로 가는 길은 좁다.
-헨리 스미스(1560-1591), 영국 청교도 설교자

성경의 진리 "다른 이로써는 구원을 받을 수 없나니 천하 사람 중에 구원을 받을 만한 다른 이름을 우리에게 주신 일이 없음이라"(행 4:12).

구원의 확신

104

하나님의 영광 다음으로 우리가 바랄 수 있는 가장 위대한 것은 우리 자신의 구원이다. 그리고 우리가 바랄 수 있는 가장 기분 좋은 것은 구원의 확신이다…모든 성도는 이 세상을 떠날 때 천국을 맛볼 것이다. 하지만 어떤 성도는 이 땅에서도 천국을 맛본다.

-조셉 카릴(1602-1673), 영국 설교자

성경의 진리 "누가 우리를 그리스도의 사랑에서 끊으리요 환난이나 곤고나 박해나 기근이나 적신이나 위험이나 칼이랴"(롬 8:35).

권위

105

권위는 하나님이 정하신 것이다. 하지만 권위주의와 제어되지 않는 권세는 위험하다.

-제임스 돕슨(1936-), '포커스 온 더 패밀리' 설립자

성경의 진리 하나님은 정부(롬 13:1), 가정(고전 11:3), 교회(행 14:23, 딤전 3:1-13, 딛 1:5-9) 안에 권위를 정해 놓으셨다. 하지만 이스라엘의 악한 목자들이 그랬던 것처럼(겔 34:1-7) 권위는 남용될 수 있다.

그리스도를 얻음

106
그리스도를 얻는 사람은 아무것도 잃지 않는다.

–사무엘 루터포드(1600-1661 추정), 스코틀랜드 장로교 신학자

성경의 진리 사도 바울은 말했다. "모든 것을 해로 여김은 내 주 그리스도 예수를 아는 지식이 가장 고상하기 때문이라 내가 그를 위하여 모든 것을 잃어버리고 배설물로 여김은 그리스도를 얻고 그 안에서 발견되게 함이니"(빌 3:8).

그리스도와 함께 십자가에 못 박힘

107
그리스도는 우리를 지옥에서 구원하려고 죽으셨다. 하지만 우리를 십자가에서 구원하려고 죽으신 것은 아니다. 그리스도는 우리가 영광을 받게 하려고 죽으셨지만, 우리가 십자가에 못 박히지 않게 하려고 죽으신 것은 아니다. 그리스도인에게 그리스도의 십자가는 과거에 대속이 이루어진 장소일 뿐만 아니라, 지금도 날마다 처형이 이루어지는 장소다.

–존 파이퍼(1936–), 설교자, 저자

성경의 진리 바울은 고백한다. "우리 주 예수 그리스도의 십자가 외에 결코 자랑할 것이 없으니 그리스도로 말미암아 세상이 나를 대하여 십자가에 못 박히고 내가 또한 세상을 대하여 그러하니라"(갈 6:14).

108
내가 조지 뮐러에 대해, 그의 의견과 선호, 취향과 뜻에 대해 죽은 날이 있었다. 세상에 대해, 세상의 인정 혹은 질책에 대해 죽었고, 심지어 나의 형제들이나 친구들의 인정이나 비난에 대해 죽었다. 그리고 그때부터 나

는 오로지 하나님께 인정받기 위해서만 애썼다.

—조지 뮐러(1805-1898), 영국 브리스틀 고아원 원장

성경의 진리 "그리스도 예수의 사람들은 육체와 함께 그 정욕과 탐심을 십자가에 못 박았느니라"(갈 5:24).

그리스도의 사랑

109
형언하기 어려운 그리스도의 사랑을 생각하며 거룩한 놀라움에 빠져 있을 때 우리는 그분께 가장 가까이 다가가게 된다.

—존 오웬(1616-1683), 교회 지도자, 신학자

성경의 진리 "내가 확신하노니 사망이나 생명이나 천사들이나 권세자들이나 현재 일이나 장래 일이나 능력이나 높음이나 깊음이나 다른 어떤 피조물이라도 우리를 우리 주 그리스도 예수 안에 있는 하나님의 사랑에서 끊을 수 없으리라"(롬 8:38-39).

그리스도의 신성

110
밀랍 위의 봉인 자국이 봉인 그 자체를 보여 주는 명확한 형상인 것처럼, 그리스도는 하나님의 명확한 형상, 완전한 표현이시다.

—암브로즈(337-397), 밀란의 감독

성경의 진리 예수님은 "하나님의 영광의 광채시요 그 본체의 형상"(히 1:3)이시다.

근면함

111
어떤 직업에 종사하든 중요한 원칙은 근면함이다. 오늘 할 수 있는 일을 절대 내일로 미루지 말라.
-에이브러햄 링컨(1809-1865), 미국 16대 대통령

성경의 진리 우리는 강하고 견실해야 하고(고전 15:58), 선을 행할 때 절대 낙심하지 말아야 한다(갈 6:9). 그리고 우리는 무엇을 하든 잘해야 한다(전 9:10).

금식

112
위장이 가득 찼을 때는 금식에 대해 이야기하기 쉽다.
-제롬(374-420), 변증가, 번역가

성경의 진리 헌신을 하기 전에 비용을 계산해 보아야 한다(마 8:19-20).

113
금식은 우리의 기도에 긴급함과 중요함의 의미를 부여하고, 하늘의 법정에서 우리의 탄원에 힘을 실어준다. 금식하며 기도하는 사람은 자신이 진지하다는 사실을 하늘에 알리는 것이다.
-아더 월리스(1922-1988), 성경 교사, 저자

성경의 진리 금식은 기도(눅 2:37) 혹은 예배(행 13:2)와 결합될 수 있다.

긍휼

114
비록 우리 주님의 수난(passion)은 끝났지만, 주님의 긍휼(compassion)은 끝나지 않았다.
-윌리엄 펜(1644-1718), 영국 퀘이커 교도, 신대륙 개척자

성경의 진리 성경은 예수님이 우리의 모든 연약함을 이해하시고 우리를 향해 끝없는 긍휼을 베푸신다는 사실을 보증한다(참고 마 9:36, 14:14, 15:32, 막 6:34). 예수님이 십자가에서 우리를 위해 하신 일 때문에 성경은 "우리는 긍휼하심을 받고 때를 따라 돕는 은혜를 얻기 위하여 은혜의 보좌 앞에 담대히 나아갈 것이니라"(히 4:16)고 권고한다.

기다림

115
하나님께서 그분의 약속을 즉시 성취하시기를 기대한다면 우리의 믿음이 개입될 자리가 없다.
-장 칼뱅(1509-1564), 프랑스 종교개혁가

성경의 진리 "너는 여호와를 기다릴지어다 강하고 담대하며 여호와를 기다릴지어다"(시 27:14).

기도

116
많은 사람이 마음으로 썩 내키지 않는 것들에 대해 입술로 기도한다.
-조나단 에드워즈(1703-1758), 신학자

성경의 진리 우리는 마음을 다해 진지하게 기도해야 한다(마 9:38).

117
기도는 하나님의 못마땅한 마음을 설득하는 게 아니라, 그분의 기꺼운 마음을 붙잡는 것이다.
– 마르틴 루터(1483-1546), 종교개혁가, 사제, 신학 교수

성경의 진리 "너희가 얻지 못함은 구하지 아니하기 때문이요"(약 4:2).

118
우리에게 기도가 있는 한, 두려워할 위험은 아무것도 없다.
– 찰스 스펄전(1834-1892), 런던 뉴파크 스트리트 교회 목사

성경의 진리 "아무 것도 염려하지 말고 다만 모든 일에 기도와 간구로, 너희 구할 것을 감사함으로 하나님께 아뢰라"(빌 4:6).

119
당신의 기도에서 우울함을 끄집어내고, 환호성을 집어넣으라.
– 빌리 선데이(1862-1935), 야구 선수, 전도자

성경의 진리 "감사함으로 그의 문에 들어가며"(시 100:4).

120
은밀하고 열렬한 믿음의 기도는 경건함이라는 뿌리에서 시작된다.
– 윌리엄 캐리(1761-1834), 영국 침례교 선교사

성경의 진리 "사랑하는 자들아 너희는 너희의 지극히 거룩한 믿음 위에 자신을 세우며 성령으로 기도하며"(유 1:20).

121
계속 기도하라. 그리고 하나님의 응답이 당신의 기도보다 더 지혜로움에 감사하라!
—윌리엄 컬버트슨(1905-1971), 무디 성경 연구소 소장

성경의 진리 아버지는 최고가 무엇인지 아신다(시 139:1-4, 마 11:21, 요일 3:20).

122
기도가 아침의 열쇠가 되고 저녁의 자물쇠가 되게 하라.
—매튜 헨리(1662-1714), 성경 주석가, 장로교 목사

성경의 진리 "쉬지 말고 기도하라"(살전 5:17).

123
기도 없는 그리스도인은 능력 없는 그리스도인이다.
—빌리 그레이엄(1918-), 전도자

성경의 진리 "여호와여 구하옵나니 이제 구원하소서 여호와여 구하옵나니 이제 형통하게 하소서"(시 118:25).

124
나는 오늘 할 일이 너무 많아서 보통 때보다 기도할 시간을 더 떼어 놓아야 한다.
—마르틴 루터(1483-1546), 종교개혁가, 사제, 신학 교수

성경의 진리 우리는 예수님의 본을 따라야 한다. 예수님은 종종 새벽 미명에, 하루가 채 시작하기도 전에 기도하셨다(막 1:35).

125
당신이 기도하지 않으면서, 자녀가 매일 기도하기를 바라는 것은 헛된 기대일 수밖에 없다.

-피터 마셜(1902-1949), 스코틀랜드계 미국인 설교자

성경의 진리 부모는 자기 자녀에게 가장 좋은 모범이 될 수 있다(참고 왕상 9:4, 대하 17:3, 딤후 1:5).

126
단순히 믿지 못하는 것뿐만 아니라, 하나님이 하실 일을 다 안다고 착각함으로 당신의 기도가 하나님을 제한하지 못하게 하라.

-앤드류 머레이(1828-1917), 남아프리카 저술가, 목사

성경의 진리 "너는 마음을 다하여 여호와를 신뢰하고 네 명철을 의지하지 말라"(잠 3:5).

127
마음 없이 말만 하는 기도보다, 말 없이 마음으로만 하는 기도가 더 낫다.

-존 번연(1628-1688), 저자, 설교자

성경의 진리 우리는 "간절히 기도"(행 12:5)하는 일에 마음과 힘을 다해야 한다.

128
모든 전투를 무릎으로 싸우라. 그러면 매번 이길 것이다.

-찰스 스탠리(1932-), 애틀랜타 제일침례교회 담임 목사

성경의 진리 우리는 언제나 모든 염려를 하나님께 맡겨야 한다. 하나님이 우리를 돌보시기 때문이다(벧전 5:7).

129
기도는 내 삶에서 가장 중요한 것이다. 단 하루라도 기도를 소홀히 한다면, 나는 믿음의 많은 부분을 잃어버릴 것이다.
―마르틴 루터(1483-1546), 종교개혁가, 사제, 신학 교수

성경의 진리 꾸준히 "기도를 계속"(골 4:2)하라.

130
우리는 무릎 꿇을 때 가장 크고 강하게 선다.
―찰스 스탠리(1932-), 애틀랜타 제일침례교회 담임 목사

성경의 진리 "의인의 간구는 역사하는 힘이 큼이니라"(약 5:16).

131
문젯거리와 난처한 일은 우리가 기도하도록 몰고 가며, 기도는 문젯거리와 난처한 일을 몰아낸다.
―필립 멜란히톤(1497-1560), 독일 종교개혁자

성경의 진리 "환난 날에 나를 부르라 내가 너를 건지리니 네가 나를 영화롭게 하리로다"(시 50:15).

132
인생은 연약하다…기도하며 주의 깊게 다루라.
―작자 미상

성경의 진리 "아무것도 염려하지 말고 다만 모든 일에 기도와 간구로, 너희 구할 것을 감사함으로 하나님께 아뢰라"(빌 4:6).

133
하나님이 내 기도에 언제나 응답하신 것은 아니다. 만일 그렇게 하셨다면 나는 적합하지 않은 남자와 결혼했을 것이다.
-루스 벨 그레이엄(1920-2007), 빌리 그레이엄의 아내

성경의 진리 아버지는 언제나 가장 좋은 것을 아신다(시 139:1-4, 마 11:21, 요일 3:20).

134
나는 기도의 영 안에서 산다. 나는 걸어 다닐 때, 누울 때, 일어날 때 기도한다. 그리고 응답은 언제나 오고 있다.
-조지 뮐러(1805-1898), 영국 브리스틀 고아원 원장

성경의 진리 "쉬지 말고 기도하라"(살전 5:17).

135
기도는 사람이 죄를 그치게 만든다. 그렇지 않으면 죄가 사람을 유혹하여 기도를 그치게 만든다.
-존 번연(1628-1688), 저자, 설교자

성경의 진리 "우리를 시험에 들게 하지 마시옵고 다만 악에서 구하시옵소서"(마 6:13).

136
천사는 베드로를 감옥 밖으로 데리고 나왔다. 하지만 천사를 데리고 온 것은 기도였다.
-토마스 왓슨(1620-1686), 청교도 설교자, 저자

성경의 진리 "베드로는 옥에 갇혔고 교회는 그를 위하여 간절히 하나님께 기도하더라"(행 12:5).

137
사람은 더 경건할수록, 그리고 하나님의 은혜와 축복이 그에게 더 많이 임할수록 더 많이 기도할 필요가 있다. 사탄은 그에 대항해서 매우 분주하게 움직이고, 그는 우쭐한 마음으로 득의양양하기 쉽기 때문이다.
-리처드 그린햄(1535-1594), 영국 청교도

성경의 진리 "기도를 계속하고"(골 4:2).

138
일반적인 것들만 기도하는 것은 기도를 죽이는 것이다.
-J. H. 에번스

성경의 진리 우리에게는 기도로 하나님께 구체적인 요청을 할 특권이 있다(빌 4:6).

139
기도하는 법을 배운 사람은 거룩하고 행복하게 사는 가장 큰 비결을 배운 것이다.
-윌리엄 로(1686-1761), 목사, 저자

성경의 진리 주기도문은 기도의 탁월한 출발점이다(마 6:9-13).

140
이 세상에서 하나님을 위해 가장 많은 일을 한 사람은 일찍 하나님 앞에 무릎 꿇은 사람이다.
-E. M. 바운즈(1835-1913), 목사, 저자

성경의 진리 그런 사람들은 예수님의 본을 따른다(막 1:35).

141
기도에 소홀한 것은 거룩함의 큰 방해물이다.
-존 웨슬리(1703-1791), 감리 교회 창시자

성경의 진리 하나님의 도우심을 구체적으로 구하지 않으면 죄에서 건짐 받을 수 없다(마 6:13 참고).

142
많은 그리스도인이 하나님께 적은 것을 기대하고, 적은 것을 구한다. 그래서 적은 것을 받고, 적은 것에 만족한다.
-A. W. 핑크(1886-1952), 칼뱅주의 전도자, 성경학자

성경의 진리 하나님은 "우리가 구하거나 생각하는 모든 것에 더 넘치도록 능히 하실"(엡 3:20) 수 있으며, 그렇게 할 준비가 되어 있는 분이시다.

143
기도의 범위에 포함되지 않는 것은 아무것도 없다. 하나님의 뜻 바깥에 있는 것 외에는.
-작자 미상

성경의 진리 "그를 향하여 우리의 가진 바 담대함이 이것이니 그의 뜻대로 무엇을 구하면 들으심이라"(요일 5:14).

144
인생이 당신을 쳐서 무릎 꿇게 할 때, 당신은 기도하기에 완벽한 자세를 취하게 된다!
-작자 미상

성경의 진리 하나님은 "그가 내게 간구하리니 내가 그에게 응답하리라 그들이 환난 당

할 때에 내가 그와 함께 하리라"고 말씀하셨다(시 91:15).

145
자주 기도하라. 기도는 영혼의 방패, 하나님께 대한 희생, 사탄에게 가해지는 채찍이기 때문이다.
-존 번연(1628-1688), 저자, 설교자

성경의 진리 우리는 "모든 기도와 간구를 하되 항상 성령 안에서"(엡 6:18) 기도해야 한다.

146
우리가 하나님을 위해 하는 활동들은 이차적인 것이다. 하나님은 그분과 교제를 열망하는 사람들을 찾으신다.
-어윈 루처(1941-), 시카고 무디 교회 목사

성경의 진리 "하나님이여 주는 나의 하나님이시라 내가 간절히 주를 찾되 물이 없어 마르고 황폐한 땅에서 내 영혼이 주를 갈망하며 내 육체가 주를 앙모하나이다"(시 63:1).

147
하늘에 계신 우리 아버지, 주세요. 주세요. 주세요.
-캘빈 밀러, 저자, 예술가

성경의 진리 "구하여도 받지 못함은 정욕으로 쓰려고 잘못 구하기 때문이라"(약 4:3).

148
기도가 최후의 수단이 아닌 첫 번째 수단이 되어야 할 그리스도인이 많다.
-존 블랜차드(1932-), 설교자, 변증가, 저자

성경의 진리 우리는 "항상 기도하고 낙심하지 말아야"(눅 18:1) 한다.

149
말씀을 더 많이 읽을수록, 더욱 강력하게 기도할 수 있다.
—윌리엄 거널(1617-1679), 저자

성경의 진리 "우리는 오로지 기도하는 일과 말씀 사역에 힘쓰리라"(행 6:4).

150
아무것도 염려하지 말고, 모든 것을 위해 기도하고, 어떤 것에든 감사하라.
—D. L. 무디(1837-1899), 전도자

성경의 진리 우리는 언제나 감사해야 한다(엡 5:20, 골 3:15).

151
하나님은 모든 일을 오직 기도에 대한 응답으로만 행하신다. 그리고 스스로 회심을 위해 기도하지 않고(그렇게 하는 것은 대단히 드문 일이다), 하나님께 회심한 사람들은 다른 사람들의 기도가 있었기 때문에 그렇게 된 것이다. 영혼 구원이라는 새로운 승리는 새로운 기도의 결과다.
—존 웨슬리(1703-1791), 감리 교회 창시자

성경의 진리 "너희가 얻지 못함은 구하지 아니하기 때문이요"(약 4:2).

152
그리스도를 위해 너무 열심히 일하다가 기도할 힘이 없을 정도가 되지 않게 하라. 기도를 하는 데도 힘이 필요하기 때문이다.
—허드슨 테일러(1832-1905), 선교사, 중국내지선교회 설립자

성경의 진리 에바브라는 열심히 기도했던 사람이다. 성경은 그를 골로새 교회를 위해 "항상 애써 기도"(골 4:12)했다고 말한다.

153
우리는 그 어느 때보다도 중보 기도를 할 때 그리스도를 더 많이 닮는다.
-오스틴 펠프스(1820-1890), 미국 회중교회 목사

성경의 진리 예수님은 "항상 살아 계셔서" 우리를 위해 "간구"(히 7:25)하신다. 우리는 "서로 기도하라"(약 5:16)는 권면을 받는다.

154
인생의 큰 비극은 응답받지 못한 기도가 아니라, 드려지지 않은 기도다.
-F. B. 마이어(1847-1929), 침례교 목사, 전도자

성경의 진리 야고보서 4장 2절은 "너희가 얻지 못함은 구하지 아니하기 때문이요"라고 말한다. 어떤 그리스도인도 기도 없는 사람이 되어서는 안 된다.

155
기도는 하나님과의 행복한 교제다.
-알렉산드리아의 클레멘트(150-215), 신학자, 철학자

성경의 진리 시편 기자는 "나의 큰 기쁨의 하나님"(시 43:4)이라고 고백한다. 우리는 기도할 때 자연스럽게 하나님과 시간을 보내며, 친밀한 교제를 나눌 수 있다.

156
기도는 우리에게 복 주기를 꺼리시는 하나님과 씨름하는 게 아니다. 기도는 우리에게 복 주기를 갈망하시는 하나님을 붙잡는 것이다.
-존 블랜차드(1932-), 설교자, 변증가, 저자

성경의 진리 우리에게 복 주시려는 하나님의 갈망이 기도에 대한 바울의 가르침의 토대다. "아무 것도 염려하지 말고 다만 모든 일에 기도와 간구로, 너희 구할 것을 감사함으로 하나님께 아뢰라 그리하면 모든 지각에 뛰어난 하나님의 평강이 그리스도 예수 안에서 너희 마음과 생각을 지키시리라"(빌 4:6-7).

157
이웃 사랑의 척도는 우리가 그들을 위해 기도하는 횟수와 진지함으로 결정된다.
-A. W. 핑크(1886-1952), 칼뱅주의 전도자, 성경학자

성경의 진리 예수님은 우리를 사랑하신다. 그리고 우리를 위해 "항상 살아 계셔서 간구"(히 7:25)하신다. 이처럼 예수님을 따르는 사람들은 이웃을 위해 중보함으로 사랑을 보여 준다(참고 약 5:16, 골 1:9-11).

기도, 겸손을 위한

158
우리가 잘못을 저질렀을 때,
기꺼이 변화되게 해주십시오.
그리고 우리가 옳을 때,
우리를 다른 이들과 함께 지내기 편한 존재로
만들어 주옵소서.
-피터 마셜(1902-1949), 스코틀랜드계 미국인 설교자

성경의 진리 "내 이름으로 일컫는 내 백성이 그들의 악한 길에서 떠나 스스로 낮추고 기도하여 내 얼굴을 찾으면 내가 하늘에서 듣고 그들의 죄를 사하고 그들의 땅을 고칠지라"(대하 7:14).

기도, 성경을 탐구하기 위한

159
자비로우신 하나님,
제게 하나님을 기쁘시게 하는 모든 것을 열렬히 바라고,
그것을 신중하게 검토하며, 그것을 진실하게 인정하고,
그것을 온전히 성취할 수 있는 은혜를 주옵소서.
주님의 이름을 찬양하며 영광을 돌립니다. 아멘.
-토마스 아퀴나스(1225-1274), 이탈리아 철학자, 신학자

성경의 진리 "내 눈을 열어서 주의 율법에서 놀라운 것을 보게 하소서"(시 119:18).

기도, 자비를 위한

160
다정하신 예수님,
온유하고 친절하신 주님이시여!
어린아이처럼 단순한 저를 불쌍히 여기사,
주님께 나아갈 수 있도록 도와주소서.
-찰스 웨슬리(1707-1788), 감리교 운동 지도자, 찬송 작사가

성경의 진리 "수고하고 무거운 짐 진 자들아 다 내게로 오라 내가 너희를 쉬게 하리라 나는 마음이 온유하고 겸손하니 나의 멍에를 메고 내게 배우라 그리하면 너희 마음이 쉼을 얻으리니 이는 내 멍에는 쉽고 내 짐은 가벼움이라"(마 11:28-29).

기도, 평온을 위한

161
하나님, 변화시킬 수 없는 것을 받아들이는 평온함과,
변화시킬 수 있는 것을 변화시키는 용기와,
그 차이를 분별하는 지혜를 주옵소서.
—라인홀드 니버(1892-1971), 개신교 신학자

성경의 진리 지혜를 구하는 기도 자체가 지혜로운 일이다. "너희 중에 누구든지 지혜가 부족하거든 모든 사람에게 후히 주시고 꾸짖지 아니하시는 하나님께 구하라 그리하면 주시리라"(약 1:5).

기도의 열심

162
하나님은 그분의 자녀가 하나님의 기쁨을 땀 흘리며 찾기 전까지는 그 기쁨을 맛보지 못하게 하시는 분이다. 그분의 자녀는 이것이 일반적인 하나님의 원칙임을 깨닫게 될 것이다.
—리처드 백스터(1615-1691), 영국 청교도 교회 지도자

성경의 진리 누가복음 11장 5-10절은 기도에 대한 예수님의 비유를 기록했다. 바로 어떤 사람이 떡 세 덩이가 필요해서 한밤중에 친구의 집을 찾아가 문을 두드리며 요청한 것을 받기까지 끈기 있게 구했다는 비유다.

기독교

163
기독교는 이론이나 추론이 아니라 삶이다. 삶의 철학이 아니라 삶의 현존이다.
-새뮤얼 테일러 콜리지(1772-1834), 영국 시인, 철학자

성경의 진리 "우리의 사귐은 아버지와 그의 아들 예수 그리스도와 더불어 누림이라"(요일 1:3). 우리는 "그의 아들 예수 그리스도 우리 주와 더불어 교제하게"(고전 1:9) 되었다.

164
기독교는 우리의 사랑하는 주님이시자 구세주와 함께하는 연애 사건이다. 우리가 더 많은 날들을 영적 밸런타인데이로 바꿀수록, 더 풍성하고 더 즐거운 관계를 누리게 된다.
-J. I. 패커(1926-), 저자, 신학자

성경의 진리 바울은 말한다. "모든 것을 해로 여김은 내 주 그리스도 예수를 아는 지식이 가장 고상하기 때문이라 내가 그를 위하여 모든 것을 잃어버리고 배설물로 여김은 그리스도를 얻고 그 안에서 발견되려 함이니"(빌 3:8-9).

165
사람들은 기독교를 연구 조사해보고 뭔가 빠졌다는 것을 발견하는 것이 아니라, 어렵다는 것을 알고는 한 번도 제대로 연구 조사하지 않는다.
-G. K. 체스터튼(1874-1936), 저자, 변증가

성경의 진리 많은 사람이 기독 신앙 주위에 있다. 하지만 주께로 돌아서는 사람은 별로 없다. "좁은 문으로 들어가라 멸망으로 인도하는 문은 크고 그 길이 넓어 그리로 들어가는 자가 많고"(마 7:13).

166
교회에 간다고 해서 저절로 그리스도인이 되는 것은 아니다. 차고로 간다고 해서 저절로 자동차가 되지 않는 것처럼 말이다.

-빌리 선데이(1862-1935), 야구 선수, 전도자

성경의 진리 "나더러 주여 주여 하는 자마다 다 천국에 들어갈 것이 아니요"(마 7:21). "진실로 진실로 네게 이르노니 사람이 거듭나지 아니하면 하나님의 나라를 볼 수 없느니라"(요 3:3).

167
기독교는 역사하기 때문에 참된 것이 아니다. 참되기 때문에 역사하는 것이다.

-오스 기니스(1941-), 저자

성경의 진리 예수님은 분명히 말씀하셨다. "내가 이를 위하여 태어났으며 이를 위하여 세상에 왔나니 곧 진리에 대하여 증언하려 함이로라 무릇 진리에 속한 자는 내 음성을 듣느니라"(요 18:37).

168
기독교는 교육받은 지성의 종교다.

-윌리엄 램지 경(1852-1916), 스코틀랜드 화학자

성경의 진리 우리의 마음과 목숨과 뜻을 다하여 하나님을 사랑해야 한다(막 12:30). 바울은 "무엇에든지 참되며…이것들을 생각하라"(빌 4:8)고 말했다. 바울은 유대인들과 변론했다(행 17:17).

169
기독교 철학은 자기 부인, 자기 통제, 자기 억제의 철학이다. 사탄의 철학은 "네가 원하는 대로 살라", "네가 원하는 것을 가지라", "어떤 사람도 너

에게 지시하지 못하게 하라", "네 인생이다. 그 인생을 살 권리는 네게 있다"의 철학이다.

-밥 존스(1883-1968), 전도자

성경의 진리 예수님은 "너희 중의 누구든지 자기의 모든 소유를 버리지 아니하면 능히 내 제자가 되지 못하리라"(눅 14:33), "자기 십자가를 지고 나를 따르지 않는 자도 내게 합당하지 아니하니라"(마 10:38)고 경고하셨다.

170
우리는 고생 없이 낙이 오기를 원한다. 무덤을 통과하지 않고 부활하기를 원한다. 죽음 없는 생명을 원한다. 십자가를 통과하지 않고 면류관을 원한다. 하지만 하나님의 경륜 속에서는 올라가는 길이 내려가는 길이다.

-낸시 레이 드모스, 저자

성경의 진리 예수님은 "누구든지 나를 따라오려거든 자기를 부인하고 자기 십자가를 지고 나를 따를 것이니라"(마 16:24)고 말씀하셨다.

171
기독교는 행위나 어떤 대의 혹은 교의에 대한 헌신이 아니라, 곧 주 예수 그리스도께 대한 헌신이다.

-오스왈드 챔버스(1874-1917), 『주님은 나의 최고봉』 저자

성경의 진리 바울이 말하듯, "이 닦아 둔 것 외에 능히 다른 터를 닦아 둘 자가 없으니 이 터는 곧 예수 그리스도라"(고전 3:11).

172
기독교는 특정한 사상들을 받아들이는 것이 아니라, 어떤 인물에 대한 개인적인 신뢰와 헌신이다.
-스티븐 닐(1900-1984), 스코틀랜드 영국 성공회 감독

성경의 진리 예수님은 길과 진리, 생명이시며, 그분으로 말미암지 않고는 어느 누구도 하나님과 관계를 맺을 수 없다(요 14:6). "하나님은 한 분이시요 또 하나님과 사람 사이에 중보자도 한 분이시니 곧 사람이신 그리스도 예수라"(딤전 2:5).

173
기독교는 다시 시작하는 것이다.
-W. A. 크리스웰(1909-2002), 목사, 저자

성경의 진리 사도행전 3장 19-20절은 회개하고, '다시' 돌이키고, 죄가 진멸되고, 그 다음에 '새롭게 되는 날'을 경험하는 것에 대해 말한다. 그것은 모든 사람에게 주어진 초청이다.

174
기독교는 그저 주일에 교회 가는 것이 아니다. 매일 24시간을 예수 그리스도와 함께 사는 것이다.
-빌리 그레이엄(1918-), 전도자

성경의 진리 우리가 날마다 세우는 목표와 경험은 하나님과 그분이 보내신 예수 그리스도를 아는 것이 되어야 한다(요 17:3). "다른 이로써는 구원을 받을 수 없나니 천하 사람 중에 구원을 받을 만한 다른 이름을 우리에게 주신 일이 없음이라"(행 4:12).

175
종교는 사람들이 선행을 통해 하나님께 나아가려고 애쓰고 노력하는 것

이다. 기독교는 하나님이 예수 그리스도를 통해 사람들에게 다가오사 사람들에게 관계를 맺자고 제안하시는 것이다.

-조시 맥도웰(1939-), 전도자, 저자, 기독교 변증가

성경의 진리 로마서 5장 8절은 우리가 아직 죄인 되었을 때, 즉 도덕적 관점에서 어떠한 매력과 장점이 없었을 때, 그럼에도 불구하고 그리스도가 우리를 위해 죽으러 오신 것에서 우리를 향한 하나님의 사랑을 구체적으로 보여 주셨다고 가르친다.

176
그리스도인은 본질적으로 예수 그리스도와 개인적인 관계를 맺고 있는 사람이다.

-존 스토트(1921-2011), 영국 성공회 목사

성경의 진리 예수님은 우리 구원의 핵심이시다(요 14:6, 행 4:12, 딤전 2:5). 예수님과 그분의 부활이 없으면 기독교도 없다(고전 15:17 참고).

177
나는 해가 뜬 것을 믿는 것처럼 기독교를 믿는다. 그것을 볼 수 있기 때문만이 아니라, 그것으로 인해 다른 모든 것을 볼 수 있기 때문이다.

-C. S. 루이스(1898-1963), 저자, 옥스퍼드 대학 교수

성경의 진리 그리스도인으로서 우리는 새롭게 된 마음을 통해 세상을 본다. "너희는 이 세대를 본받지 말고 오직 마음을 새롭게 함으로 변화를 받아"(롬 12:2).

기쁨

178
어느 누구도 기쁨 없이는 살 수 없다. 그러나 그 때문에 영적 기쁨을 빼앗

긴 사람은 육체의 쾌락에 넘어가게 된다.

-토마스 아퀴나스(1225-1274), 이탈리아 철학자, 신학자

성경의 진리 "여호와로 인하여 기뻐하는 것이 너희의 힘이니라"(느 8:10).

기사와 경외

179
광대한 바다에서 우리는 영원에 대한 단서를 찾을 수 있다.

-J. B. 필립스(1906-1982), 성경 번역가, 저자, 목사

성경의 진리 "창세로부터 그의 보이지 아니하는 것들 곧 그의 영원하신 능력과 신성이 그가 만드신 만물에 분명히 보여 알려졌나니"(롬 1:20).

기억해야 할 머리글자

180
S-피해야 할 죄(Sin)가 있는가?
A-해야 할 행동(Action)이 있는가?
F-발휘해야 할 믿음(Faith)이 있는가?
E-따라야 할 본보기(Example)가 있는가?
P-주장해야 할 약속(Promise)이 있는가?
A-바꿔야 할 태도(Attitude)가 있는가?
C-직면해야 할 도전(Challenge)이 있는가?
K-오늘 나의 삶에 승리할 열쇠(Key)가 있는가?

-마크 리틀턴, 저자, 목사

성경의 진리 성경은 교훈과 책망과 바르게 함과 의로 교육하기에 유익하다(딤후 3:15-17). 성경을 가지고 어떤 적용을 해야 하는가 질문들을 던질 때 그 결과는 강력할 것이다.

*SAFE PACK: 성경을 읽거나 묵상할 때 성경의 진리를 발견하기 위한 수단을 표현한 조어.

기적

181
기적은 자연에 반대되는 것이 아니다. 단지 우리가 자연에 대해 아는 것에 반대될 뿐이다.
-아우구스티누스(354-430), 히포의 주교

성경의 진리 하나님은 "표적들과 기사들과 여러 가지 능력…으로써 증언하셨느니라" (히 2:4).

끈기

182
달팽이는 끈기로 방주에 도착했다.
-찰스 스펄전(1834-1892), 런던 뉴파크 스트리트 교회 목사

성경의 진리 선을 행하다가 절대 낙심하지 말라(갈 6:9, 살후 3:13). 그리고 인내로 경주하도록 애쓰라(히 12:1).

나이 든다는 것

183
당신이 맞는 최후의 날이 최고의 날이 되게 하라.
-랄프 베닝(1622-1674), 작가, 목사

성경의 진리 죽음을 목전에 둔 바울이 고백했다. "나는 선한 싸움을 싸우고 나의 달려 갈 길을 마치고 믿음을 지켰으니"(딤후 4:7). 바울은 인생 마지막 날까지 주님을 섬겼다.

184
사람이 나이 든다는 것은 오래된 차와 같다. 수리할 곳은 점점 더 많아지고 여러 부품들을 교체해야 한다. 바라건대 하나님의 차고에서 우리를 기다리고 있을 멋진 새 차를 즐거운 마음으로 기다리라.
-C. S. 루이스(1898-1963), 저자, 옥스퍼드 대학 교수

성경의 진리 우리의 몸은 장막처럼 닳아지겠지만, 미래에 부활한 몸은 닳지 않는 견고한 건물과 같을 것이다(고후 5:1-5).

나태함

185
나태함은 마귀가 유혹하도록 틈을 준다.
-토마스 왓슨(1620-1686), 청교도 설교자, 저자

성경의 진리 "마귀에게 틈을 주지 말라"(엡 4:27).

186
당신의 손이 할 일을 찾으라. 사탄이 절대 당신의 나태한 모습을 보지 못하게 하라.

-제롬(374-420), 변증가, 번역가

성경의 진리 "마귀의 올무"(딤전 3:7)에 빠지는 것을 피하라.

낙심

187
실망은 불가피한 것이다. 낙심은 선택이다.

-찰스 스탠리(1932-), 애틀랜타 제일침례교회 담임 목사

성경의 진리 너의 모든 실망을 하나님께 기도로 넘겨드리라. 그러면 하나님의 평강이 너의 마음을 지키실 것이다(빌 4:7).

188
그리스도인이 당하는 주된 재해는 의기소침과 낙심이다.

-존 스토트(1921-2011), 영국 성공회 목사

성경의 진리 하나님의 백성은 상한 마음으로 괴로워할 수 있다(시 34:18, 잠 17:22). 하지만 하나님은 이렇게 약속하신다. "두려워하지 말라 내가 너와 함께 함이라 놀라지 말라 나는 네 하나님이 됨이라 내가 너를 굳세게 하리라 참으로 너를 도와주리라 참으로 나의 의로운 오른손으로 너를 붙들리라"(사 41:10).

189
슬픔이라는 새가 머리 위로 날아가는 것은 막을 수 없지만, 머릿속에 둥지를 트는 것은 막을 수 있다.

-작자 미상

성경의 진리 우리는 날마다 우리의 염려를 하나님께 맡겨야 한다. 하나님이 우리를 돌보시기 때문이다(벧전 5:7).

남편과 아내

190

아내는 남편이 집에 오는 것을 기뻐하게 만들라. 남편은 아내가 남편이 떠나는 것을 서운해하게 만들라.

―마르틴 루터(1483-1546), 종교개혁가, 사제, 신학 교수

성경의 진리 남편은 사랑하는 여인과 행복하게 살아야 한다(전 9:9). 참된 사랑을 표현하라(골 3:19). 아내는 남편의 기쁨이다(잠 12:4).

191

당신은 배우자의 완벽한 모습을 절대 보지 못할 것이며, 그것은 당신의 배우자 역시 마찬가지일 것이다.

―제임스 돕슨(1936-), '포커스 온 더 패밀리' 설립자

성경의 진리 우리는 끊임없이 "누가 누구에게 불만이 있거든 서로 용납하여 피차 용서하되 주께서 너희를 용서하신 것 같이 너희도 그리하"(골 3:13)여야 한다.

내어 드림

192

우리는 종종 우리가 소유한 보물이 안전할지에 대한 두려움 때문에 주님께 그것을 넘겨드리지 못하고 망설인다. 그 보물이 사랑하는 가족과 친구들인 경우 특히 더 그렇다. 하지만 그것은 기우일 뿐이다. 우리 주님은 파

괴하기 위해서가 아니라 구원하려고 오셨다. 우리가 그분께 맡긴 모든 것은 안전하다. 그러나 맡기지 않은 모든 것은 위험하다.
-A. W. 토저(1897-1963), 설교자, 저자

성경의 진리 "너는 마음을 다하여 여호와를 신뢰하고 네 명철을 의지하지 말라 너는 범사에 그를 인정하라 그리하면 네 길을 지도하시리라"(잠 3:5-6).

노동

193
노동은 효능 좋은 약이다.
-크리소스톰(347-407), 초대 교회 교부

성경의 진리 열심히 일한 사람은 잘 잔다(전 5:12).

놀라운 기회

194
우리는 불가능한 상황인 것처럼 멋지게 가장하고 있는 놀라운 기회들에 직면해 있다.
-찰스 스윈돌(1934-), 스톤브라이어 교회 목사

성경의 진리 "무릇 사람이 할 수 없는 것을 하나님은 하실 수 있느니라"(눅 18:27).

놀라운 시편

195
시편 23편은 시편의 나이팅게일이다. 그것은 작고, 수수한 깃털을 가지고 있으며, 어두운 곳에서 부끄럽게 노래한다. 하지만 그것은 온 세상의 대기를 아름다운 선율의 기쁨으로 가득 채운다.
-헨리 워드 비처(1813-1887), 회중교회 목사

성경의 진리 "여호와는 나의 목자시니 내게 부족함이 없으리로다"(시 23:1).

다른 사람을 낙심케 함

196
다른 사람을 낙심케 하는 말은 절대 은혜에서 나온 것이 아니다.
-조지 스윈녹(1627-1673), 영국 청교도 목사

성경의 진리 성경은 서로 격려의 말을 하라고 권한다(엡 4:29). 유순한 말은 생명과 건강을 가져오지만(잠 15:4), 과격한 말은 분노를 격동시킨다는 사실(잠 15:1, 엡 4:31)을 기억하면서 그렇게 하라는 것이다. 우리는 우리의 입에서 나온 말에 대해 책임을 지게 될 것이다(마 12:36-37).

다른 사람을 섬김

197
하나님은 더 많은 스타가 아닌, 더 많은 종들을 찾으신다.
-하워드 헨드릭스(1924-), 달라스 신학교 명예 교수

성경의 진리 "각각 은사를 받은 대로 하나님의 여러 가지 은혜를 맡은 선한 청지기 같

이 서로 봉사하라"(벧전 4:10).

198
우리가 다른 사람에게 축복이 될 때, 우리에게도 축복이 임한다고 확신할 수 있다. 우리가 다른 사람의 부흥을 위해 애쓸 때 우리 심령에 부흥이 일어난다. 우리가 다른 사람이 무기력과 연약함을 극복하도록 돕는다면, 우리 안의 피로가 극복된다. 자기만 사랑하고 돌보는 사람은 영적으로 쉽게 늙는다. 이기심은 피로를 유발한다. 사랑의 섬김은 우리의 젊음을 유지시켜준다.
-에리히 자우어(1898-1959), 독일 비데네스트 성경 학교

성경의 진리 "주는 것이 받는 것보다 복이 있다"(행 20:35).

다른 사람을 판단함

199
우리가 짓는 죄를 다른 사람이 지을 때 그 죄가 얼마나 혐오스러워 보이는지.
-찰스 스윈돌(1934-), 스톤브라이어 교회 목사

성경의 진리 예수님은 "어찌하여 형제의 눈 속에 있는 티는 보고 네 눈 속에 있는 들보는 깨닫지 못하느냐"(마 7:3)라고 말씀하셨다.

200
교만한 사람은 다른 사람이 교만한 것을 볼 때 가장 화가 난다.
-윌리엄 쿠퍼(1731-1800), 영국 시인, 찬송 작곡자

성경의 진리 "남을 판단하는 사람아, 누구를 막론하고 네가 핑계하지 못할 것은 남을 판단하는 것으로 네가 너를 정죄함이니 판단하는 네가 같은 일을 행함이니라"(롬 2:1).

201
다른 사람에 대해 가장 격하게 정죄하는 부분이 실은 자신이 가장 범하기 쉬운 잘못이라는 사실을 깨닫는 순간 우리는 중대한 진리를 습득한 것이다.
-작자 미상

성경의 진리 "만물보다 거짓되고 심히 부패한 것은 마음이라 누가 능히 이를 알리요마는"(렘 17:9).

다스림

202
하나님과 성경 없이 세상을 올바로 다스리는 것은 불가능하다.
-조지 워싱턴(1732-1799), 미국 초대 대통령

성경의 진리 솔로몬은 이렇게 기도했다. "듣는 마음을 종에게 주사 주의 백성을 재판하여 선악을 분별하게 하옵소서"(왕상 3:9).

다툼

203
교인들끼리 험담하며 싸우는 것보다 더 교회의 사기를 저하시켜 낙담케 하고 약하게 하는 것은 없다…이러한 다툼 때문에 성부 하나님의 명예가 땅에 떨어지고, 성자 하나님이 치욕을 당하시며, 세상은 하나님의 백성을 적대적으로 대하게 된다.
-존 맥아더(1939-), 그레이스 교회 목사

성경의 진리 우리는 다툼을 빨리 수습해야 한다(마 5:25 참고).

204
불화와 분열은 결코 성경적이지 않다. 이리가 양들을 괴롭히는 것은 놀랄 일이 아니지만, 양이 다른 양을 괴롭히는 것은 너무나 부자연스럽고 터무니없는 일이기 때문이다.
-토마스 브룩스(1608-1680), 영국 청교도 목사

성경의 진리 우리는 신자들끼리 다투는 것을 피하기 위해 애써야 한다(참고 시 120:7, 140:2, 잠 15:18, 17:19, 18:6, 26:21).

205
뭐? 하나님 아버지와는 화평하지만, 그분의 자녀와는 불화한다고? 그럴 수는 없어!
-존 플라벨(1627-1691), 영국 장로교 목사

성경의 진리 하나님의 백성 사이에는 다툼과 시기와 분냄이 절대 있어선 안 된다(고후 12:20 참고).

206
분열은 다른 어떤 불신앙의 행위보다 더 그리스도를 보이지 않게 한다.
-조지 맥도널드(1824-1905), 스코틀랜드 저자, 시인, 목사

성경의 진리 그리스도의 몸에는 분열이 없어야 한다(고전 12:25 참고).

207
그리스도인들의 다툼보다 기독교 신앙의 대의에 더 큰 해를 끼치는 것은 없다.

-J. C. 라일(1816-1900), 영국 리버풀 성공회 주교

성경의 진리 "평안의 매는 줄로 성령이 하나 되게 하신 것을 힘써 지키"(엡 4:3)는 것이 더 좋다.

208
마귀의 전략은 그와 맞서 싸워야 할 사람들끼리 서로 분열되게 만드는 것이다.

-캠벨 몰간(1863-1945), 웨스트민스터 교회 목사

성경의 진리 우리는 마귀의 간계를 끊임없이 경계해야 한다(엡 6:11 참고).

209
우리가 분열하면 세상의 구경거리가 된다. 그러나 우리가 사랑 안에서 연합하면 세상은 그리스도를 보게 된다.

-커티스 C. 토마스(1937-), 목사, 저자

성경의 진리 우리는 "같은 마음과 같은 뜻으로 온전히 합해야"(고전 1:10) 한다.

당신은 특별하다

210
당신은 우연이 아니다. 당신은 대량 생산된 존재가 아니다. 당신은 공장에서 일괄적으로 조립된 제품이 아니다. 당신은 최고의 장인이신 하나님이 의도적으로 계획하시고, 특별히 은사를 주시며, 사랑으로 이 땅에 두

신 존재다.

−맥스 루케이도(1955−), 작가, 오크힐스 교회 목사

성경의 진리 "주께서 내 내장을 지으시며 나의 모태에서 나를 만드셨나이다 내가 주께 감사하옴은 나를 지으심이 심히 기묘하심이라"(시 139:13−14).

211
그리스도는 당신을 너무나 사랑하신다. 그 사랑 때문에 상처를 입으실 만큼.

−작자 미상

성경의 진리 바울은 말한다. "하나님이 죄를 알지도 못하신 이를 우리를 대신하여 죄로 삼으신 것은 우리로 하여금 그 안에서 하나님의 의가 되게 하려 하심이라"(고후 5:21). 그리스도는 당신을 너무나 사랑하셔서 당신의 죄를 대신 지셨다. 당신이 하나님의 의를 얻게 하시려고.

돈과 물질주의

212
'보물을 땅에 묻어두는 것'은 주님이 간음이나 살인처럼 명백하고 분명하게 금하신 것이다.

−존 웨슬리(1703−1791), 감리 교회 창시자

성경의 진리 "부하려 하는 자들은 시험과 올무와 여러 가지 어리석고 해로운 욕심에 떨어지나니 곧 사람으로 파멸과 멸망에 빠지게 하는 것이라"(딤전 6:9).

213
재물은 금지된 것이 아니다. 하지만 재물로 인한 교만은 금지다.
-크리소스톰(347-407), 초대 교회 교부

성경의 진리 아브라함은 큰 부자였지만(창 13:2), 그 사실에 교만하지 않았다.

214
사실 돈은 가장 만족감을 주지 못하는 것 중 하나다. 분명 돈은 염려를 약간 덜어주긴 한다. 그러나 덜어주는 만큼의 염려를 가져온다. 돈을 손에 넣음으로 생겨나는 골칫거리가 있다. 돈을 움켜쥐고 있을 때 느끼는 염려가 있다. 돈을 사용할 때 받는 유혹이 있다. 돈을 남용할 때 느끼는 죄책감이 있다. 돈을 잃어버렸을 때 느끼는 슬픔이 있다. 돈을 처분할 때 느끼는 당혹감이 있다.
-J. C. 라일(1816-1900), 영국 리버풀 성공회 주교

성경의 진리 돈을 사랑하는 자들은 절대 만족하지 못한다(전 5:10).

215
나는 모든 것을 그것이 영원에서 어떤 값어치가 있을 것인가에 대한 기준으로만 평가한다.
-존 웨슬리(1703-1791), 감리 교회 창시자

성경의 진리 "오직 너희를 위하여 보물을 하늘에 쌓아두라 거기는 좀이나 동록이 해하지 못하며 도둑이 구멍을 뚫지도 못하고 도둑질도 못하느니라"(마 6:20).

216
하나님의 능력을 의지하라. 하나님의 방법으로 이루어지는 그분의 일에 하나님은 넉넉히 공급하신다. 하나님은 돈이 없어 자신의 목적을 좌절시

킬 만큼 무능력한 분이 아니다. 그리고 그분은 이후에 자금을 공급하실 수 있는 것과 마찬가지로 미리 자금을 공급하실 수 있다. 사실 하나님은 그렇게 하는 것을 훨씬 더 좋아하신다.
—허드슨 테일러(1832-1905), 선교사, 중국내지선교회 설립자

성경의 진리 "나의 하나님이 그리스도 예수 안에서 영광 가운데 그 풍성한 대로 너희 모든 쓸 것을 채우시리라"(빌 4:19).

217
물질주의는 '부자병'(affluenza)*이라고 부를 수 있다.
—레이 스테드먼 목사의 아내

성경의 진리 우리는 결코 하나님과 돈이라는 두 주인을 섬길 수 없다(마 6:24).

*어플루엔자(affluenza): 풍요로워지면 풍요로워질수록 더 많은 것을 추구하는 소비 심리 또는 소비지상주의로 나타나는 갖가지 증상을 일컫는 용어.

218
우리는 돈이 없으면서도 돈을 사랑할 수 있다. 돈을 사랑하지 않으면서도 돈을 가질 수 있는 것과 마찬가지다.
—J. C. 라일(1816-1900), 영국 리버풀 성공회 주교

성경의 진리 우리가 부유하든 가난하든, 돈에 대해 탐욕스러워서는 안 된다(벧전 5:2).

219
우리가 이 땅에서 원하는 것을 다 받게 된다면, 우리 마음은 내세보다는 이생에 고정될 것이다. 하나님은 영원히 우리를 이 세상에서 떼어 아직

보이지 않는 그분의 나라로 이끄신다. 거기에서 우리는 우리가 간절히 바라던 것을 발견하게 될 것이다.

−엘리자베스 엘리엇(1926−), 저자, 짐 엘리엇의 아내

성경의 진리 하나님은 "사람들에게는 영원을 사모하는 마음을 주셨느니라"(전 3:11).

220
하나님은 우리의 소유를 나누는 것으로 우리를 판단하신다.

−조지 뮐러(1805-1898), 영국 브리스틀 고아원 원장

성경의 진리 예수님은 부자들의 많은 헌금과 과부의 헌금에 주목하셨다. "한 가난한 과부는 와서 두 렙돈 곧 한 고드란트를 넣는지라"(막 12:41−42). 부자는 자신의 풍족한 돈의 일부를 헌금함에 넣었을 뿐이지만, 과부는 "자기의 모든 소유 곧 생활비 전부"를 넣었다고 말씀하셨다(44절).

221
재물은 하나님의 은총을 받았다는 표시가 아니다. 가난 역시 하나님의 노여움을 나타내는 표시가 아니다.

−J. C. 라일(1816-1900), 영국 리버풀 성공회 주교

성경의 진리 "네가 말하기를 나는 부자라 부요하여 부족한 것이 없다 하나 네 곤고한 것과 가련한 것과 가난한 것과 눈 먼 것과 벌거벗은 것을 알지 못하는도다"(계 3:17).

222
하나님의 것은 결코 돈으로 구할 수 없다.

−터툴리안(160−220), 초대 기독교 변증가

성경의 진리 "시몬이 사도들의 안수로 성령 받는 것을 보고 돈을 드려 이르되 이 권능

을 내게도 주어 누구든지 내가 안수하는 사람은 성령을 받게 하여 주소서 하니 베드로가 이르되 네가 하나님의 선물을 돈 주고 살 줄로 생각하였으니 네 은과 네가 함께 망할지어다"(행 8:18-20).

223
나는 이미 소유하고 있거나 앞으로 소유할 것들 중에서 하나님 나라와 연관되어 있지 않은 것에는 아무런 가치도 두지 않을 것이다.
-데이비드 리빙스턴(1813-1873), 의료 선교사

성경의 진리 하나님은 모든 것의 소유주이시다. 그리고 우리는 단지 하나님의 청지기일 뿐이다(출 19:5, 시 50:10).

224
나는 돈이 있으면 재빨리 없애버린다. 그것이 내 마음에 들어오지 못하게 하기 위해서다.
-존 웨슬리(1703-1791), 감리 교회 창시자

성경의 진리 돈은 유혹, 덫, 해로운 욕망들을 가져올 수 있다. 심지어 파멸과 멸망으로 이끌 수도 있다(딤전 6:9).

225
그리스도와 함께 가난한 사람은 오히려 크게 부요한 사람이다.
-제롬(374-420), 변증가, 번역가

성경의 진리 "내가 궁핍하므로 말하는 것이 아니니라 어떠한 형편에든지 나는 자족하기를 배웠노니"(빌 4:11).

226
우리가 재물을 어떻게 사용하는가 하는 것은 우리가 실제로 어떤 사람인지를 보여 준다.
-찰스 라이리(1925-), 신학자, 달라스 신학교 교수

성경의 진리 아무것도 당신 마음속에서 하나님의 자리를 차지하지 못하게 하라(요일 5:21).

227
할 수 있는 한 많이 벌라. 할 수 있는 한 많이 저축하라. 할 수 있는 한 많이 드려라.
-존 웨슬리(1703-1791), 감리 교회 창시자

성경의 진리 가난한 자들에게 주라(참고 신 15:7, 8, 마 19:21, 갈 2:10). 그리고 모든 궁핍한 자에게 주라(참고 눅 11:41, 12:33, 히 13:16).

돈을 사랑함

228
사람을 천국에 들어가지 못하게 막는 것은 그가 재물을 갖고 있기 때문이 아니라 재물이 그를 갖고 있기 때문이다.
-존 케어드(1920-1898), 스코틀랜드 신학자

성경의 진리 예수님은 그분을 따르는 사람들에게 이렇게 말씀하셨다. "내가 진실로 너희에게 이르노니 부자는 천국에 들어가기가 어려우니라"(마 19:23).

두려움

229
내가 누구를 두려워하리요? 하나님과 함께하는 사람이 다수파다.
-마르틴 루터(1483-1546), 종교개혁가, 사제, 신학 교수

성경의 진리 시편 기자는 "천만인이 나를 에워싸 진 친다 하여도 나는 두려워하지 아니하리이다"(3:6), "여호와는 나의 빛이요 나의 구원이시니 내가 누구를 두려워하리요"(27:1), "내가 하나님을 의지하였은즉 두려워하지 아니하리니 사람이 내게 어찌하리이까"(56:11)라고 단언했다.

230
두려움. 그의 수법은 불가사의한 것으로 당신을 조종하고, 알지 못하는 것으로 당신을 조롱하는 것이다. 죽음에 대한 두려움, 실패에 대한 두려움, 하나님에 대한 두려움, 내일에 대한 두려움…그의 병기고는 방대하다. 그의 목표는 겁 많고 기쁨 없는 그리스도인을 만들어내는 것이다. 그는 당신이 산에 오르는 것을 원하지 않는다. 그가 당신을 충분히 당황하게 한다면, 당신이 산봉우리에서 눈을 떼고 평지에서의 따분한 삶으로 만족할 것을 안다.
-맥스 루케이도(1955-), 작가, 오크힐스 교회 목사

성경의 진리 두려워하지 말라. 하나님이 당신과 함께 계시기 때문이다(시 23:4).

231
"여호와는 내 생명의 능력이시니"라고 말할 수 있는 사람만이 "내가 누구를 무서워하리요"라고 말할 수 있다(시 27:1).
-알렉산더 맥클라렌(1826-1910), 영국 목사

성경의 진리 "하나님이 우리를 위하시면 누가 우리를 대적하리요"(롬 8:31).

뒷공론

232
뒷공론은 다른 사람의 죄를 고백하는 기술이다.
—작자 미상

성경의 진리 우리는 비방하는 뒷공론을 퍼뜨리지 말아야 한다(레 19:16). 뒷공론을 하는 사람은 비밀을 누설하고(잠 11:13), 친한 친구들을 갈라 놓으며(잠 16:28), 분노를 일으킨다(잠 25:23).

리더십

233
다른 사람에게 영향을 끼치는 사람은 누구나 리더다.
—작자 미상

성경의 진리 리더는 좋은 본을 보이며 이끄는 사람이다(벧전 5:3).

234
리더는 '의로운 마음'과 '비난을 두려워하지 않는 마음'을 길러야 한다.
—찰스 스윈돌(1934-), 스톤브라이어 교회 목사

성경의 진리 요셉은 참된 리더의 좋은 모범이다(창 47:13-26).

마귀

235

하나님께 복종하지 않으면 당신은 결코 마귀에게 저항하지 못한다. 당신은 계속해서 마귀의 폭압적 권세 아래 있게 될 것이다. 누구를 당신의 주인으로 삼을 것인가? 하나님인가, 마귀인가? 둘 중 하나는 반드시 주인으로 삼아야 한다. 주인 없는 사람은 아무도 없다.
-찰스 스펄전(1834-1892), 런던 뉴파크 스트리트 교회 목사

성경의 진리 야고보서 4장 7절은 권고한다. "그런즉 너희는 하나님께 복종할지어다 마귀를 대적하라 그리하면 너희를 피하리라."

236

마귀에게 대적하는 가장 좋은 방법은 우리 안에 있는 세상적인 것을 다 소멸시키는 것이다. 그 폐허 위에 하나님을 위해 온전히 사랑으로 된 건물을 세우기 위해서다. 그렇게 되면 우리는 영원 속에서 하나님을 사랑할 뿐 아니라, 이 덧없는 세상에서도 하나님을 사랑하기 시작할 것이다.
-존 웨슬리(1703-1791), 감리 교회 창시자

성경의 진리 성경은 우리에게 권면한다. "네 마음을 다하고 목숨을 다하고 뜻을 다하여 주 너의 하나님을 사랑하라"(마 22:37).

237

인류가 마귀에 대해 빠질 수 있는 두 가지 동등하면서도 반대되는 오류가 있다. 하나는 마귀의 존재를 믿지 않는 것이다. 다른 하나는 그 존재를 믿고 마귀에게 지나치고 건전하지 않은 관심을 두는 것이다. 마귀는 그 모두를 똑같이 기뻐한다.
-C. S. 루이스(1898-1963), 저자, 옥스퍼드 대학 교수

성경의 진리 "마귀의 간계"(엡 6:11)를 주의하라. 그는 거짓의 아비이자 속임수의 최고수다(요 8:44).

238

조금만 문을 열어 놓아도 험한 광풍이 들어올 수 있는 것처럼, 마귀는 사람들의 눈에 띄지 않는 사건들보다 더 눈에 띄지 않게 들어온다. 그 사건들은 아무것도 아닌 듯 보이지만 무감각하게 치명적인 유혹들에 마음을 열게 만든다.

―존 웨슬리(1703-1791), 감리 교회 창시자

성경의 진리 다윗이 옥상에서 처음 밧세바를 엿본 뒤 잇따라 일어난 대재앙들을 절대 잊지 말라(삼하 11:2).

239

사탄은 작은 죄들을 통해 더 큰 죄로 우리를 이끌어간다. 그것은 마치 작은 막대기로 큰 막대기에 불을 옮기는 것과 같고, 작은 볏단이 큰 나뭇더미에 불을 붙이는 것과 같다.

―토마스 맨튼(1620-1667), 영국 청교도 목사

성경의 진리 우리는 "사탄에게 속지 않게" 주의해야 한다. "우리는 그 계책을 알지 못하는 바가 아니로라"(고후 2:11).

240

재갈 물리지 않은 혀는 마귀가 의기양양하게 타고 가는 병거다.

―에드워드 레이너(1600-1660), 영국 목사, 저자

성경의 진리 혀는 작지만 엄청난 문제를 일으킬 수 있다(약 3:5-8).

241
사람이 가장 적게 행할 때 마귀는 가장 많이 행한다.
-작자 미상

성경의 진리 성경은 게으른 삶에 대해 분명하게 경고한다(살후 3:11, 참고 잠 21:25, 전 4:5).

242
파리는 나의 철천지 원수다. 내가 독서의 감동에 파묻혀 있을 때 파리들은 책장 위로 몰려들어서는 아래위로 행진을 하며 더럽힌다. 마귀도 마찬가지다. 우리 마음이 가장 순결할 때 곁으로 다가와 우리의 마음을 더럽힌다.
-마르틴 루터(1483-1546), 종교개혁가, 사제, 신학 교수

성경의 진리 사탄은 고발하고 참소하며(욥 1:6-11, 계 12:10), 영적인 교만함을 부추긴다(딤전 3:6). 질투심을 유발하고(약 3:13-16), 의심의 마음을 자라게 하며(창 3:1-5), 부도덕함에 유혹당하게 한다(고전 7:5).

243
사탄은 부도덕에 수반되는 후회, 공허감, 외로움, 영적 황폐함 등에 대해 말해 주지 않는다.
-빌리 그레이엄(1918-), 전도자

성경의 진리 불의한 자들은 많은 슬픔을 경험한다(시 32:10, 눅 6:25). 하지만 그리스도인들이 경험하는 경건한 슬픔은 회개로 인도한다(고후 7:10).

244
마귀는 거친 바다에서 낚시하기를 좋아한다.
-존 트랩(1601-1669), 영국 성공회 성경 주석가

성경의 진리 분노는 마귀가 낚시하기 좋아하는 '거친 바다'를 만든다(엡 4:26-27).

245
작은 선으로 더 큰 선을 밀어내는 것은 사탄의 오래된 정책이다.
-느헤미야 로저스, 목사

성경의 진리 우리는 마귀의 간계에 주의하여 깨어 있어야 한다(엡 6:11). 우리는 "사탄에게 속지 않게 하려 함이라 우리는 그 계책을 알지 못하는 바가 아니로라"(고후 2:11).

246
우리가 죄를 지을 때까지는 사탄은 우리에게 기생하는 존재다. 하지만 일단 우리가 그의 손에 들어가면, 그는 폭군으로 변한다.
-토마스 맨튼(1620-1667), 영국 청교도 목사

성경의 진리 사탄은 그리스도인들을 삼키려 찾고 있는 사자와 같다(벧전 5:8). 이 사자는 죄를 지은 그리스도인이라는 연약한 먹잇감을 공격하는 것이 가장 쉽다는 사실을 안다.

247
마귀는 불신자들과 죄인들은 유혹하지 않는다. 이미 자기 것이기 때문이다.
-토마스 아 켐피스(1380-1471), 『그리스도를 본받아』 저자

성경의 진리 성경에 나오는 "시험하는 자"에 대한 두 번의 언급은 그리스도(마 4:3)와 그리스도인들(살전 3:5)과 관련되어 있다.

248
마귀가 이 세상 신이라 불릴 때 그것은 마귀가 세상을 만들었기 때문이

아니라, 우리가 우리의 세속성으로 그를 섬기기 때문이다.
-토마스 아퀴나스(1225-1274), 이탈리아 철학자, 신학자

성경의 진리 마귀는 전 세계에 악한 영향을 끼치고 주관하기 때문에 "이 세상의 임금" (요 12:31)이며 "이 세상의 신"(고후 4:4)이다.

249
마귀에게 조금만 잘해주면 끝까지 기어오르려 할 것이다.
-작자 미상

성경의 진리 성경은 마귀의 올무에 사로잡혀 그 뜻을 따르도록(딤후 2:26 참고) 굴복한 사람들에 대해 말한다. 마귀를 대적하라(약 4:7).

250
나는 그리스도가 가장 가까이 계실 때, 사탄 역시 가장 바쁘다는 사실을 안다.
-로버트 머레이 맥체인(1813-1843), 스코틀랜드 교회 목사

성경의 진리 서머나 교회는 그리스도를 위해 굳게 서 있었다. 그 후 그리스도는 그 교회에 경고하셨다. "마귀가 장차 너희 가운데에서 몇 사람을 옥에 던져 시험을 받게 하리니…네가 죽도록 충성하라 그리하면 내가 생명의 관을 네게 주리라"(계 2:10).

마귀의 거짓말

251
마귀는 자기가 속일 수 없는 사람은 멸망시키려 한다. 그리고 자신이 멸망시킬 수 없는 사람은 속이려 한다.
-레이 스테드먼(1917-1992), 페닌슐라 성경 교회 목사

성경의 진리 마귀는 "처음부터 살인한 자요 진리가 그 속에 없으므로 진리에 서지 못하고 거짓을 말할 때마다 제 것으로 말하나니 이는 그가 거짓말쟁이요 거짓의 아비가 되었음이라"(요 8:44).

마음의 공백

252
오 하나님, 하나님은 당신을 위해 우리를 만드셨습니다. 그래서 우리의 마음은 당신 안에서 안식할 때까지 참된 안식을 누릴 수 없습니다.
-아우구스티누스(354-430), 히포의 주교

성경의 진리 하나님은 사람에게 "영원을 사모하는 마음을 주셨느니라"(전 3:11).

253
모든 마음에는 하나님 모양의 공백이 있다.
-블레이즈 파스칼(1623-1662), 프랑스 수학자, 물리학자, 종교 철학자

성경의 진리 "볼지어다 내가 문 밖에 서서 두드리노니 누구든지 내 음성을 듣고 문을 열면 내가 그에게로 들어가 그와 더불어 먹고 그는 나와 더불어 먹으리라"(계 3:20).

254
당신이 자신을 비울 때, 전능하신 하나님이 그 자리로 들어오신다!
-A. W. 토저(1897-1963), 설교자, 저자

성경의 진리 "그런즉 이제는 내가 사는 것이 아니요 오직 내 안에 그리스도께서 사시는 것이라 이제 내가 육체 가운데 사는 것은 나를 사랑하사 나를 위하여 자기 자신을 버리신 하나님의 아들을 믿는 믿음 안에서 사는 것이라"(갈 2:20).

마음의 열망

255
하나님 외에는 아무도 영원히 죽지 않는 영혼의 열망을 만족시킬 수 없다. 마음은 하나님을 위해 만들어졌기 때문에, 오직 그분만이 채우실 수 있다.
-리처드 체네빅스 트렌치(1807-1886), 영국 성공회 시인

성경의 진리 전도서 3장 11절은 하나님께서 "사람들에게는 영원을 사모하는 마음을 주셨느니라"고 말한다. 또 시편 기자는 "사슴이 시냇물을 찾기에 갈급함 같이 내 영혼이 주를 찾기에 갈급하나이다"(시 42:1)라고 말한다.

말

256
냉랭한 말은 사람들을 얼어붙게 하고, 뜨거운 말은 그들을 그을리게 한다. 쓰라린 말은 그들을 더 쓰라리게 하고, 분노에 찬 말은 그들을 분노로 채운다. 친절한 말은 사람들의 영혼에 아름다운 형상을 새긴다. 그런 말은 듣는 사람들을 매끄럽게 하고, 고요하게 하며, 위로한다.
-블레이즈 파스칼(1623-1662), 프랑스 수학자, 물리학자, 종교 철학자

성경의 진리 바울이 말했듯, "너희 말을 항상 은혜 가운데서 소금으로 맛을 냄과 같이 하라 그리하면 각 사람에게 마땅히 대답할 것을 알리라"(골 4:6).

말씀

257
우리는 하나님을 경외하는 것과 동일하게 성경도 경외한다.
-장 칼뱅(1509-1564), 프랑스 종교개혁가

성경의 진리 모든 성경은 하나님의 "감동으로"(딤후 3:16) 된 것이다.

258
우리에게 일어나는 모든 문제의 원천은 성경에 대한 무지다.
-크리소스톰(347-407), 초대 교회 교부

성경의 진리 성경은 "교훈과 책망과 바르게 함과 의로 교육하기에 유익"(딤후 3:16)하다.

259
하나님을 알고자 한다면, 먼저 그분의 말씀을 알아야 한다. 하나님의 능력을 인식하기 원한다면, 그분이 어떻게 그분의 말씀을 따라 역사하시는지 보아야 한다. 하나님의 목적이 성취되는 것을 보기 원한다면, 그것은 오직 그분의 말씀에 의해서만 발견할 수 있다.
-찰스 스펄전(1834-1892), 런던 뉴파크 스트리트 교회 목사

성경의 진리 하나님의 모든 말씀은 참되다(시 119:160).

260
나는 우리가 이해하기 어려운 성경 본문을 만날 때 가져야 할 올바른 관점은 본문 자체보다는 본문을 보는 사람의 한계에서 원인을 찾고, 하나님 말씀에 결함이 있다는 생각이 아닌 자신의 무지를 인식하는 것이라고 생각한다.
-J. C. 라일(1816-1900), 영국 리버풀 성공회 주교

성경의 진리 하나님의 말씀에는 어떤 흠도 없다(잠 30:5-6).

261
나는 대학이 지옥에 이르는 큰 문이 되지 않을까 걱정한다. 대학이 학생들에게 성경을 가르쳐 그들의 마음에 말씀을 새기려고 부단히 노력하지 않는다면 말이다. 그 누구도 자기 자녀를 말씀이 없는 곳에 있게 하지 말라. 하나님의 말씀을 중요하게 여기지 않는 기관은 분명히 부패한다.
-마르틴 루터(1483-1546), 종교개혁가, 사제, 신학 교수

성경의 진리 하나님의 말씀은 진리다(요 17:17).

262
성경을 단지 역사서가 아닌, 하나님이 당신에게 보낸 연애편지로 읽으라.
-토마스 왓슨(1620-1686), 청교도 설교자, 저자

성경의 진리 성경은 하나님이 우리에게 주시는 말씀이다. 하나님은 우리에게 개인적으로 말씀하신다(마 4:4).

263
성경을 읽는 것은 가장 위대한 일이다! 성경의 마음을 완전히 다 아는 것은 불가능하기 때문이다. 성경은 바닥이 없는 우물과 같다.
-크리소스톰(347-407), 초대 교회 교부

성경의 진리 하나님의 말씀은 경이롭다(시 119:129-130).

264
성경과 일치하지 않는 모든 가르침은 설령 그것이 매일 기적을 나타낸다 해도 거부해야 한다.
-마르틴 루터(1483-1546), 종교개혁가, 사제, 신학 교수

성경의 진리 베뢰아의 그리스도인들은 "이것이 그러한가 하여 날마다 성경을 상고"(행

17:11)하는 습관이 있었다. 우리는 그들을 본받아야 한다.

265
성경은 가장 유익한 삶의 방식, 가장 고상한 고난의 방식, 가장 편안한 죽음의 방식을 가르친다.
-존 플라벨(1627-1691), 영국 장로교 목사

성경의 진리 "모든 성경은 하나님의 감동으로 된 것으로 교훈과 책망과 바르게 함과 의로 교육하기에 유익하니"(딤후 3:16).

266
한 가지 가장 불가피한 사실이 있다. 그것은 바로 성경이 반드시 성취되리라는 것이다.
-칼 F. H. 헨리(1913-2003), 미국 복음주의 신학자

성경의 진리 이러한 불가피함은 성경에서 여러 번 확증되었다(눅 4:21, 22:37, 요 13:18, 17:12, 19:36, 행 1:16, 약 2:23).

267
성경에 대한 무지는 그리스도에 대한 무지다.
-제롬(374-420), 변증가, 번역가

성경의 진리 예수님은 유대 지도자들에게 말씀하셨다. "너희가 성경에서 영생을 얻는 줄 생각하고 성경을 연구하거니와 이 성경이 곧 내게 대하여 증언하는 것이니라"(요 8:39).

268
성부 하나님은 성경을 주시는 분이다. 성자 하나님은 성경의 주제가 되신

다. 성령 하나님은 성경의 저자, 입증자, 해석자가 되신다.
-J. I. 패커(1926-), 저자, 신학자

성경의 진리 우리 삼위일체 하나님은 얼마나 대단한 분이신가(마 28:19, 고후 13:14)!

269
말씀을 소홀히 하는 것은 주님을 소홀히 하는 것이다.
-작자 미상

성경의 진리 예수님은 성경이 그분을 증거한다고 단호하게 주장하셨다(요 5:39).

270
성경은 예수님이 타고 가시는 왕의 병거다.
-찰스 스펄전(1834-1892), 런던 뉴파크 스트리트 교회 목사

성경의 진리 구약은 예수님의 오심을 가리킨다(참고 사 7:14, 9:6, 40:3). 신약은 예수님의 성취를 보여 준다(마 5:17, 눅 24:27, 44, 요 5:39, 히 10:7).

271
나는 모든 교부의 말, 천사와 사람 그리고 마귀의 모든 술책과 말을 성경에 비추어 본다. 이것이 나의 입장이다.
-마르틴 루터(1482-1546), 종교개혁가, 사제, 신학교수

성경의 진리 성경은 예수님의 최종 상소 법원이다. 예수님이 종종 "기록되었으되…"(마 4:4, 7, 10)라고 말씀하셨기 때문이다.

말씀을 행하는 자

272
당신이 그리스도인이라는 이유로 체포된다면, 당신의 유죄를 입증할 만한 충분한 증거가 있는가?
—데이비드 오티스 풀러(1903-1988), 침례교 목사

성경의 진리 우리는 "말씀을 행하는 자가 되고 듣기만 하여 자신을 속이는 자가 되지 말"(약 1:22)아야 한다. 예수님은 "이같이 너희 빛이 사람 앞에 비치게 하여 그들로 너희 착한 행실을 보고 하늘에 계신 너희 아버지께 영광을 돌리게 하라"(마 5:16)고 권면하셨다.

273
누군가의 믿음의 질은 그의 행동을 보고 판단할 수 있다. 훈련은 교리를 나타내는 지표다.
—터툴리안(160-220), 초대 기독교 변증가

성경의 진리 야고보가 말했다. "내 형제들아 만일 사람이 믿음이 있노라 하고 행함이 없으면 무슨 유익이 있으리요"(약 2:14). 다시 그는 경고한다. "영혼 없는 몸이 죽은 것 같이 행함이 없는 믿음은 죽은 것이니라"(26절).

무신론자

274
별들로 가득한 밤하늘을 볼 때 나는 하나님의 얼굴을 대면하고 있다고 느낀다. 나는 지구를 내려다보며 무신론자가 될 수 있다고 생각하지만, 하늘을 올려다보며 하나님이 없다고 말하는 것은 도무지 상상할 수 없다.
—에이브러햄 링컨(1809-1865), 미국 16대 대통령

성경의 진리 "하늘이 하나님의 영광을 선포하고 궁창이 그의 손으로 하신 일을 나타내는도다"(시 19:1).

275
불신자나 무신론자를 대면하고 있을 때면, 나는 그에게 세상에서 가장 훌륭한 식사를 대접한 후 그 멋진 요리를 만든 요리사가 있다는 사실을 믿을 수 있겠는지 묻고 싶은 충동이 생긴다.
-로널드 레이건(1911-2004), 미국 40대 대통령

성경의 진리 "창세로부터 그의 보이지 아니하는 것들 곧 그의 영원하신 능력과 신성이 그가 만드신 만물에 분명히 보여 알려졌나니 그러므로 그들이 핑계하지 못할지니라"(롬 1:20).

무지

276
우리는 더 많이 알수록 자신의 무지도 더 많이 보게 된다.
-매튜 헨리(1662-1714), 성경 주석가, 장로교 목사

성경의 진리 "너는 마음을 다하여 여호와를 신뢰하고 네 명철을 의지하지 말라"(잠 3:5).

277
당신의 무지에 대해 무지한 것은 더 나쁜 것이다.
- 제롬(374-420), 변증가, 번역가

성경의 진리 예수님은 라오디게아 교회에 경고하셨다. "네가 말하기를 나는 부자라 부요하여 부족한 것이 없다 하나 네 곤고한 것과 가련한 것과 가난한 것과 눈 먼 것

과 벌거벗은 것을 알지 못하는도다"(계 3:17). 이 사람들은 자신들의 무지에 대해 참으로 무지한 상태에 있었다.

미덕

278
사람의 미덕이 지닌 힘은 그가 특별한 능력을 발휘하는 것이 아닌 그의 습관적 행동들로 측정되어야 한다.
-블레이즈 파스칼(1623-1662), 프랑스 수학자, 물리학자, 종교 철학자

성경의 진리 "좋은 나무가 나쁜 열매를 맺을 수 없고 못된 나무가 아름다운 열매를 맺을 수 없느니라"(마 7:18).

미래

279
우리는 미래에 어떤 일이 있을지 알지 못한다. 하지만 누가 미래를 붙잡고 계신지는 안다.
-윌리 J. 레이(1896-1992), 침례교 목사

성경의 진리 하나님은 이렇게 단언하신다. "나는 하나님이라 나 외에 다른 이가 없느니라 나는 하나님이라 나 같은 이가 없느니라 내가 시초부터 종말을 알리며 아직 이루지 아니한 일을 옛적부터 보이고 이르기를 나의 뜻이 설 것이니 내가 나의 모든 기뻐하는 것을 이루리라"(사 46:9-10).

미성숙한 그리스도인

280

그리스도인들은 마치 구식 사진처럼 보인다. 노출은 너무 과하고, 정작 현상이 잘 되지 않는다.
-하워드 헨드릭스(1924-), 달라스 신학교 명예 교수

성경의 진리 "우리가…완전한 데로 나아갈지니라"(히 6:1).

믿음

281

하나님을 위해 위대한 일을 시도하라. 그리고 하나님으로부터 위대한 것을 기대하라.
-윌리엄 캐리(1761-1834), 영국 침례교 선교사

성경의 진리 하나님은 "우리가 구하거나 생각하는 모든 것에 더 넘치도록 능히 하실 이"(엡 3:20)시며, 그렇게 하려고 준비하고 계신다.

282

믿음은 가능성의 영역에서는 작동하지 않는다. 인간적으로 가능한 일에서는 하나님께 영광이 돌려지지 않는다. 믿음은 사람의 능력이 끝나는 곳에서 시작된다.
-조지 뮐러(1805-1898), 영국 브리스틀 고아원 원장

성경의 진리 "무릇 사람이 할 수 없는 것을 하나님은 하실 수 있느니라"(눅 18:27).

283
그리스도인의 참 믿음은 영원을 파악하기 원하는 우리의 욕구를 채워준다. 그것은 우리에게 보이지 않는 모든 것에 대한 보다 광대한 지식을 준다. 산 믿음은 우리에게 눈으로도 보지 못하고, 귀로도 듣지 못하며, 마음으로도 이해하지 못하는 것을 명확한 빛 가운데 소개해 준다. 이러한 유익들을 아는데 그 누가 그런 믿음을 바라지 않겠는가? 믿음과 함께 이러한 인식만 오는 것이 아니라, 거룩함과 행복에 대한 약속의 성취도 온다.
-존 웨슬리(1703-1791), 감리 교회 창시자

성경의 진리 "이는 우리가 믿음으로 행하고 보는 것으로 행하지 아니함이로라"(고후 5:7).

284
작은 믿음은 당신의 영혼을 하늘로 가져갈 것이며, 큰 믿음은 하늘을 당신의 영혼에 가져올 것이다.
-찰스 스펄전(1834-1892), 런던 뉴파크 스트리트 교회 목사

성경의 진리 큰 믿음은 "죽는 것도 유익"하다는 사실을 인식하며, "세상을 떠나서 그리스도와 함께 있는 것이 훨씬 더 좋은 일이라"는 것을 깨닫는다(빌 1:21-23).

285
계단 전체를 볼 필요는 없다. 일단 계단의 첫 단에만 올라서라.
-마틴 루터 킹(1929-1968), 목사, 미국 흑인 인권 운동가

성경의 진리 아브라함이 약속의 땅을 향해 우르를 떠났을 때, 아직 그 땅을 보지 못했다. 그는 한 번에 한 걸음씩 믿음의 발걸음을 내디뎠다(창 15:7).

286
믿음은 우리가 보지 못하는 것을 믿는 것이다. 이 믿음에 대한 상은 우리가 믿는 것을 보게 되는 것이다.
-아우구스티누스(354-430), 히포의 주교

성경의 진리 오늘 우리는 "믿음으로 행하고 보는 것으로 행하지 아니"(고후 5:7)하지만, 언젠가 하늘에서 하나님의 임재 가운데 보는 것으로 행하게 될 것이다(계 21:3).

287
우리가 보지 못하는 것을 믿는 것이 믿음의 직무다. 그리고 우리가 믿는 것을 보는 것이 믿음의 상이다.
-토마스 아담스(1583-1652), 영국 목사, 설교자

성경의 진리 "우리가 지금은 거울로 보는 것 같이 희미하나 그 때에는 얼굴과 얼굴을 대하여 볼 것이요"(고전 13:12).

288
하나님을 믿는다는 것은 무릎을 꿇는 것이다.
-마르틴 루터(1483-1546), 종교개혁가, 사제, 신학 교수

성경의 진리 "너희가 기도할 때에 무엇이든지 믿고 구하는 것은 다 받으리라"(마 21:22).

289
나는 모든 그리스도인 가운데 가장 행복하고 참된 그리스도인은 절대 하나님을 의심하지 않고, 하나님의 말씀을 있는 그대로 받아들이며, 그 말씀을 믿고 아무 질문도 던지지 않으며, 하나님이 말씀하셨다면 그렇게 되리라고 확신하는 사람들이라고 생각한다.
-찰스 스펄전(1834-1892), 런던 뉴파크 스트리트 교회 목사

> **성경의 진리** "주의 증거들은 나의 즐거움이요 나의 충고자니이다"(시 119:24).

290
당신의 하나님은 너무 작다.
-J. B. 필립스(1906-1982), 성경 번역가, 저자, 목사

> **성경의 진리** "여호와여 신 중에 주와 같은 자가 누구니이까 주와 같이 거룩함으로 영광스러우며 찬송할 만한 위엄이 있으며 기이한 일을 행하는 자가 누구니이까"(출 15:11).

291
믿음과 선한 양심은 소망의 두 날개다.
-윌리엄 거널(1617-1679), 저자

> **성경의 진리** "나는 항상 소망을 품고 주를 더욱더욱 찬송하리이다"(시 71:14).

292
믿음은 하나님을 향해 모든 기대를 뛰어넘을 것을 기대한다.
-앤드류 머레이(1828-1917), 남아프리카 저술가, 목사

> **성경의 진리** "내가 신뢰하고 두려움이 없으리니 주 여호와는 나의 힘이시며 나의 노래시며 나의 구원이심이라"(사 12:2). 하나님은 "우리가 구하거나 생각하는 모든 것에 더 넘치도록 능히 하실 이"(엡 3:20)시다.

293
믿음은 볼 수 없는 것을 보고, 믿을 수 없는 것을 믿으며, 불가능한 것을 받아들인다.
-코리 텐 붐(1892-1983), 홀로코스트 생존자

성경의 진리 아브라함과 사라가 노년에 자식을 갖는 것이 도저히 믿기 어렵고 불가능해 보였음에도 하나님은 그 일을 이루셨다(창 21:2)! 하나님은 또한 우리를 위해서도 불가능한 일들을 이루신다(눅 18:27).

294
믿음은 내적 눈으로 보는 것이다.
―알렉산더 맥클라렌(1826-1910), 영국 목사

성경의 진리 "내 눈이 항상 여호와를 바라봄은"(시 25:15).

295
모든 것을 아시는 하나님께 미지의 미래를 맡기는 것을 두려워하지 말라.
―작자 미상

성경의 진리 "나를 위하여 정한 날이 하루도 되기 전에 주의 책에 다 기록이 되었나이다"(시 139:16). "나의 앞날이 주의 손에 있사오니"(시 31:15).

296
믿음은 우리가 축 처져 있을 때 우리를 일으켜 준다. 불신은 우리가 흥분해 있을 때 우리를 넘어뜨린다.
―존 번연(1628-1688), 저자, 설교자

성경의 진리 우리는 언제나 믿음에 꼭 붙어 있어야 한다(딤전 1:19).

297
우리에게는 불가능한 일을 매우 즐기는 하나님이 계시다.
―앤드류 머레이(1828-1917), 남아프리카 저술가, 목사

성경의 진리 하나님께 너무 어려운 일이란 없다(창 18:14, 렘 32:17, 27).

298
불가능한 일들을 시도할 때만 하나님의 자원이 어느 정도인지를 알 수 있다.
–F. B. 마이어(1847-1929), 침례교 목사, 전도자

`성경의 진리` 하나님의 크신 능력은 무엇과도 비교할 수 없다(엡 1:19-20).

299
믿음은 우리에게 사는 기쁨과 죽는 안식을 준다.
–D. L. 무디(1837-1899), 전도자

`성경의 진리` "이는 내게 사는 것이 그리스도니 죽는 것도 유익함이라"(빌 1:21).

300
죄는 독립 선언서이고, 믿음은 의존 선언서이다.
–버나드 램(1916-1992), 침례교 신학자

`성경의 진리` "믿음을 따라 하지 아니하는 것은 다 죄니라"(롬 14:23).

301
참된 믿음은 성경의 사실들에 닻을 내리고 있으므로, 우리는 감상에 영향을 받아서는 안 된다.
–마일스 스탠포드(1914-1999), 저자

`성경의 진리` "믿음은 들음에서 나며 들음은 그리스도의 말씀으로 말미암았느니라"(롬 10:17).

302
믿음은 그 믿음의 소유자가 미래를 현재로 보게 하고, 보이지 않는 것을

보이는 것으로 취급할 수 있게 한다.
-오스왈드 샌더스(1902-1992), 해외 선교회 책임자

성경의 진리 "여호와의 말씀이니라 너희를 향한 나의 생각을 내가 아나니 평안이요 재앙이 아니니라 너희에게 미래와 희망을 주는 것이니라"(렘 29:11).

303
확률이 믿음에 관한 문제일 때 그것은 우리에게 큰 시험거리가 된다.
-마일스 스탠포드(1914-1999), 저자

성경의 진리 "너는 마음을 다하여 여호와를 신뢰하고 네 명철을 의지하지 말라"(잠 3:5).

304
하나님을 신뢰한다는 것은 우리가 볼 수 있는 것을 넘어 하나님이 보시는 것을 바라본다는 뜻이다.
-찰스 스탠리(1932-), 애틀랜타 제일침례교회 담임 목사

성경의 진리 우리는 보는 것으로 행하지(우리가 보는 것을 신뢰하는 것) 않고, 믿음으로 행해야(하나님이 보시는 것을 신뢰하는 것) 한다(고후 5:7).

305
사람들은 그들에게 개연성이 있어 보이는 것들을 믿으려 할 것이다. 믿음은 개연성과는 아무 상관이 없다. 믿음의 범위는 개연성이 끝나고 시각과 감각이 실패하는 곳에서 시작된다. 겉으로 드러나는 것은 고려하지 말라. 문제는 하나님이 그것을 말씀하셨는가 하는 것이다.
-조지 뮐러(1805-1898), 영국 브리스틀 고아원 원장

성경의 진리 "외모로 판단하지 말라"(요 7:24).

306
시험받지 않은 믿음은 신뢰할 수 없다.

–에이드리언 로저스(1931-2005), 침례교 목사, 저자

성경의 진리 "너희 믿음의 시련이 인내를 만들어"(약 1:3) 낸다.

307
믿음은 역으로 생각해야만 이해될 수 있는 것을 믿는 것이다.

–필립 얀시(1949-), 저자

성경의 진리 "믿음으로 노아는 아직 보이지 않는 일에 경고하심을 받아 경외함으로 방주를 준비하여 그 집을 구원하였으니"(히 11:7).

308
믿음, 곧 강력한 믿음은 약속을 보고, 그 약속만을 의지하며, 그 불가능성을 웃어넘기고, 그것이 이루어질 것이라고 외친다.

–찰스 웨슬리(1707-1788), 감리교 운동 지도자, 찬송 작사가

성경의 진리 "약속하신 이는 미쁘시니"(히 10:23). 실로 "말씀하신 그 모든 좋은 약속이 하나도 이루어지지 아니함이 없도다"(왕상 8:56).

309
우리의 믿음은 표현함으로써 자란다. 믿음을 깊게 하기 원한다면 반드시 그 믿음을 나누어야 한다. 우리는 반드시 행동해야 한다.

–빌리 그레이엄(1918-), 전도자

성경의 진리 "너희가 권능을 받고 예루살렘과 온 유대와 사마리아와 땅 끝까지 이르러

내 증인이 되리라"(행 1:8).

310
하나님은 우리가 이성 없이 우리의 믿음을 그분께 복종시킬 것을 원하지 않으신다. 하지만 이성이 갖는 한계가 믿음을 필연적인 것으로 만든다.
-아우구스티누스(354-430), 히포의 주교

성경의 진리 "너는 마음을 다하여 여호와를 신뢰하고 네 명철을 의지하지 말라"(잠 3:5).

311
성경에는 믿음과 보는 것이 서로 반대되는 것으로 나와 있다. 하지만 믿음과 이성은 그렇지 않다. 참된 믿음은 본질상 이성적이다. 그것은 하나님의 성품과 약속을 신뢰하기 때문이다. 그리스도인은 그의 지성이 이러한 확신을 반영하고 그 확신에 기초하는 사람이다.
-존 스토트(1921-2011), 영국 성공회 목사

성경의 진리 하나님은 "그 보배롭고 지극히 큰 약속을 우리에게 주"셨다(벧후 1:4).

312
나는 단순히 믿음을 소유하는 것을 원하지 않는다. 믿음이 나를 사로잡기 원한다.
-찰스 킹슬리(1819-1875), 영국 성공회 목사

성경의 진리 히브리서 11장 1절은 "믿음은 바라는 것들의 실상이요 보이지 않는 것들의 증거"라고 말한다. 중요한 것은 '실상'이라는 말이다. 우리를 사로잡을 수 있는 믿음은 아무 의심 없는 믿음이다.

313

교회는 땅 끝까지 세계 전역에 흩어져 있지만, 사도들과 그들의 제자들로부터 믿음을 받았다. 그것은 전능하신 아버지, 하늘과 땅과 바다와 그 안에 있는 모든 것을 만드신 한 분 하나님에 대한 믿음, 그리고 하나님의 아들, 우리의 구원을 위해 육신이 되신 한 분 그리스도 예수에 대한 믿음, 그리고 선지자들을 통해 우리의 사랑하는 주 예수 그리스도가 오시고, 동정녀에게서 나시며, 고난을 받으시고, 죽은 자 가운데서 다시 살아나시며, 육체로 승천하신 것에서 그리고 그 예수님이 모든 것을 마무리하시고 모든 사람에게 정당한 심판을 시행하시기 위해…모든 인간 육체를 일으키시려고 아버지의 영광 가운데 하늘로부터 재림하시는 것을 선포하신 성령에 대한 믿음이다.

-이레니우스(-202), 초대 교회 교부

성경의 진리 우리는 "성도에게 단번에 주신 믿음의 도를 위하여 힘써 싸"워야(유 1:3) 한다. 믿음은 초대 교회에 전허진 사도적 진리다.

믿음과 행동

314

우리를 의롭게 하는 것은 오직 믿음 하나뿐이지만, 의롭게 하는 믿음은 그 홀로 있으면 안 된다.

-장 칼뱅(1509-1564), 프랑스 종교개혁가

성경의 진리 "행함이 없는 믿음은 그 자체가 죽은 것이라"(약 2:17).

믿음에 대한 열심

315
열심에 불을 붙이라. 그러면 사람들은 당신이 불타는 것을 보기 위해 멀리서도 찾아올 것이다.
-존 웨슬리(1703-1791), 감리 교회 창시자

성경의 진리 베드로가 오순절날 설교했을 때 사람들은 매우 흥분했다. 그래서 베드로는 무리에게 "때가 제 삼시니 너희 생각과 같이 이 사람들이 취한 것이 아니라"(행 2:15)고 말해야 했다. 당신이 성령 안에서 행하고 사랑과 희락과 화평을 명백히 보여 줄 때(갈 5:22) 사람들도 당신을 주목할 것이다!

배교

316
배교는 영적 간통이다.
-프랜시스 쉐퍼(1912-1984), 신학자, 철학자, 목사

성경의 진리 작은 일에서도(눅 16:10) 늘 진리를 따르고(잠 3:3, 딤후 3:14), 어떤 일을 하든 주님을 붙잡아야 한다(빌 1:27). 호세아서는 이러한 영적 간통을 경고한다.

번영

317
우리는 형통보다 고난을 더 잘 견딜 수 있다. 형통할 때는 하나님을 쉽게 잊기 때문이다.
-D. L. 무디(1837-1899), 전도자

성경의 진리 예수님은 "재물이 있는 자는 하나님의 나라에 들어가기가 얼마나 어려운지"(눅 18:24)라고 단언하셨다.

변절

318
당신이 하나님을 피한다면, 마귀는 당신에게 충동과 말을 빌려줄 것이다.
-토마스 아담스(1583-1652), 영국 목사, 설교자

성경의 진리 사탄은 당신이 타락하게 하려고 갖은 수를 다 쓴다. 사탄은 신자들을 유혹하여 죄를 짓게 하고(엡 2:1-3, 살전 3:5), 거짓말을 하게 하며(행 5:3), 성적으로 부도덕한 행위를 저지르게 한다(고전 7:5). 사탄은 무슨 수를 써서라도 신자들의 일을 방해하고(살전 2:18), 신자들 가운데 가라지를 뿌리며(마 13:38-39), 그들에게 핍박이 일어나도록 부추긴다(계 2:10).

변화

319
당신이 힘든 시간을 보내고 있다면 흔들리지 말라. 상황은 곧 변화될 것이다. 당신이 지금 순항하며 평안한 시간을 보내고 있다면 분발하라. 상황은 곧 바뀔 것이다. 우리가 확신할 수 있는 단 한 가지는 변화가 곧 오리라는 것이다.
-제임스 돕슨(1936-), '포커스 온 더 패밀리' 설립자

성경의 진리 성경은 "내일 일을 너희가 알지 못하는도다"(약 4:14)라고 단언한다. 우리는 그래서 "주의 뜻이면 우리가 살기도 하고 이것이나 저것을 하리라"(15절)고 말해야 한다. 한마디로 우리는 바울처럼 "어떠한 형편에든지 나는 자족하기를 배웠노니"(빌 4:11)라고 말하는 법을 배워야 한다.

복음

320

복음은 모든 사람이 되돌릴 수 없는 단 한 번의 결정으로 자신의 영원한 운명을 좌우하게 된다는 사실을 깨닫게 한다.
-칼 F. H. 헨리(1913-2003), 미국 복음주의 신학자

성경의 진리 복음은 "모든 믿는 자에게 구원을 주시는 하나님의 능력"이다(롬 1:16).

321

나는 복음을 부끄러워하지도 않고 복음에 부끄러움이 되지도 않는 사람이 그리스도인이라고 생각한다.
-매튜 헨리(1662-1714), 성경 주석가, 장로교 목사

성경의 진리 바울은 "내가 또 이 고난을 받되 부끄러워하지 아니함은 내가 믿는 자를 알고"(딤후 1:12)라고 단언했다.

322

복음에 대해 취할 수 있는 두 가지 행동이 있다. 복음을 믿고, 복음을 행동으로 옮기는 것이다.
-수잔나 웨슬리(1669-1742), 존과 찰스 웨슬리의 어머니

성경의 진리 야고보는 "내 형제들아 만일 사람이 믿음이 있노라 하고 행함이 없으면 무슨 유익이 있으리요 그 믿음이 능히 자기를 구원하겠느냐"(약 2:14)라고 묻는다. 우리를 구원하는 것은 복음에 대한 믿음이지만(행 16:31), 그 믿음은 우리의 삶으로 드러나야 한다!

복음의 긴급성

323
당신이 그리스도를 볼 수만 있다면, 나는 아낌없이 나의 눈을 줄 것이고, 당신이 그분의 손을 잡을 수만 있다면, 기꺼이 내 손을 줄 것이다.
-찰스 스펄전(1834-1892), 런던 뉴파크 스트리트 교회 목사

성경의 진리 바울은 구원받지 못한 유대인들에게 "나의 형제 곧 골육의 친척을 위하여 내 자신이 저주를 받아 그리스도에게서 끊어질지라도 원하는 바로라"(롬 9:3)고 말했다.

본질적인 것에 대한 연합

324
본질적인 것에 대해서는 연합.
비본질적인 것에 대해서는 자유.
모든 것에 대해서는 자비.
-리처드 백스터(1615-1691), 영국 청교도 교회 지도자

성경의 진리 우리는 "깨어 믿음에 굳게"(고전 16:13) 서야 한다. 여기서 "믿음"이란 초대 교회에 전달된 사도적 진리를 말한다.

부모의 사랑

325
자신이 부모가 되기 전까지는 결코 부모의 사랑을 알지 못한다.
-헨리 워드 비처(1813-1887), 회중교회 목사

성경의 진리 일단 부모가 되면, 우리는 하나님 아버지께서 자녀 된 우리에게 베푸시는 엄청난 사랑을 조금이나마 느끼게 된다. 하나님의 사랑은 그 어떤 부모의 사랑보다 더 무한하고도 깊다(히 12:7-11, 참고 요일 4:18, 16).

부유함

326
이 세상에서 우리를 부자로 만들어주는 것은 우리가 취하는 것이 아니라 우리가 포기하는 것이다.
-헨리 워드 비처(1813-1887), 회중교회 목사

성경의 진리 예수님은 헌금함에 많은 돈을 넣은 부자에 대해 말씀하셨다. 그다음 한 가난한 과부가 "와서 두 렙돈 곧 한 고드란트를 넣는" 것에 주목하셨다(막 12:42). 부자는 풍족한 중에서 드렸지만, 과부는 "자기의 모든 소유 곧 생활비 전부를 넣었느니라"(44절)고 예수님은 말씀하셨다.

327
주인은 이 세상에서 가난하고 초라하게 살며 멸시를 받았는데, 자신은 이 세상에서 부자가 되고 위대해지며, 존경을 받으려고 하는 종은 그릇된 종이다.
-조지 뮐러(1805-1898), 영국 브리스틀 고아원 원장

성경의 진리 "부하려 하는 자들은 시험과 올무와 여러 가지 어리석고 해로운 욕심에 떨어지나니 곧 사람으로 파멸과 멸망에 빠지게 하는 것이라"(딤전 6:9).

부정직함

328
거짓말과 거짓 소문은 사탄이 소유한 최고의 무기다.
-J. C. 라일(1816-1900), 영국 리버풀 성공회 주교

성경의 진리 사탄은 "거짓말쟁이요 거짓의 아비"(요 8:44)이며, 진리가 그 속에 없다.

부족함

329
하나님의 백성들은 대부분 자신을 혐오했다.
-토마스 맨튼(1620-1667), 영국 청교도 목사

성경의 진리 바울은 자신을 죄인 중의 "괴수"로 여겼다(딤전 1:15, 참고 롬 7:15-20).

330
자신의 결점들을 보고도 한탄하지 않는 사람은 진보할 수 없다.
-작자 미상

성경의 진리 "내가 믿나이다 나의 믿음 없는 것을 도와 주소서"(막 9:24).

331
당신 자신 안에 있는 뒤틀린 것을 다른 사람들 안에서 바로잡을 수 없다.
-아타나시우스(293-373), 신학자, 알렉산드리아 감독, 교회 교부

성경의 진리 "네 눈 속에 들보가 있는데 어찌하여 형제에게 말하기를 나로 네 눈 속에 있는 티를 빼게 하라 하겠느냐"(마 7:4).

부활

332

모든 증거를 종합해 볼 때, 그리스도의 부활보다 더 낫거나 더 정확하게 입증된 다른 역사적 사건은 없다.

-카논 웨스트코트(1825-1901), 케임브리지 학자

성경의 진리 "그가 고난 받으신 후에 또한 그들에게서 확실한 많은 증거로 친히 살아 계심을 나타내사 사십 일 동안 그들에게 보이시며 하나님 나라의 일을 말씀하시니라"(행 1:3).

333

법률가로서 나는 부활 사건에 대한 증거들을 오랫동안 연구했다. 부활의 증거는 결정적이다. 나는 법조계에서 일하면서, 이와 비슷한 수준의 강력한 증거를 바탕으로 판결을 내려 본 적이 없다.

-에드워드 클라크 경(1841-1931), 영국 법률가

성경의 진리 "그 후에 오백 여 형제에게 일시에 보이셨나니"(고전 15:6).

334

나는 지금까지의 인류 역사를 통틀어 그리스도의 죽음과 부활에 대한 위대한 증거보다 더 공정하고 충분한 증거에 의해 입증된 사실을 보지 못했다.

-토마스 아놀드(1795-1842), 옥스퍼드 대학

성경의 진리 한 천사가 무덤에서 여자들에게 말했다. "그가 여기 계시지 않고 그가 말씀하시던 대로 살아나셨느니라"(마 28:6).

부활의 능력

335

그리스도를 죽은 자 가운데서 살리신 권능이 우리 안에 역사하신다. 부활은 현재진행형이다.

−레온 모리스(1914−2006), 호주 신약 학자

성경의 진리 바울은 이렇게 주장했다. "그러므로 우리가 그의 죽으심과 합하여 세례를 받음으로 그와 함께 장사되었나니 이는 아버지의 영광으로 말미암아 그리스도를 죽은 자 가운데서 살리심과 같이 우리로 또한 새 생명 가운데서 행하게 하려 함이라"(롬 6:4). 그리스도 부활의 능력은 여전히 유효하다.

분노

336

화가 날 때 말하면 당신은 분명 후회할 말을 하게 될 것이다.

−헨리 워드 비처(1813−1887), 회중교회 목사

성경의 진리 성미가 급한 사람들은 어리석은 일을 저지른다(잠 14:17). 말다툼은 말할 것도 없다(잠 30:33).

337

화가 마음으로 들어올 때 지혜는 떠난다.

−토마스 아 켐피스(1380−1471), 『그리스도를 본받아』 저자

성경의 진리 어리석은 사람은 화를 잘 내지만(잠 12:16), 지혜로운 사람은 화를 조절한다(잠 14:29).

338

교회와 기독교 공동체를 와해시키는 사탄의 가장 교활한 책략은 사람들이 서로 화를 내고, 형제자매를 공격하고 모독함으로 그리스도의 몸을 갈라 놓는 것이다.

-제임스 돕슨(1936-), '포커스 온 더 패밀리' 설립자

성경의 진리 사탄과 마귀들은 신자들 사이에서 분노, 비통함, 질투, 분열을 부추긴다(고후 2:5-11, 엡 4:26-27, 약 3:13-16). 그리스도인들은 "평안의 매는 줄로 성령이 하나 되게 하신 것"을 힘써 지켜야 한다(엡 4:3).

339

화가 났을 때 사람들이 서로에게 갖는 생각들은 얼마나 거칠고 잔인한가! 천 번도 넘게 해치고 죽인다. 우리는 이런 성급한 죄들을 쉽게 잊지만, 하나님은 잊지 않으신다.

-찰스 스펄전(1834-1892), 런던 뉴파크 스트리트 교회 목사

성경의 진리 "우리가 다 반드시 그리스도의 심판대 앞에 나타나게 되어"(고후 5:10). 우리의 생각조차 심판을 받을 것이다(고전 4:5).

340

분노는 잡초와 같고 증오는 나무와 같다.

-아우구스티누스(354-430), 히포의 주교

성경의 진리 분노는 증오보다 가볍지만, 그리스도인은 그중 어느 것도 갖지 말아야 한다(마 5:43-44, 엡 4:31, 골 3:8).

341
당신을 불쾌하게 만드는 사람에게 화내지 말라. 오히려 그가 갖지 못한 미소를 주라. 주님의 무한한 사랑으로부터 오는 빛을 그와 나누라.

−조니 에릭슨 타다(1949-), '조니와 친구들' 설립자

성경의 진리 "곧 선행으로 어리석은 사람들의 무식한 말을 막으시는 것이라"(벧전 2:15).

342
신자의 마음속에 일어난 짜증은 악마에게 대기하고 있으라는 초청장을 보내는 것이다.

−작자 미상

성경의 진리 "분을 내어도 죄를 짓지 말며 해가 지도록 분을 품지 말고 마귀에게 틈을 주지 말라"(엡 4:26-27).

343
누군가에게 원한을 품는 것은, 하나님이 당신에게 오시는 다리를 무너뜨리는 것과 같다.

−피터 마셜(1902-1949), 스코틀랜드계 미국 설교자

성경의 진리 예수님은 경고하셨다. "너희가 사람의 잘못을 용서하면 너희 하늘 아버지께서도 너희 잘못을 용서하시려니와 너희가 사람의 잘못을 용서하지 아니하면 너희 아버지께서도 너희 잘못을 용서하지 아니하시리라"(마 6:14-15). 우리는 언제나 다른 사람과 화목하기 위해 노력해야 한다(5:24).

분별

344
아무것도 모르는 사람은 어떤 것이든 믿는다.
—토마스 풀러(1608-1661), 영국 국교도, 역사학자

성경의 진리 우리는 모두 분별력을 구하며 기도해야 한다(왕상 3:9, 시 119:125).

345
우리의 과학적 능력은 우리의 영적 능력을 앞질렀다. 우리는 미사일은 제대로 유도했지만 사람은 제대로 유도하지 못했다.
—마틴 루터 킹(1929-1968), 목사, 미국 흑인 인권 운동가

성경의 진리 많은 사람이 "알지도 못하고 깨닫지도 못하여 흑암 중에 왕래"(시 82:5)한다는 사실은 비극이다. 악한 관원은 지극히 위험하다(잠 28:15). 우리는 정부 지도자들을 위해 기도해야 한다(딤전 2:1-2).

분주함

346
우리는 너무 바빠 사람들에게 상처를 준다. 사람들에게 어떤 필요가 있는지 알아차리기에는 너무 바쁘다. 위로의 말, 격려의 말, 혹은 사랑의 확신을 말하기에는 너무 바쁘다. 사람들이 말해야 할 필요가 있을 때 들어주기에는 너무 바쁘다. 사람들을 돌보기에는 너무 바쁘다.
—빌리 그레이엄(1918-), 전도자

성경의 진리 예수님은 분주한 마르다에게 "마르다야 마르다야 네가 많은 일로 염려하고 근심하나"(눅 10:41)라고 말씀하셨다. 긴급함이라는 폭군 아래 있지 않도록 주

의하라(시 39:6 참고).

347
먹고사는 일에 너무 바빠 제대로 사는 일을 잊어버릴 수 있다.
—윌리엄 바클레이(1907-1978), 글래스고 대학교 교수

성경의 진리 우리는 "사람의 생명이 그 소유의 넉넉한 데 있지 아니하"(눅 12:15)다는 것을 늘 기억해야 한다.

불신자

348
죄인이 누리는 허울뿐인 평화는 자신의 행복을 아는 것에서 비롯되는 것이 아니라 자신의 위험을 모르는 데서 비롯된다.
—토마스 왓슨(1620-1686), 청교도 설교자, 저자

성경의 진리 "이 세상의 신이 믿지 아니하는 자들의 마음을 혼미하게 하여"(고후 4:4).

불의

349
특정한 불의는 모든 정의에 대한 위협이 된다.
—마틴 루터 킹(1929-1968), 목사, 미국 흑인 인권 운동가

성경의 진리 불의한 사람은 누구든 저주를 받는다(신 27:19).

비문

350

나는 죄를 지었다.
나는 회개했다.
나는 믿었다.
나는 사랑했다.
나는 안식했다.
나는 다시 살아날 것이다.
나는 통치할 것이다.

-작자 미상, 영국의 한 묘지에 있는 비문

성경의 진리 우리는 누구나 자신의 구원을 확신할 수 있다. 요한복음은 우리에게 이렇게 말한다. "예수께서 제자들 앞에서 이 책에 기록되지 아니한 다른 표적도 많이 행하셨으나 오직 이것을 기록함은 너희로 예수께서 하나님의 아들 그리스도이심을 믿게 하려 함이요 또 너희로 믿고 그 이름을 힘입어 생명을 얻게 하려 함이니라"(요 20:30-31).

비판

351

비판은 종종 자기 자랑의 또 다른 모습이다.

-작자 미상

성경의 진리 예수님은 우리가 다른 사람의 눈에서 티를 빼려 하기 전에 먼저 우리의 눈에서 들보를 빼라고 촉구하신다(눅 6:41-42).

빈곤

352
세계의 빈곤은 자기 자녀를 먹일 수 없어 울고 있는 수억의 어머니다.
– 로날드 사이더(1939-), 신학자, 기독교 활동가

성경의 진리 그리스도인들은 기회가 있을 때마다 가난한 사람들에게 베풀어야 한다(마 19:21, 눅 11:41, 12:33, 요일 3:17). 우리는 선한 일을 위해 돈을 사용해야 하며(딤전 6:17-18), 관대하게 헌금해야 한다(롬 12:8).

빛으로 살아가기

353
다른 사람들이 나를 어떻게 생각하는지는 점점 덜 중요하게 여겨진다. 그들이 나로 인해 예수님을 어떻게 생각하는가가 더 중요하다.
– 클리프 리처드(1940-), 가수

성경의 진리 예수님은 제자들에게 이렇게 말씀하셨다. "이같이 너희 빛이 사람 앞에 비치게 하여 그들로 너희 착한 행실을 보고 하늘에 계신 너희 아버지께 영광을 돌리게 하라"(마 5:16).

빛을 발하라

354
당신은 누군가가 읽는 유일한 성경이 될 수도 있다.
– 작자 미상

성경의 진리 요한복음은 이렇게 달한다. "너희가 서로 사랑하면 이로써 모든 사람이

너희가 내 제자인 줄 알리라"(요 13:35).

355
거룩한 삶에 비할 만한 논증은 없다.
-로버트 머레이 맥체인(1813-1843), 스코틀랜드 교회 목사

성경의 진리 "오직 너희를 부르신 거룩한 이처럼 너희도 모든 행실에 거룩한 자가 되라"(벧전 1:15).

356
그리스도인들은 반짝이는 다이아몬드처럼 눈에 확 띄어야 한다.
-빌리 그레이엄(1918-), 전도자

성경의 진리 "이같이 너희 빛이 사람 앞에 비치게 하여 그들로 너희 착한 행실을 보고 하늘에 계신 너희 아버지께 영광을 돌리게 하라"(마 5:16).

357
경건한 삶은 언제나 기독교를 광고하는 최고의 방법이다.
-제프리 B. 윌슨

성경의 진리 우리는 "모든 경건과 단정함으로 고요하고 평안한 생활을"(딤전 2:2) 해야 한다.

358
본을 보이는 것은 가장 힘 있는 웅변술이다.
-토마스 브룩스(1608-1680), 영국 청교도 목사

성경의 진리 데살로니가 그리스도인들은 "마게도냐와 아가야에 있는 모든 믿는 자의 본이 되었느니라"(살전 1:7).

359
우리는 하나님의 형상으로 지음 받고 하나님에 대한 진리를 말하도록 창조되었다. 이것이 제대로 된 것이다. 오늘 당신은 하나님에 대해 얼마나 많은 거짓말을 했는가?
–이언 토마스(1914-2007), 신학 교사, 저자

성경의 진리 "값으로 산 것이 되었으니 그런즉 너희 몸으로 하나님께 영광을 돌리라"(고전 6:20).

사과

360
사과할 때 뻣뻣한 자세는 두 번째 가하는 모욕이다.
–G. K. 체스터튼(1874-1936), 작가, 변증가

성경의 진리 우리는 원망하지 말고(레 19:18) 조건 없이 남을 용서해야 한다(마 18:21-22). 우리는 모든 사람을 사랑하되 원수까지도 사랑해야 한다(마 5:44).

사랑

361
겸손과 오래 참음은 점점 커지는 사랑에 대한 가장 확실한 증거다.
–존 웨슬리(1703-1791), 감리 교회 창시자

성경의 진리 "마지막으로 말하노니 너희가 다 마음을 같이 하여 동정하며 형제를 사랑하며 불쌍히 여기며 겸손하며"(벧전 3:8).

362

참된 사랑은 사랑스럽지 않은 사람을 사랑하는 것을 뜻한다. 참된 용서는 용서할 수 없는 사람을 용서하는 것을 뜻한다. 참된 믿음은 믿을 수 없는 것을 믿는 것을 뜻한다. 참된 소망은 모든 것이 절망적으로 보일 때 소망하는 것을 뜻한다.

−G. K. 체스터튼(1874−1936), 저자, 변증가

성경의 진리 "그런즉 믿음, 소망, 사랑, 이 세 가지는 항상 있을 것인데 그중에 제일은 사랑이라"(고전 13:13).

363

사랑 없이 줄 수 있다. 하지만 주지 않고 사랑할 수는 없다.

−에이미 카마이클(1867−1951), 인도 선교사

성경의 진리 사랑은 우리로 하여금 궁핍한 사람들에게 온정을 베풀도록 인도한다(눅 11:41, 12:33, 히 13:16).

364

믿음은 보이지 않는 것을 다룬다. 그러나 하나님은 보이지 않는 사랑을 싫어하신다.

−토마스 왓슨(1620−1686), 청교도 설교자, 저자

성경의 진리 다른 사람들을 사랑하는 척만 하지 말라(롬 12:9−10).

365

차가운 세상은 따뜻한 마음을 가진 그리스도인들을 필요로 한다.

−작자 미상

성경의 진리 우리는 모든 것을 사랑으로 해야 한다(고전 6:4).

366
성경은 이웃뿐만 아니라 원수마저도 사랑하라고 말한다. 대개 그들이 동일한 사람들이기 때문일 것이다.
-G. K. 체스터튼(1874-1936), 저자, 변증가

성경의 진리 성경은 "너희 원수를 사랑하며"(눅 6:27)라고 말한다.

367
하나님은 세상을 사랑하신다. 당신도 이와 같이 하라.
-어윈 루처(1941-), 시카고 무디 교회 목사

성경의 진리 "사랑하는 자들아 하나님이 이같이 우리를 사랑하셨은즉 우리도 서로 사랑하는 것이 마땅하도다"(요일 4:11).

368
어두움은 어두움을 몰아낼 수 없다. 오직 빛만이 그 일을 할 수 있다. 미움은 미움을 쫓아낼 수 없다. 오직 사랑만이 그 일을 할 수 있다.
-마틴 루터 킹(1929-1968), 목사, 미국 흑인 인권 운동가

성경의 진리 "네 이웃을 사랑하고 네 원수를 미워하라 하였다는 것을 너희가 들었으나 나는 너희에게 이르노니 너희 원수를 사랑하며 너희를 박해하는 자를 위하여 기도하라"(마 5:43-44).

369
위로 향하는 사랑은 경배다. 옆으로 가로지르는 사랑은 애정이다. 아래로 향하는 사랑은 은혜다.
-도널드 그레이 반하우스(1895-1960), 설교자, 목사, 신학자

성경의 진리 "하나님은 사랑이시니 사랑 안에 거하는 자는 하나님 안에 거하고 하나님

도 그의 안에 거하시느니라"(요일 4:16).

370
진정한 사랑은 위기의 순간에 강인함을 요구한다.
-제임스 돕슨(1936-), '포커스 온 더 패밀리' 설립자

성경의 진리 "주께서 그 사랑하시는 자를 징계하시고"(히 12:6). 이것은 인간 아버지의 강인한 사랑과 매우 비슷하다(7절).

371
우리는 악을 미워하지 않고는 선을 사랑할 수 없다.
-제롬(374-420), 변증가, 번역가

성경의 진리 "나는 거짓을 미워하며 싫어하고 주의 율법을 사랑하나이다"(시 119:163).

372
이웃에 대한 사랑은 자아의 아성에서 나오는 유일한 문이다.
-조지 맥도널드(1824-1905), 스코틀랜드 저자, 시인, 목사

성경의 진리 예수님은 그분을 따르는 자들에게 명하셨다. "새 계명을 너희에게 주노니 서로 사랑하라 내가 너희를 사랑한 것 같이 너희도 서로 사랑하라"(요 13:34).

사역의 능력

373
그리스도께 가까이 머물며, 그분과 친밀한 관계를 맺고, 그분의 성품에 동화되는 것이 능력 있는 사역을 구성하는 핵심 요소다.
-호라티우스 보나르(1808-1889), 스코틀랜드 복음 전도자, 시인

> **성경의 진리** 사역자가 그리스도 가까이에 있는 것이 왜 중요한가? 그리스도가 없으면 우리는 아무것도 할 수 없기 때문이다(요 15:4). 그러나 그리스도가 있으면 우리는 모든 것을 할 수 있다(빌 4:13).

사역자

374
어떤 사람이 그리스도의 이름을 언급하지 않고 설교를 할 수 있다면, 그것은 그가 하는 마지막 설교, 또한 성도들이 들으러 가는 마지막 설교가 되어야 한다.
-찰스 스펄전(1834-1892), 런던 뉴파크 스트리트 교회 목사

> **성경의 진리** 바울은 "우리는 십자가에 못 박힌 그리스도를 전하니"(고전 1:23)라고 했으며, 또한 "그리스도의 복음"(고후 2:12)을 전한다고 말했다. 우리도 이렇게 해야 한다.

375
이미 사역중인 목사가 새로워질 필요가 있는 많은 교회가, 교회에 새로운 목사가 필요하다고 생각한다.
-작자 미상

> **성경의 진리** 모든 사역자가 평생 새겨야 할 두 말씀은 "나를 떠나서는 너희가 아무 것도 할 수 없음이라"(요 15:5)와 "내게 능력 주시는 자 안에서 내가 모든 것을 할 수 있느니라"(빌 4:13)는 말씀이다.

376
설교자의 가장 날카롭고 강한 설교는 자신에게 하는 것이어야 한다.
-E. M. 바운즈(1835-1913), 목사, 저자

성경의 진리 교회를 섬기는 하나님의 사역자는 "책망할 것이 없"어야 한다(딤전 3:2).

377

어떤 사역자들은 순교하기에 딱 좋다. 그들은 너무 메말라 있어서 불에 잘 탈 것이기 때문이다.
—찰스 스펄전(1834-1892), 런던 뉴파크 스트리트 교회 목사

성경의 진리 이것은 "하나님의 말씀은 살아 있고 활력이 있"(히 4:12)으며, 그것을 듣는 사람들에게 기쁨을 준다는(시 119:14, 16, 24) 사실에 비추어 볼 때 특별히 졸렬한 것이다.

378

어떤 사람도 자신의 마음에 먼저 설교를 하지 않는다면, 그 설교를 다른 사람들에게 잘 할 수 없다.
—존 오웬(1616-1683), 교회 지도자, 신학자

성경의 진리 하나님의 사역자들은 모든 그리스도인과 마찬가지로 "말씀을 행하는"(약 1:22) 자가 되어야 한다.

379

천국을 말할 때, 당신의 얼굴이 빛나게 하라. 지옥에 대해 말할 때는 당신이 매일 짓는 표정만 있으면 될 것이다.
—찰스 스펄전(1834-1892), 런던 뉴파크 스트리트 교회 목사

성경의 진리 마음의 즐거움은 행복한 표정을 짓게 한다(잠 15:13).

380

하나님은 때로 신실한 한 사역자의 주검에서 여러 신실한 사역자를 일으

키신다.

–매튜 헨리(1662-1714), 성경 주석가, 장로교 목사

성경의 진리 사도 바울의 투옥에서 비롯된 한 결과는 "형제 중 다수가 나의 매임으로 말미암아 주 안에서 신뢰함으로 겁 없이 하나님의 말씀을 더욱 담대히 전하게 되었느니라"(빌 1:14)는 것이다.

381
나는 그리스도가 어제 십자가에 죽으시고, 오늘 죽은 자 가운데서 살아나셨으며, 내일 다시 오실 것처럼 설교한다.

–마르틴 루터(1483-1546), 종교개혁가, 사제, 신학 교수

성경의 진리 우리는 언제나 주의 일에 열심을 내야 한다(고전 15:58)

382
눈물 없이 지옥에 대해 설교를 할 수 있는 사람은 절대 지옥에 대해 설교해서는 안 된다.

–찰스 스펄전(1834-1892), 런던 뉴파크 스트리트 교회 목사

성경의 진리 바울은 종종 설교를 하며 눈물을 흘렸다. "내가 삼 년이나 밤낮 쉬지 않고 눈물로 각 사람을 훈계하던 것을 기억하라"(행 20:31).

383
7년에 한 번씩 나는 설교 원고를 모두 불태운다. 7년 전보다 지금 더 나은 설교를 할 수 없다면 부끄러운 일이기 때문이다.

–존 웨슬리(1703-1791), 감리 교회 창시자

성경의 진리 옛 설교와 새 설교가 쌓이면 "하나님의 뜻을 다"(행 20:27) 선포하게 되어야 한다.

384

나는 사람이 할 수 있는 가장 가증스러운 일은 연기하는 배우처럼 복음을 전하고, 하나님을 향한 예배를 일종의 극장 공연으로 전락시켜버리는 일이라고 생각한다.

-찰스 스펄전(1834-1892), 런던 뉴파크 스트리트 교회 목사

성경의 진리 우리는 그리스도의 심판석에서 모든 가식과 위선에 대해 대답해야 한다(고후 5:10).

삶과 죽음

385

당신의 삶을 책임지라. 그러면 주께서 당신의 죽음을 책임지실 것이다.

-조지 휫필드(1714-1770), 신학자, 설교자

성경의 진리 예수님은 이 땅에서 인생의 중요한 것들보다 재물 모으기에만 혈안이 된 사람에 대해 이렇게 비유로 말씀하셨다. "어리석은 자여 오늘 밤에 네 영혼을 도로 찾으리니"(눅 12:20). 그 사람은 죽음을 준비하지 않았다. 그러나 우리가 이 땅에서 살아 있을 때 주님을 찾는다면, 죽음은 전혀 두려워할 것이 못 된다(고전 15:55).

삼위일체

386

내가 성경에서 X라는 주제에 대해 말하는 모든 것을 믿고 그에 대한 성경의 완전한 가르침을 묘사하기 위해 성경에 나오지 않는 용어를 사용한다면, 성경적 용어를 사용하지만 하나님 계시의 어떤 측면을 거부하는 이들

보다 내가 더 말씀에 충실한 것이 아닌가?
-제임스 화이트(1962-), '알파와 오메가 사역' 책임자

성경의 진리 신성의 단일성 안에서 한 분 하나님이 계시며, 세 분의 대등한 위격인 성부, 성자, 성령이 영원히 공존하신다(참고 마 28:19, 고후 13:13).

선과 악

387
영원한 생명은 최고의 선이고, 영원한 사망은 최고의 악이다.
-아우구스티누스(354-430), 히포의 주교

성경의 진리 악인들은 "영벌에, 의인들은 영생에 들어가리라"(마 25:46).

선교 사역

388
선교사에게 필요한 세 가지 자격이 있다. 바로 인내, 인내, 인내다.
-허드슨 테일러(1832-1905), 선교사, 중국내지선교회 설립자

성경의 진리 우리는 오래 참음으로 옷 입어야 한다(골 3:12).

389
그리스도가 없는 모든 사람은 선교지이고, 그리스도가 있는 모든 사람은 선교사다.
-작자 미상

성경의 진리 언제나 묻는 모든 사람에게 들려줄 대답을 준비하라(벧전 3:15).

선한 생각

390
선한 생각으로 요새를 쌓지 않으면 나쁜 생각의 희생자가 될 뿐이다.
-칼 F. H. 헨리, 미국 복음주의 신학자

성경의 진리 "무엇에든지 참되며 무엇에든지 경건하며 무엇에든지 옳으며 무엇에든지 정결하며 무엇에든지 사랑 받을 만하며 무엇에든지 칭찬 받을 만하며 무슨 덕이 있든지 무슨 기림이 있든지 이것들을 생각하라"(빌 4:8).

선한 행동

391
당신이 어디 있든, 정신을 바짝 차리고 빈틈없이 행하라. 하나님의 뜻이라고 믿는 모든 상황에 철저하게 살라.
-짐 엘리엇(1927-1956), 에콰도르 선교사

성경의 진리 우리는 언제나 온 마음을 다해 하나님의 뜻을 행해야 한다(엡 6:6).

392
마치 당신의 고용주가 주님이신 것처럼 전력을 다해 일하라!
-R. C. H. 렌스키(1864-1936), 루터교 주석가

성경의 진리 "무슨 일을 하든지 마음을 다하여 주께 하듯 하고 사람에게 하듯 하지 말라"(골 3:23).

393
당신이 목표로 하는 필생의 사업이 무엇이든, 그것을 잘해내라. 우리는

산 사람, 죽은 사람, 태어나지 않은 사람들이 더 이상 잘할 수 없을 정도로 자신의 일을 잘해내야 한다.

-마틴 루터 킹(1929-1968), 목사, 미국 흑인 인권 운동가

성경의 진리 무엇을 하든 그것을 잘하라(전 9:10).

394

내일 세상이 멸망할 것을 안다 해도, 나는 오늘 한 그루 나무를 심을 것이다.

-마르틴 루터(1483-1546), 종교개혁가, 사제, 신학 교수

성경의 진리 "형제들아 너희는 선을 행하다가 낙심하지 말라"(살후 3:13).

395

내게 백 개의 손이 있다면 나는 그것을 다 사용할 것이다. 추수할 것은 매우 많다. 나를 위해 그렇게 많은 일을 하신 분을 위해 내가 그 이상 할 수 없다는 것이 부끄럽다.

-조지 횟필드(1714-1770), 신학자, 설교자

성경의 진리 "무슨 일을 하든지 마음을 다하여 주께 하듯 하고 사람에게 하듯 하지 말라"(골 3:23).

396

할 수 있는 모든 선을 행하라.
할 수 있는 모든 수단을 사용해
할 수 있는 모든 방법으로
할 수 있는 모든 곳에서
할 수 있는 모든 때에

할 수 있는 모든 사람에게
할 수 있는 만큼 오래도록.

−존 웨슬리(1703−1791), 감리 교회 창시자

성경의 진리 "준비하는 좋은 일에 힘쓰기를 배우게 하라"(딛 3:14).

설교

397
설교를 사랑하는 것과, 설교의 대상을 사랑하는 것은 전혀 다르다.

−마틴 로이드 존스(1899−1981), 웨일스 개신교 목사

성경의 진리 "우리는 서로 사랑할지니 이는 너희가 처음부터 들은 소식이라"(요일 3:11).

398
나는 설교할 때, 죽어가는 사람이 죽어가는 사람들에게 메시지를 전하는 심정으로 설교한다.

−리처드 백스터(1615−1691), 영국 청교도 교회 지도자

성경의 진리 "너는 말씀을 전파하라 때를 얻든지 못 얻든지 항상 힘쓰라"(딤후 4:2).

399
하나님보다 사람을 더 두려워하는 사람은 그 누구도 교회 강단에 서서는 안 된다.

−윌리엄 스틸(1839−1900), 스코틀랜드 목사, 저자

성경의 진리 사도 바울은 자신이 사람의 인정이 아닌 하나님의 인정을 구한다는 사실을 강조했다(갈 1:10 참고). 진리를 전하는 모든 사람도 이와 마찬가지여야 한다.

성경

400
우리가 가진 성경이 피 묻은 책이라는 사실을 기억하라. 성경에는 순교자들의 피가 있다. 번역가들과 신앙고백자들의 피가 있다. 우리가 당신에게 전파하는 교리는 피로 세례받은 것이다. 그 교리를 고백하는 사람을 죽이기 위해 칼을 빼어든 자들이 있었다. 그리고 수많은 사람이 죽임을 당한 화형대나 단두대에서 인치심을 받지 않은 진리는 없다.
— 찰스 스펄전(1834-1892), 런던 뉴파크 스트리트 교회 목사

성경의 진리 성경과 그것을 변호하는 사람들에 대한 수많은 공격에도 불구하고 "주의 말씀은 세세토록 있도다"(벧전 1:25). 그것은 우리를 위해 언제나 제자리에 있는 닻이다.

401
성경은 살아 있어서 나에게 말한다. 그것은 발이 있어서 나를 쫓아다닌다. 그것은 손이 있어서 나를 붙잡는다.
— 마르틴 루터(1483-1546), 종교개혁가, 사제, 신학 교수

성경의 진리 "하나님의 말씀은 살아 있고 활력이 있어"(히 4:12). 성경은 역동적이다. 그것은 절대 어떤 사람에게 아무 영향도 끼치지 않은 채 가만 있지 않는다. 하나님은 자신의 말씀이 "헛되이 내게로 되돌아오지 아니하고 나의 기뻐하는 뜻을 이루며 내가 보낸 일에 형통함이니라"(사 55:11)고 단언하신다.

402

매일 아침 진지한 묵상을 하는 습관을 들여 보라. 우리 영혼이 천국의 신선한 공기를 들이마시면 우리 안에서 더 순결한 영과 고상한 생각들이 일어난다. 아침의 단련은 하루 종일 우리를 안전하게 지켜줄 것이다.

−스테판 차녹(1628−1680), 청교도 목사

성경의 진리 "내가 주의 법도들을 작은 소리로 읊조리며 주의 길들에 주의하며"(시 119:15), "또 주의 모든 일을 작은 소리로 읊조리며 주의 행사를 낮은 소리로 되뇌이리이다"(시 77:12)라고 말한 시편 기자를 본받자.

403

당신이 암송한 성경 구절들은 어느 누구에게도 빼앗기지 않는다.

−코리 텐 붐(1892−1983), 홀로코스트 생존자

성경의 진리 우리는 "내가…주의 말씀을 내 마음에 두었나이다"(시 119:11), "주의 법이 나의 심중에 있나이다"(시 40:8)라고 말한 시편 기자를 본받아야 한다.

404

성경은 세상의 유일한 소식 책(news book)이다. 신문(newspaper)은 일어난 일을 말해주지만, 성경은 일어날 일을 말해준다.

−D. L. 무디(1837−1899), 전도자

성경의 진리 우리는 성경에서 하나님이 "시초부터 종말을 알리며 아직 이루지 아니한 일을 옛적부터 보이"(사 46:10)신다는 사실을 발견한다. 이것은 성경이 하나님의 책이라는 사실을 입증한다. 오직 하나님만이 미래를 말씀하실 수 있기 때문이다.

405
나는 감옥에서 몇 년을 보낼 때까지 성경의 정수를 결코 알지 못했다. 나는 계속해서 새로운 보물들을 발견하고 있었다.

-존 번연(1628-1688), 저자, 설교자

성경의 진리 "고난당한 것이 내게 유익이라 이로 말미암아 내가 주의 율례를 배우게 되었나이다"(시 119:71). "우리가 알거니와 하나님을 사랑하는 자 곧 그의 뜻대로 부르심을 입은 자들에게는 모든 것이 합력하여 선을 이루느니라"(롬 8:28). 감옥이 축복이라는 사실이 입증되었다!

406
나는 사과를 수확하는 것처럼 성경을 연구한다. 먼저, 가장 잘 익은 사과들이 떨어지도록 나무를 흔든다. 그다음 큰 가지 하나하나를 흔든다. 그런 다음 작은 가지들과 모든 잔가지를 흔든다. 마지막으로 잎사귀 하나하나를 들춰 본다.

-마르틴 루터(1483-1546), 종교개혁가, 사제, 신학 교수

성경의 진리 "너는 진리의 말씀을 옳게 분별하며 부끄러울 것이 없는 일꾼으로 인정된 자로 자신을 하나님 앞에 드리기를 힘쓰라"(딤후 2:15).

407
마음이 따뜻해지는 것을 느낄 때까지 성경 읽기를 멈추지 말라…성경에서 정보만 제공받지 말고, 성경으로 불타오르라.

-토마스 왓슨(1620-1686), 청교도 설교자, 저자

성경의 진리 부활하신 예수님이 두 제자에게 성경을 설명해 주신 후 그들은 고백했다. "길에서 우리에게 말씀하시고 우리에게 성경을 풀어 주실 때에 우리 속에서 마음이 뜨겁지 아니하더냐"(눅 24:32).

408

성경은 당신이라는 배가 바다에 가라앉지 않고, 암초와 장애물을 피해 항구에 안전히 도착하게 하는 하나님의 항해도다.
―헨리 워드 비처(1813-1887), 회중교회 목사

성경의 진리 "주의 말씀은 내 발에 등이요 내 길에 빛이니이다"(시 119:105).

409

성경은 하나님이 우리에게 보내신 편지다. 기도는 우리가 하나님께 보내는 편지다.
―매튜 헨리(1662-1714), 성경 주석가, 장로교 목사

성경의 진리 창세기부터 요한계시록까지 성경 전체는 하나님과 그분의 백성이 서로 교제하는 것을 묘사한다. 우리가 "쉬지" 않고 "기도"(살전 5:17)하는 것이 하나님께 가장 가까이 머무는 비결이다.

410

우리의 영적인 삶이 얼마나 활기 있는지는 성경이 우리의 삶과 생각에서 차지하는 위치와 정확하게 비례한다. 나는 54년간의 경험에 비추어 이것을 엄숙하게 말할 수 있다. 회심 후 처음 3년 동안 나는 하나님의 말씀을 소홀히 여겼다. 그러다 말씀을 부지런히 찾기 시작했을 때부터 놀라운 축복이 임했다. 나는 성경을 100번 통독했고, 매번 기쁨이 더 커졌다. 성경은 언제나 내게 새로운 책처럼 느껴졌다. 성경을 계속해서, 부지런히, 매일 연구할 때 받는 축복은 말할 수 없이 컸다. 나는 하나님의 말씀과 더불어 좋은 시간을 보내지 못했을 때는 그날 하루를 잃어버린 것으로 여겼다.
―조지 뮐러(1805-1898), 영국 브리스틀 고아원 원장

성경의 진리 성경을 삶의 최우선 순위로 놓을 때 큰 축복이 있다(시 119편 참고). 성경은 "교훈과 책망과 바르게 함과 의로 교육하기에 유익"(딤후 3:16)하다.

411

선교사로서 가장 힘든 일은 정기적으로 기도하며 성경공부를 지속하는 것이다. 사탄은 언제나 성경공부를 하려고 할 때 다른 일들로 주의를 흐트러뜨릴 것이다. 하다못해 정리되지 않은 창문의 블라인드라도 보여 줄 것이다!

-허드슨 테일러(1832-1905), 선교사, 중국내지선교회 설립자

성경의 진리 성경은 "마귀의 간계"(엡 6:11)에 대해 경고한다. 그런 간계 중 하나는 사람들의 주의를 성경에서 다른 곳으로 돌리게 하는 것이다(눅 8:12 참고). 그래서 우리는 근신하고 깨어 있어야 한다(벧전 5:8).

412

성경을 신문 보듯 읽지 말고 고향에서 온 편지처럼 읽으라. 하나님의 약속이 백지수표처럼 나와 있다면 그것을 현금으로 바꾸라. 기도가 기록되어 있다면 그것을 당신의 것으로 삼아 활시위를 떠나는 화살처럼 당신의 욕망을 날려 보내라. 거룩함의 본보기가 당신 앞에서 빛난다면, 당신도 그렇게 되게 해달라고 간구하라.

-F. B. 마이어(1847-1929), 침례교 목사, 전도자

성경의 진리 우리는 "말씀을 행하는 자가 되고 듣기만 하여 자신을 속이는 자가 되지 말"아야 한다(약 1:22). 예수님은 분명히 말씀하셨다. "누구든지 나의 이 말을 듣고 행하는 자는 그 집을 반석 위에 지은 지혜로운 사람 같으리니"(마 7:24).

413

하나님에 대한 연구를 무시하라. 그러면 스스로 걸려 넘어지고 눈을 가린

채 인생을 살아가라는 판결을 내리게 된다.

-J. I. 패커(1926-), 저자, 신학자

성경의 진리 하나님의 말씀을 무시하는 사람은 "그 집을 모래 위에 지은 어리석은 사람"(마 7:26)과 같다. 우리 발에 "등"이요 우리 길에 "빛"인 하나님의 말씀을 따르라(시 119:105, 참고 잠 6:23).

414

내가 날마다 주의를 기울여야 하는 위대하고 중요한 일은 내 영혼이 주 안에서 행복한 것이다. 첫 번째 관심을 둘 일은 내가 얼마나 주님을 섬길 수 있을까, 어떻게 주님께 영광을 돌릴 수 있을 것인가가 아니라 어떻게 나의 영혼을 행복한 상태로 만들 것인가, 어떻게 나의 속사람이 양분을 공급받게 할까 하는 것이다. 내가 해야 하는 가장 중요한 일이 하나님의 말씀을 읽고 그 말씀을 묵상하는 데 전념하는 것임을 알았다.

-조지 뮐러(1805-1898), 영국 브리스틀 고아원 원장

성경의 진리 참으로 복된 사람은 "여호와의 율법을 즐거워하여 그의 율법을 주야로 묵상하는"(시 1:1-2) 사람이다.

415

우리가 하나님의 말씀으로 해야 할 네 가지 일이 있다. 그것을 하나님의 말씀으로 인정하고, 그것을 우리 마음과 정신에 새기며, 그것에 복종하고, 그것을 세상에 전달하는 것이다.

-윌리엄 윌버포스(1759-1833), 자선가, 노예해방 운동가

성경의 진리 야고보서 1장 22절이 말하는 핵심이 바로 그것이다. "말씀을 행하는 자가 되고 듣기만 하여 자신을 속이는 자가 되지 말라."

416
흠을 찾으려고 성경을 읽는 사람은 도리어 성경이 자신의 흠을 찾는다는 사실을 곧 알게 될 것이다.
-찰스 스펄전(1834-1892), 런던 뉴파크 스트리트 교회 목사

성경의 진리 바울은 "율법으로 말미암지 않고는 내가 죄를 알지 못하였으니"(롬 7:7)라고 말했다. 우리가 하나님의 말씀을 더 이해할수록, 우리가 부족하다는 사실에 더 직면하게 된다(롬 3:20, 4:15).

417
통치자가 누구인지 기억하라. 그분이 날마다 내리는 지시 사항들을 잊지 말라.
-칼 F. H. 헨리(1913-2003), 미국 복음주의 신학자

성경의 진리 날마다 하나님의 말씀을 묵상하라(시 1:1-2, 참고 시 25:5).

418
묵상이란 하나님의 말씀을 그것이 삶과 성품의 모든 곳에 영향을 미칠 때까지 마음에 붙잡고 있는 것이다.
-앤드류 머레이(1828-1917), 남아프리카 저술가, 목사

성경의 진리 "내가 주의 법도들을 작은 소리로 읊조리며 주의 길들에 주의하며 주의 율례들을 즐거워하며 주의 말씀을 잊지 아니하리이다"(시 119:15-16).

419
성경이 말하는 것은 하나님이 말씀하시는 것이다.
-작자 미상

성경의 진리 "모든 성경은 하나님의 감동으로 된 것으로"(딤후 3:16), "성령의 감동하

심을 받은" 사람들이 쓴 것이다(벧후 1:21). "주의 말씀은 세세토록 있도다"(벧전 1:25).

420

성경 읽기를 대체할 수 있는 것은 아무것도 없다. 성경 자체가 그것을 주석하는 데 상당한 해결의 실마리를 제공한다!
-작자 미상

성경의 진리 예수님은 성경의 신적 영감(마 22:43), 불멸성(마 5:17-18), 무오성(요 10:35), 최종적 권위(마 4:4, 7, 10), 역사성(마 12:40, 24:37), 과학적 정확성(마 19:2-5), 사실에 입각한 무오류성(마 22:29, 요 17:17)을 명확히 단언하셨다. 예수님이 종종 "기록되었으되…"(마 4:4-10)라고 말씀하신 것은 놀라운 일이 아니다.

421

성경은 사람들이 쓴 것이다. 하나님은 사람들이 그들 자신의 개성과 문학적 재능을 사용하도록 허용하셨다. 하지만 하나님 영의 통제와 인도를 받아 기록하게 하셨으며, 그 결과 원문의 모든 단어는 하나님이 사람들에게 주려 하신 메시지를 적은 완전하고 오류 없는 기록이 되었다.
-벤자민 워필드(1851-1921), 프린스턴 신학교 교수

성경의 진리 "예언은 언제든지 사람의 뜻으로 낸 것이 아니요 오직 성령의 감동하심을 받은 사람들이 하나님께 받아 말한 것임이라"(벧후 1:21). 그래서 "하나님이 영원 전부터 거룩한 선지자들의 입을 통하여 말씀하신 바"(행 3:21)라는 말씀이 성립되는 것이다.

422

성경을 연구하는 것은 땅콩을 먹는 것과 비슷하다. 먹으면 먹을수록 더 먹고 싶어진다.
-폴 리틀(1928-1975), 전도자

성경의 진리 시편 기자는 고백한다. 내가 "주의 율례들을 즐거워하며"(시 119:16), "주의 증거들은 나의 즐거움이요"(24절), "내가 주의 법도들을 사모하였사오니"(40절), "내가 사랑하는 주의 계명들을 스스로 즐거워하며"(47절).

423

하나님의 약속을 믿지 않는 것보다 더 큰 반역, 불경함, 하나님에 대한 모욕이 어디 있겠는가?

—마르틴 루터(1483-1546), 종교개혁가, 사제, 신학 교수

성경의 진리 "약속하신 이는 미쁘시니"(히 10:23). "무릇 말씀하신 그 모든 좋은 약속이 하나도 이루어지지 아니함이 없도다"(왕상 8:56).

성경 공부

424

모든 약속을 무조건 믿고, 모든 명령에 주저 없이 순종하며, 하나님의 뜻 안에서 온전하고 완전하게 서려는 준비를 갖추는 것은 성경 공부의 유일하고도 참된 정신이다.

—앤드류 머레이(1828-1917), 남아프리카 저술가, 목사

성경의 진리 "내가 모든 재물을 즐거워함 같이 주의 증거들의 도를 즐거워하였나이다 내가 주의 법도들을 작은 소리로 읊조리며 주의 길들에 주의하며 주의 율례들을 즐거워하며 주의 말씀을 잊지 아니하리이다"(시 119:14-16).

성경을 적용하기

425

성경을 단단히 붙잡으라. 성경이 당신을 단단히 붙잡을 때까지.

-윌리엄 호튼((1887-1947), 전도자, 무디성경연구소 4대 소장

성경의 진리 "내 길을 굳게 정하사 주의 율례를 지키게 하소서 내가 주의 모든 계명에 주의할 때에는 부끄럽지 아니하리이다"(시 119:5-6).

성경의 상호관계

426

구약 안에는 신약이 감춰져 있다. 신약 안에는 구약이 드러나 있다.

-아우구스티누스(354-430), 히포의 주교

성경의 진리 이것은 마태복음에서 예증된다. 마태복음에는 메시아 예수와 관련된 많은 구약의 예언이 구체적으로 해석되어 있다.

427

성경을 성경과 비교하라. 거짓 교리는 거짓 증인과 마찬가지로 자기들끼리도 서로 부합되지 않는다.

-윌리엄 거널(1617-1679), 저자

성경의 진리 모든 성경은 하나님의 감동으로 된 것으로(딤후 3:16), 성령의 지휘 감독 아래 기록되었다(벧후 1:21). 성령은 "진리의 성령"(요 16:13)이시기에 모순된 말씀을 하지 않으신다. 그러므로 성경의 각 구절은 다른 구절과 비교함으로써 해석해야 한다.

428
각 부분들을 이해하기 원한다면, 전체를 아는 것이 가장 지혜로운 방법이다.

−J. I. 패커(1926−), 저자, 신학자

성경의 진리 "하나님의 뜻을 다"(행 20:27) 이해하는 것이 우리가 가진 최고의 관심사다. 하나님의 말씀을 광범위하게 이해할 때, 한 구절 한 구절에 대한 해석이 가능하다.

429
성경의 특정한 본문들을 이해하는 배경이자 가이드는 성경 전체다.

−버나드 램(1916−1992), 침례교 신학자

성경의 진리 이러한 해석 방법을 따르는 것은 성경을 "억지로 풀다가 스스로 멸망에 이르는"(벧후 3:16) 오류를 피하는 데 도움을 준다.

430
성경이 성경의 해석자가 되어야 한다. 아니, 그 안에서 말씀하시는 성령님이 그러셔야 한다. 다이아몬드는 다이아몬드가 아닌 다른 것으로는 자를 수 없다. 이처럼 성경도 성경 외의 다른 것으로는 해석할 수 없다.

−토마스 왓슨(1620−1686), 청교도 설교자, 저자

성경의 진리 성경은 "진리의 말씀"(딤후 2:15)을 옳게 분별하라고 명한다. 그렇게 하는 한 가지 방법은 성경을 성경과 비교하는 것이다.

431
무오한 성경 해석의 규칙은 성경 자체다. 그러므로 성경의 어떤 부분에 대한 참되고 충분한 의미에 대해 의문이 들 때는 좀 더 분명하게 말하는 성경의 다른 곳들을 찾아야 한다.

−웨스트민스터 신앙고백

성경의 진리 베드로는 바울이 쓴 성경에 대해 "그중에 알기 어려운 것이 더러 있으니"(벧후 3:16)라고 말한다. 하지만 그런 구절들은 더 쉬운 구절들과 비교해 볼 때 그 의미가 분명해진다.

432

우리는 어떤 개념에 대한 성경의 권위를 주장할 때, 저자가 실제로 그 개념을 가르친 문법, 역사, 문화, 맥락 등을 이용해 그것을 보여 주어야 한다. 그렇지 않으면 성경은 이용되는 것이 아니라 오용되는 것이다.
-고든 루이스, 덴버 신학교 교수

성경의 진리 우리는 문법, 역사, 맥락을 참고할 때, "진리의 말씀"(딤후 2:15)을 옳게 분별할 차비를 갖추게 된다.

433

성경은 성경을 가지고 설명하라.
-알렉산드리아의 클레멘트(150-215), 신학자, 철학자

성경의 진리 바울은 젊은 디모데에게 권고했다. "너는 진리의 말씀을 옳게 분별하며 부끄러울 것이 없는 일꾼으로 인정된 자로 자신을 하나님 앞에 드리기를 힘쓰라"(딤후 2:15).

성경의 약속

434

하나님은 약속의 하나님이시다. 그분은 자신의 약속을 지키신다. 심지어 그 약속이 불가능해 보일 때에도. 심지어 환경이 약속과 반대인 것처럼 보일 때에도.
-콜린 우크하트(1940-), 성경 교사, 영국

성경의 진리 "여호와께서 이스라엘 족속에게 말씀하신 선한 말씀이 하나도 남음이 없이 다 응하였더라"(수 21:45). 우리 하나님은 약속을 지키는 분이시다.

성도의 인내

435
성도의 인내는 오직 하나님의 끈기로만 가능하다.
-오스왈드 샌더스(1902-1992), 해외 선교회 책임자

성경의 진리 성경은 이렇게 말씀한다. "하나님이 미리 아신 자들을 또한 그 아들의 형상을 본받게 하기 위하여 미리 정하셨으니 이는 그로 많은 형제 중에서 맏아들이 되게 하려 하심이니라 또 미리 정하신 그들을 또한 부르시고 부르신 그들을 또한 의롭다 하시고 의롭다 하신 그들을 또한 영화롭게 하셨느니라"(롬 8:29-30). 하나님이 미리 아신 것에서 영화롭게 되는 것에 이르기까지 내내 중단되지 않는 연쇄 고리가 있다. 그것은 바로 하나님이 끈기 있게 참으신다는 것이다!

성령

436
성령의 역사가 없는 설교로 영혼을 구원하기를 바라느니, 차라리 죽은 자들의 귀에 속삭여서 그들을 다시 살리기를 바라는 것이 나을 것이다.
-찰스 스펄전(1834-1892), 런던 뉴파크 스트리트 교회 목사

성경의 진리 죄에 대하여, 의에 대하여, 심판에 대하여 세상을 책망하시고(요 16:8) 회심의 순간 새 생명을 주시는 분(딛 3:5)은 성령이시다.

437
성령이 우리를 인도하신다면, 그분은 말씀을 따라 인도하실 것이며, 절대

성경과 반대로 인도하지 않으실 것이다.

−조지 뮐러(1805-1898), 영국 브리스틀 고아원 원장

성경의 진리 성경의 궁극적 저자이신(딤후 3:16) 성령이 우리 마음을 조명하셔서 우리는 성경을 이해할 수 있게 된다(고전 2:9-3:2).

438
성령은 전도자 하나님이시다.

−J. I. 패커(1926-), 저자, 신학자

성경의 진리 "오직 성령이 너희에게 임하시면 너희가 권능을 받고 예루살렘과 온 유대와 사마리아와 땅 끝까지 이르러 내 증인이 되리라"(행 1:3).

439
모든 신자가 성령을 모시지만, 성령은 모든 신자를 소유하지 않는다.

−A. W. 토저(1897-1963), 설교자, 저자

성경의 진리 "하나님의 성령을 근심하게 하지 말라 그 안에서 너희가 구원의 날까지 인치심을 받았느니라"(엡 4:30).

440
하나님의 성령 없이 그리스도인으로 살려고 애쓰느니, 귀 없이 듣거나 폐 없이 숨 쉬려 애쓰는 게 더 나을 것이다.

−D. L. 무디(1837-1899), 전도자

성경의 진리 "너희는 성령을 따라 행하라 그리하면 육체의 욕심을 이루지 아니하리라"(갈 5:16).

441
우리는 성령을 사용할 수 없다. 그분이 우리를 사용하신다.
-워렌 위어스비(1929-), 목사, 저자

성경의 진리 "주를 섬겨 금식할 때에 성령이 이르시되 내가 불러 시키는 일을 위하여 바나바와 사울을 따로 세우라 하시니"(행 13:2).

성령께 의지함

442
그리스도는 교회를 세상에 보내시기 전, 먼저 성령을 교회에 보내셨다. 오늘날에도 이 순서를 지켜야 한다.
-존 스토트(1921-2011), 영국 성공회 목사

성경의 진리 사도행전에서 강력한 사역이 일어나기 전, 예수님은 따르는 자들에게 말씀하셨다. "오직 성령이 너희에게 임하시면 너희가 권능을 받고 예루살렘과 온 유대와 사마리아와 땅 끝까지 이르러 내 증인이 되리라"(행 1:8).

성품

443
성품을 시험하는 두 가지 결정적 요소는 부유함과 빈곤함이다.
-작자 미상

성경의 진리 우리는 부유하건 가난하건 간에 돈에 대해 탐욕스럽거나(벧전 5:2) 돈을 사랑하면 안 된다(딤전 3:2-3, 히 13:5). 탐욕에는 큰 위험이 도사리고 있다(벧전 5:2-3). 그리고 돈을 사랑하는 사람에게는 만족함이 없다(전 5:10).

444
당신의 성품을 시험하는 기준은 아무도 보지 않을 때 당신이 무엇을 하는가다.

-밥 존스(1883-1968), 전도자

성경의 진리 아나니아와 삽비라는 자신들이 땅과 관련하여 저지른 부정직함의 죄가 결코 드러나지 않으리라 생각했을 것이다(행 5:1-5). 그러나 하나님은 모든 것을 아신다. "숨은 것이 장차 드러나지 아니할 것이 없고 감추인 것이 장차 알려지고 나타나지 않을 것이 없느니라"(눅 8:17).

445
성품이란 당신이 어둠 속에서 무엇을 생각하는가 하는 것이다.

-D. L. 무디(1837-1899), 전도자

성경의 진리 욥은 "온전하고 정직하여 하나님을 경외하며 악에서 떠난 자"(욥 1:1)였다. 그는 심지어 홀로 있을 때에도 선한 사람이었다.

446
우리에게서 가장 중요한 곳은 아무도 보지 못하는 곳이다.

-어윈 루처(1941-), 시카고 무디 교회 목사

성경의 진리 바울은 빌립보인들에게 이렇게 말했다. "그러므로 나의 사랑하는 자들아 너희가 나 있을 때뿐 아니라 더욱 지금 나 없을 대에도 항상 복종하여 두렵고 떨림으로 너희 구원을 이루라"(빌 2:12). 우리는 다른 사람들이 우리를 보지 않을 때에도 의롭게 살아야 한다.

447
사람이 방심하고 있을 때 하는 행동은 그가 어떤 사람인지를 보여 주는 가장 좋은 증거다. 지하실에 쥐가 있다면 갑자기 내려갔을 때 그 쥐들을 볼 가능성이 매우 크다. 또한 갑자기 내려갔다 해서 없던 쥐가 생겨나는 것도 아니다. 단지 쥐들이 피하지 못해 눈에 띈 것일 뿐이다. 마찬가지로, 갑작스런 도발이 까다롭지 않았던 나를 까다로운 사람으로 만드는 것이 아니다. 그것은 내가 원래 얼마나 까다로운 사람인지를 보여 줄 뿐이다.
-C. S. 루이스(1898-1963), 저자, 옥스퍼드 대학 교수

성경의진리 성경은 "생각하지 않은 때에 인자가 오리라"(마 24:44)고 말한다. 어떤 사람들은 준비되어 있을 것이다. 그러나 어떤 사람들은 그렇지 못할 것이다(막 13:33). 이 사건은 사람들의 성품을 드러낼 것이다. 그것이 좋은 성품이건 나쁜 성품이건 간에.

448
하나님은 우리 각자의 성품을 개발하기 위한 프로그램을 준비해 놓고 계시다. 그분은 다른 사람들이 우리를 보며 "그는 하나님과 동행하고 있어. 왜냐하면 그는 그리스도처럼 살고 있거든"이라고 말하기 원하신다.
-어윈 루처(1941-), 시카고 무디 교회 목사

성경의진리 "이같이 너희 빛이 사람 앞에 비치게 하여 그들로 너희 착한 행실을 보고 하늘에 계신 너희 아버지께 영광을 돌리게 하라"(마 5:16).

449
성품에 주의를 기울이라. 명성은 자연스레 따라올 것이다.
-D. L. 무디(1837-1899), 전도자

성경의진리 "좋은 이름이 좋은 기름보다 낫고"(전 7:1). 그러므로 덕스러운 행동을 유지함으로 좋은 평판을 얻으라(벧후 1:5).

세상

450
그리스도를 향한 나의 사랑을 식게 만드는 것이 있다면 그것이 바로 세상적인 것이다.
-존 웨슬리(1703-1791), 감리 교회 창시자

성경의 진리 "이는 세상에 있는 모든 것이 육신의 정욕과 안목의 정욕과 이생의 자랑이니 다 아버지께로부터 온 것이 아니요 세상으로부터 온 것이라"(요일 2:16).

소망

451
소망은 믿음이 성공적으로 출발하여 도중에 지치지 않고 최종 목적지까지 잘 도착할 수 있도록 지탱해 준다. 한 마디로 소망은 믿음을 쉬지 않게 하고, 새롭게 하며, 회복시킴으로 끈기 있게 활기를 북돋아 준다.
-장 칼뱅(1509-1564), 프랑스 종교개혁가

성경의 진리 "나의 영혼아 잠잠히 하나님만 바라라 무릇 나의 소망이 그로부터 나오는도다"(시 62:5).

452
믿음이 건강하다면 소망은 결코 병들지 않는다.
-존 번연(1628-1688), 저자, 설교자

성경의 진리 "그런즉 믿음, 소망, 사랑, 이 세 가지는 항상 있을 것인데"(고전 13:13).

453
세상은 최고의 것을 소망한다. 그러나 주님은 최고의 소망을 주신다.
-존 웨슬리 화이트, 전도자

성경의 진리 "나 곧 내 영혼은 여호와를 기다리며 나는 주의 말씀을 바라는도다"(시 130:5).

454
모든 것에 빛이 되는 한 가지 생각이 있다면, 바로 중요하고 좋은 무언가가 멀지 않은 곳에 있다는 생각이다.
-G. K. 체스터튼(1874-1936), 저자, 변증가

성경의 진리 "예수 그리스도께서 나타나실 때에 너희에게 가져다주실 은혜를 온전히 바랄지어다"(벧전 1:13).

455
우리는 유한한 실망을 받아들여야 한다. 그러나 결코 무한한 소망을 잃어버려서는 안 된다.
-마틴 루터 킹(1929-1968), 목사, 미국 흑인 인권 운동가

성경의 진리 "우리가 믿는 도리의 소망을 움직이지 말며 굳게 잡고"(히 10:23).

456
소망은 우리가 극복하지 못할 고난은 아무것도 없다고 말한다. 그러나 절망은 우리가 결코 고난을 극복할 수 없다고 말한다.
-아이작 와츠(1674-1748), 찬송 작사가

성경의 진리 "내게 능력 주시는 자 안에서 내가 모든 것을 할 수 있느니라"(빌 4:13).

순종

457

전체주의적 주장을 내세운 나라가 있다면, 바로 그리스도와 하나님의 나라다. 권위와 순종, 이끄는 것과 따르는 것, 명령과 복종, 이것이 순서다. 이것은 전체주의적인 왕, 나라, 교회다. 그리고 마지못한 마음, 미지근한 마음은 왕이 몹시 싫어하는 것이다.

-에리히 자우어(1898-1959), 독일 비데네스트 성경학교

성경의 진리 예수님은 "누구든지 나를 따라오려거든 자기를 부인하고 자기 십자가를 지고 나를 따를 것이니라"(마 16:24)고 말씀하셨다.

458

우리는 거룩한 진보를 이루려면 '승리'나 '패배'가 아닌 '순종'과 '불순종'이라는 말을 사용해야 한다.

-제리 브릿지즈(1929-), 저자, 네비게이토선교회 간사

성경의 진리 순종은 외적인 종교 의식보다 훨씬 더 중요하다(삼상 15:22). 하나님을 향한 우리의 순종은 영속적이어야 한다(시 119:44).

459

내 말보다 나의 행함에 더 의지하라.

-D. L. 무디(1837-1899), 전도자

성경의 진리 "너희는 말씀을 행하는 자가 되고 듣기만 하여 자신을 속이는 자가 되지 말라"(약 1:22).

460
우리가 하나님의 명령에 순종하지 않으면, 하나님의 약속에도 의지할 수 없다.
-장 칼뱅(1509-1564), 프랑스 종교개혁가

성경의 진리 순종은 축복을 가져다준다(신 7:12, 11:17, 왕상 8:35-36, 슥 3:7).

461
우리는 명상에 잠겨 쉬기 위해서가 아니라, 순종하기 위해 묵상을 한다.
-토마스 맨튼(1620-1667), 영국 청교도 목사

성경의 진리 "내가 주께 범죄하지 아니하려 하여 주의 말씀을 내 마음에 두었나이다"(시 119:11).

462
많은 무리가 교회에 들어간다. 하지만 그들은 자기 안에 설교가 들어갈 자리를 만들지는 않는다.
-토마스 아담스(1583-1652), 영국 목사, 설교자

성경의 진리 "그리스도의 말씀이 너희 속에 풍성히 거하여 모든 지혜로 피차 가르치며 권면하고 시와 찬송과 신령한 노래를 부르며 감사하는 마음으로 하나님을 찬양하고"(골 3:16).

463
오직 신뢰와 헌신이 있는 곳에만 하나님의 샘이 열릴 것이다. 오직 온전히 복종한 삶에만 하나님의 풍성한 축복이 부어질 것이다.
-에리히 자우어(1898-1959), 독일 비데네스트 성경학교

성경의 진리 하나님의 축복은 언제나 하나님을 향한 순종을 조건으로 한다(출 19:5,

23:22, 레 26:3, 신 4:40, 12:28, 15:5, 28:1, 왕상 2:3, 슥 3:7, 히 3:14).

464
순종은 하나님을 향한 진지하고도 깊은 사랑을 입증하는 가장 확실한 증거다.

-너대니얼 에먼스(1745-1840), 미국 신학자

성경의 진리 예수님은 자기를 따르는 자들에게 이렇게 말씀하셨다. "너희가 나를 사랑하면 나의 계명을 지키리라"(요 14:15).

465
신자는 율법에 대한 순종이 아닌, 율법으로 구속받는다.

-존 머레이(1898-1975), 스코틀랜드 칼뱅주의 신학자

성경의 진리 우리는 믿음으로 말미암아 은혜로(엡 2:8-9), 그러나 "선한 일을 위하여"(엡 2:10) 구원받는다. 마찬가지로 디도서는 "우리를 구원하시되 우리가 행한 바 의로운 행위로 말미암지 아니하고 오직 그의 긍휼하심을 따라 중생의 씻음과 성령의 새롭게 하심으로 하셨나니"(딛 3:5)라고 말씀한다. 그리고 곧이어 "하나님을 믿는 자들로 하여금 조심하여 선한 일을 힘쓰게 하려 함이라"(8절)고 말씀한다.

466
창조주를 향한 피조물의 사랑에는 반드시 순종이 있어야 한다. 그렇지 않으면 그것은 의미가 없다.

-프랜시스 쉐퍼(1912-1984), 신학자, 철학자, 목사

성경의 진리 성경은 하나님이 순종하는 자들을 사랑하시며(신 5:10, 시 25:10), 하나님의 관점에서 볼 때 순종이 제사보다 낫다고(삼상 15:22) 말씀하신다. 그러므로 우리는 전심을 다해 하나님께 순종해야 한다(수 24:14, 롬 6:17).

슬픔

467
자신의 슬픔을 감추는 사람은 그에 대한 해결책을 발견할 수 없다.
-작자 미상

성경의 진리 주님은 우리의 슬픔에 공감하셨다. 그분 자신이 "간고(sorrow)를 많이 겪었으며 질고를 아"(사 53:3)셨기 때문이다.

습관

468
조금만 시간이 지나면 당신은 지금 형성하고 있는 습관들을 제거할 수 없게 될 것이다. 처음에는 습관이라는 그물망이 거미줄로 만들어져 있었다. 그것은 쉽게 뚫렸다. 머지않아 그것은 노끈으로 바뀌고, 다시 그것은 밧줄로 바뀔 것이다. 마침내 그것은 강철처럼 강해질 것이고, 그러면 당신은 올가미에 걸릴 수밖에 없게된다.
-찰스 스펄전(1834-1892), 런던 뉴파크 스트리트 교회 목사

성경의 진리 "악인이 범죄하는 것은 스스로 올무가 되게 하는 것"(잠 29:6)이다.

승리

469
하나님은 절대 패하지 않으신다. 그분은 반대를 받고, 공격을 당하고, 저항에 부딪히셨지만 그럼에도 궁극적인 결과는 조금도 불확실하지 않다.
-앤드류 형제(1928-), 기독교 선교사, 성경 밀반입자

성경의 진리 "싸울 날을 위하여 마병을 예비하거니와 이김은 여호와께 있느니라"(잠 21:31).

470
우리 삶에서 큰 승리 이후보다 더 위험한 순간은 없다.
-스티븐 올포드(1918-2004), 목사, 저자

성경의 진리 성경은 강하게 경고한다. "그런즉 선 줄로 생각하는 자는 넘어질까 조심하라"(고전 10:12).

시간 사용

471
언제나 당신의 끝이 있음을 기억하라. 그리고 잃어버린 시간은 돌아오지 않는다는 사실도.
-토마스 아 켐피스(1380-1471), 『그리스도를 본받아』 저자-

성경의 진리 이 땅에서의 시간이 얼마나 짧은지 유념하고(시 39:4), 남은 시간을 최대한 활용하는 것이(시 90:12) 지혜롭다.

472
나는 서두르기는 하지만, 절대 허둥대지는 않는다. 나는 완벽한 영혼의 평온함으로 해낼 수 있는 이상의 일을 절대 맡지 않기 때문이다.
-존 웨슬리(1703-1791), 감리 교회 창시자

성경의 진리 바쁘게 돌진하는 일은 대개 무위로 끝난다(시 39:6).

473
삶의 비극은 그것이 너무 빨리 끝나는 것이 아니라, 그것이 시작되기를 우리가 너무 오래 기다리는 데 있다.
-W. M. 루이스

성경의 진리 "우리의 시민권은 하늘에 있는지라 거기로부터 구원하는 자 곧 주 예수 그리스도를 기다리노니"(빌 3:20).

시기

474
시기는 지옥으로부터 타오르는 석탄이다.
-필립 제임스 베일리(1816-1902), 영국 시인

성경의 진리 시기는 악으로 이끌고(약 3:14-16), 해로우며(전 4:4), 죄성에 뿌리를 내리고 있고(갈 5:19-21), 뼈를 썩게 한다(잠 14:30).

475
성숙한 사람은 다른 사람의 사역을 위협으로 받아들이지 않는다.
-작자 미상

성경의 진리 시기는 추한 육신의 일이다(갈 5:19-20).

476
시기는 사역을 지배하는 강한 유혹이다.
-작자 미상

성경의 진리 사두개인들은 종교 사업자들로서 늘 시기로 가득했다(행 5:17). 그러한 그들의 모습은 비호감 그 자체였다.

477
시기는 다른 사람들에게는 골치 아픈 일이요, 자신에게는 고통이다.
-윌리엄 펜(1644-1718), 영국 퀘이커 교도, 신대륙 개척자

성경의 진리 성경은 시기가 파괴적이며(잠 27:4) 육체의 일이라고 경고한다(갈 5:19-20). 그리스도인은 이 충동과 욕구에 강하게 저항해야 한다.

시련

478
우리에게 닥치는 모든 문제는 하나님이 임명하신 교관이다.
-찰스 스윈돌(1934-), 스톤브라이어 교회 목사

성경의 진리 "내 형제들아 너희가 여러 가지 시험을 당하거든 온전히 기쁘게 여기라 이는 너희 믿음의 시련이 인내를 만들어 내는 줄 너희가 앎이라"(약 1:2-3).

479
길에서 만나는 위험 요소들, 곧 깊은 웅덩이, 바퀴 자국, 우회로 등은 당신이 제대로 길을 가고 있다는 증거다. 염려해야 하는 때는 크고, 넓고, 쉬운 길을 가고 있음을 발견할 때다.
-조니 에릭슨 타다(1949-), '조니와 친구들' 설립자

성경의 진리 "우리가 하나님의 나라에 들어가려면 많은 환난을 겪어야 할 것이라"(행 14:22).

480
하나님이 우리의 삶에 가져오시는 모든 것에는 한 가지 목적이 있는데, 그것은 우리가 그리스도의 형상을 닮아가는 것이다.
-어윈 루처(1941-), 시카고 무디 교회 목사

성경의진리 "우리가 알거니와 하나님을 사랑하는 자 곧 그의 뜻대로 부르심을 입은 자들에게는 모든 것이 합력하여 선을 이루느니라"(롬 8:28).

481
우리에게 예상치 못한 어렵고 낙심되는 일들이 일어날 때 당황하지 말아야 한다. 하나님은 그분의 지혜로 우리가 아직 완성하지 못한 어떤 부분을 만드시려고 우리를 다루고 계시는 것이다.

—J. I. 패커(1926–), 저자, 신학자

성경의진리 "고난당한 것이 내게 유익이라 이로 말미암아 내가 주의 율례들을 배우게 되었나이다"(시 119:71).

482
나는 곤경에 빠지는 것도 좋다고 생각한다. 그것은 우리를 깨끗하게 해줄 것이다.

—G. K. 체스터튼(1874–1936), 저자, 변증가

성경의진리 "우리가 환난 중에도 즐거워하나니 이는 환난은 인내를, 인내는 연단을, 연단은 소망을 이루는 줄 앎이로다"(롬 5:3–4).

483
질병은 우리에게 하나님을 만나라고 부르는 하나님의 사신이다.

—토마스 맨튼(1620–1667), 영국 청교도 목사

성경의진리 회개하는 시편 기자는 이렇게 기도했다. "내가 입을 열지 아니할 때에 종일 신음하므로 내 뼈가 쇠하였도다 주의 손이 주야로 나를 누르시오니 내 진액이 빠져서 여름 가뭄에 마름 같이 되었나이다"(시 32:3–4).

484
어떤 고난은 거룩함에 이르는 데 필수 불가결한 것이다.
-존 스토트(1921-2011), 영국 성공회 목사

성경의 진리 시련은 우리의 믿음을 시험하고 견고하게 만든다(벧전 1:6-7).

485
역경은 하나님의 양자가 되었다는 표시다.
-토마스 왓슨(1620-1686), 청교도 설교자, 저자

성경의 진리 "그리스도를 위하여 너희에게 은혜를 주신 것은 다만 그를 믿을 뿐 아니라 또한 그를 위하여 고난도 받게 하려 하심이라"(빌 1:29).

486
하나님의 천국 계획을 이 땅에서 언제나 이해할 수는 없다.
-찰스 스윈돌(1934-), 스톤브라이어 교회 목사

성경의 진리 하나님은 단언하신다. "이는 내 생각이 너희의 생각과 다르며 내 길은 너희의 길과 다름이니라 여호와의 말씀이니라 이는 하늘이 땅보다 높음 같이 내 길은 너희의 길보다 높으며 내 생각은 너희의 생각보다 높음이니라"(사 55:8-9).

487
다이아몬드는 마찰 없이 다듬어지지 않으며, 사람은 시련 없이 온전케 되지 않는다.
-작자 미상

성경의 진리 "너희가 이제 여러 가지 시험으로 말미암아 잠깐 근심하게 되지 않을 수 없으나 오히려 크게 기뻐하는도다 너희 믿음의 확실함은 불로 연단하여도 없어질 금보다 더 귀하여 예수 그리스도께서 나타나실 때에 칭찬과 영광과 존귀를 얻게

할 것이니라"(벧전 1:6-7).

488
우리는 하나님이 우리를 데리고 가시는 우회로들을 이해하지 못한다. 그러나 나중에는 우리에게 그 우회로들이 필요했었다는 사실을 알게 된다.
―폴 투르니에(1898-1986), 스위스 의사, 저자

성경의 진리 요셉은 자기 형들에게 배신당하고 종으로 팔려갔다. 당시 그는 하나님이 자신의 인생을 가지고 무엇을 하고 계시는지 알지 못했다. 나중에 그는 그때를 돌아보며 "하나님은 그것을 선으로 바꾸"(창 50:20)셨다고 말할 수 있었다.

489
하나님은 우리가 인내하고 굳게 서게 하시려고 우리를 시험하신다. 마귀는 우리가 걸려 넘어지게 하려고 우리를 시험한다.
―에이드리언 로저스(1931-2005), 침례교 목사, 저자

성경의 진리 예수님은 베드로에게 "시몬아, 시몬아, 보라 사탄이 너희를 밀 까부르듯 하려고 요구하였다"(눅 22:31)고 경고하셨다. 예수님은 베드로의 믿음이 떨어지지 않게 기도하셨다. 그럼에도 베드로는 결국 그리스도를 부인했지만(요 13:38), 그는 회개하고 교회의 위대한 지도자가 되었다.

490
그리스도를 따르는 자들은 이 세상에서 그들의 주님이 받았던 것보다 더 나은 대접을 기대할 수 없다.
―매튜 헨리(1662-1714), 성경 주석가, 장로교 목사

성경의 진리 "세상이 너희를 미워하면 너희보다 먼저 나를 미워한 줄을 알라 너희가 세상에 속하였으면 세상이 자기의 것을 사랑할 것이나 너희는 세상에 속한 자가 아니요 도리어 내가 너희를 세상에서 택하였기 때문에 세상이 너희를 미워하였느

니라"(요 15:18-19).

491
시련은 우리의 은혜롭고 지혜로운 의사이신 주님이 우리에게 필요하기 때문에 처방하신 약이다. 그리고 주님은 증상에 맞게 그 약을 먹는 횟수와 분량을 정하신다. 그분의 능력을 믿고 그분의 처방에 감사하자.
-존 뉴턴(1725-1807), 영국 성공회 목사

성경의 진리 "내 형제들아 너희가 여러 가지 시험을 당하거든 온전히 기쁘게 여기라"(약 1:2).

492
실패를 불가피한 것으로 여기고 굴복하지 말라. 그것을 성공으로 이르는 디딤돌로 삼으라.
-오스왈드 챔버스(1874-1917), 『주님은 나의 최고봉』 저자

성경의 진리 베드로가 시선을 돌린 순간 그는 '물속으로 가라앉았다(마 14:28-31). 이때의 실패로 그는 예수님에게서 눈을 떼지 않고 믿음을 지키는 법을 배웠다.

493
하나님은 절대 자기 자녀의 삶에 아무 목적 없이 고통을 허용하지 않으신다. 그분은 사탄도, 환경도, 어떠한 악의적인 사람도 그 괴로움이 우리의 유익을 위해 사용되지 않는다면 우리를 괴롭히도록 허용하지 않으신다. 하나님은 절대 고통을 낭비하지 않으신다.
-제리 브릿지스(1929-), 저자, 네비게이토선교회 간사

성경의 진리 하나님은 언제나 우리의 환경이 합력하여 우리의 궁극적 유익, 곧 우리가 그분의 아들을 더 닮아가는 일을 이루신다(롬 8:28-29 참고).

494
하나님이 우리를 돌투성이 자갈밭으로 보내신다면, 그분은 우리에게 튼튼한 신발을 제공해주실 것이다.
−알렉산더 맥클라렌(1826−1910), 목사

성경의 진리 하나님의 능력은 "약한 데서 온전하여"(고후 12:9)진다.

495
하나님이 당신의 잔을 달콤하게 만드셨다면, 감사 기도를 드리고 그것을 마시라. 하나님이 그 잔을 쓰게 만드셨다면, 그분과 교제하며 그것을 마시라.
−오스왈드 챔버스(1874−1917), 『주님은 나의 최고봉』 저자

성경의 진리 "어떠한 형편에든지 나는 자족하기를 배웠노니"(빌 4:11).

496
주님은 괴로움의 고지에서 최고의 병사들을 얻으신다.
−찰스 스펄전(1834−1892), 런던 뉴파크 스트리트 교회 목사

성경의 진리 바울이 한 예다. "유대인들에게 사십에서 하나 감한 매를 다섯 번 맞았으며 세 번 태장으로 맞고 한 번 돌로 맞고 세 번 파선하고 일 주야를 깊은 바다에서 지냈으며 여러 번 여행하면서 강의 위험과 강도의 위험과 동족의 위험과 이방인의 위험과 시내의 위험과 광야의 위험과 바다의 위험과 거짓 형제 중의 위험을 당하고 또 수고하며 애쓰고 여러 번 자지 못하고 주리며 목마르고 여러 번 굶고 춥고 헐벗었노라"(고후 11:24−27). 이 모든 것을 통해 바울의 믿음은 시험받고 성장했다.

497
그 누구도 시련과 시험 없이 성경에 대한 참된 이해에 도달할 수 없다.
−존 번연(1628−1688), 저자, 설교자

성경의 진리 "고난 당한 것이 내게 유익이라 이로 말미암아 내가 주의 율례들을 배우게 되었나이다"(시 119:71).

시민권

498
선한 그리스도인이라면 선량한 시민이 되어야 한다.
-다니엘 웹스터(1782-1852), 미국 정치가

성경의 진리 그리스도인은 정직하고, 법을 준수하며, 덕행이 있는 사람들이다(롬 13:2, 빌 4:8, 살전 4:11-12). 우리는 이 땅에서 선량한 시민이 되어야 한다. 그러나 우리의 궁극적 시민권은 하늘에 있다(빌 3:20).

신뢰

499
가장 큰 능력은 신뢰할 수 있는 것이다.
-밥 존스(1883-1968), 전도자

성경의 진리 우리는 작은 일에도(눅 16:10) 끝까지 충성해야 한다(히 3:14). 우리는 언제나 우리가 믿는 것에 굳건히 서야 한다(고전 16:13).

신실함

500
신실함이 적은 곳에 어떻게 위대한 믿음이 있을 수 있겠는가?
-윌리엄 거널(1617-1679), 저자

성경의 진리 "내가 네 행위를 아노니 네가 차지도 아니하고 뜨겁지도 아니하도다 네가 차든지 뜨겁든지 하기를 원하노라"(계 3:15). 거기에는 강한 믿음이 없다! 거기에는 강한 신실함이 없다!

501
작은 것에 대한 신실함은 큰 것이다.
- 크리소스톰(347-407), 초대 교회 교부

성경의 진리 예수님은 말씀하셨다. 작은 일에 신실한 사람에게 훨씬 더 중요한 일이 맡겨질 것이라고(눅 19:11-27).

신자의 제사장직

502
어떤 교회나 사제도 하나님과 사람 사이를 가로막을 수 없다.
- 마르틴 루터(1483-1546), 종교개혁가, 사제, 신학 교수

성경의 진리 우리는 그리스도를 통해 직접 하나님께 나아간다. "그러므로 우리는 긍휼하심을 받고 때를 따라 돕는 은혜를 얻기 위하여 은혜의 보좌 앞에 담대히 나아갈 것이니라"(히 4:16).

신학

503
내 신학의 핵심은 한 단어로 요약할 수 있다. 바로 "예수님이 나를 위해 죽으셨다"는 것이다.
- 찰스 스펄전(1834-1892), 런던 뉴파크 스트리트 교회 목사

성경의 진리 "그리스도께서 우리 죄를 위하여 죽으시고"(고전 15:3).

504
신학적 진리는 그것에 순종할 때까지는 쓸모가 없다.
-A. W. 토저(1897-1963), 설교자, 저자

성경의 진리 "너희는 말씀을 행하는 자가 되고 듣기만 하여 자신을 속이는 자가 되지 말라"(약 1:22).

505
긍휼이 없는 성경적 전통은 세상에서 가장 추한 것이다.
-프랜시스 쉐퍼(1912-1984), 신학자, 철학자, 독사

성경의 진리 우리는 언제나 "소망에 관한 이유를 묻는 자에게는 대답할 것을 항상 준비하되 온유와 두려움으로"(벧전 3:15) 해야 한다.

506
사람은 신학적으로 아는 것이 많아도 영적으로는 무지할 수 있다.
-스테판 차녹(1628-1680), 청교도 목사

성경의 진리 그런 사람들은 "항상 배우나 끝내 진리의 지식에 이를 수 없느니라"(딤후 3:7).

실망

507
나는 이렇게 말한 그리스도인에 대해 읽은 적이 있다. "나는 살면서 여러 번 실망하는 일을 겪었다. 그 단어의 한 글자를 바꾸어 '실망'

(disappointments)이라고 읽는 대신 '그의 약속'(his appointments)이라고 읽을 때까지는. 그렇게 바꾼 것은 멋진 일이었다. '실망'은 마음을 상하게 하지만, '그의 약속'은 실망스러운 일을 기분 좋게 받아들일 수 있게 하기 때문이다."
—찰스 스펄전(1834-1892), 런던 뉴파크 스트리트 교회 목사

성경의 진리 하나님을 사랑하는 사람들에게는 하나님의 주권과 섭리의 주관 아래 모든 것이 합력하여 선을 이룬다(롬 8:28).

실패

508
성공으로 이르는 문은 종종 실패의 복도를 지난 뒤에 나타난다.
—어윈 루처(1941-), 시카고 무디 교회 목사

성경의 진리 베드로는 예수님을 세 번 부인했으나(마 26:34, 75) 회복되었으며(요 21:15-17), 일세기 교회의 위대한 지도자 중 한 명이 되었다(행 2-10장).

심판

509
모든 사람은 자신이 살아 있는 동안 했던 모든 선한 일과 악한 일을 온전히 진실하게 설명해야 한다… 하나님은 말과 행동에 수반된 모든 환경을 드러내실 것이다. 그분은 그들이 그 일의 선함 혹은 악함을 일으켰는지도 판단하실 것이다.
—존 웨슬리(1703-1791), 감리 교회 창시자

성경의 진리 "우리가 다 반드시 그리스도의 심판대 앞에 나타나게 되어 각각 선악 간에 그 몸으로 행한 것을 따라 받으려 함이라"(고후 5:10).

510

심판석 앞에 서는 모든 참된 신자는 모두 천국에 들어갈 자격을 얻을 것이다. 그러나 모두 동일한 상을 받지는 않을 것이다.

-오스왈드 샌더스(1902-1992), 해외 선교회 책임자

성경의 진리 "만일 누구든지 그 위에 세운 공적이 그대로 있으면 상을 받고 누구든지 그 공적이 불타면 해를 받으리니 그러나 자신은 구원을 받되 불 가운데서 받은 것 같으리라"(고전 3:14-15).

511

그리스도의 심판석은 졸업식과 비교할 수 있다. 좀 더 열심히 공부해서 좋은 학점을 받지 못한 것이 아쉽기는 하지만, 졸업식 때 가장 크게 느끼는 감정은 회한이 아닌 기쁨이다. 졸업생들은 좀 더 좋은 학점을 받지 못했다는 이유로 울며 졸업식장을 떠나지는 않는다. 오히려 졸업했다는 사실과 자신이 성취한 것에 대해 감사한다. 그리스도의 심판석에 대해 어두운 측면을 지나치게 과장하는 것은 천국을 지옥으로 만드는 것과 같다.

-허먼 호이트, 신학자, 저자

성경의 진리 큰 상을 받든 최소한의 상을 받든, 천국은 모든 그리스도인이 가는 곳이다(빌 3:20).

십자가

512
십자가의 목적은 고칠 수 없는 것을 고치는 것이다.
―어윈 루처(1941-), 시카고 무디 교회 목사

성경의 진리 "하나님이 죄를 알지도 못하신 이를 우리를 대신하여 죄로 삼으신 것은 우리로 하여금 그 안에서 하나님의 의가 되게 하려 하심이라"(고후 5:21). 우리는 고침받았다!

아름다움

513
아름다움은 하나님의 손으로 쓰신 것이다. 모든 아름다운 얼굴, 모든 아름다운 날, 모든 아름다운 꽃에서 하나님의 필적을 찬양하라.
―찰스 킹슬리(1819-1875), 영국 성공회 목사

성경의 진리 바울은 "창세로부터" 하나님의 "보이지 아니하는 것들 곧 그의 영원하신 능력과 신성이 그가 만드신 만물에 분명히 보여 알려졌나니"(롬 1:20)라고 말한다. 시편 기자도 "하늘이 하나님의 영광을 선포하고 궁창이 그의 손으로 하신 일을 나타내는도다 날은 날에게 말하고 밤은 밤에게 지식을 전하니 언어도 없고 말씀도 없으며 들리는 소리도 없으나"(시 19:1-3)라고 단언했다.

아버지

514
아버지의 거룩한 삶은 그 아들에게 풍성한 유산이다.
―찰스 스펄전(1834-1892), 런던 뉴파크 스트리트 교회 목사

성경의 진리 부모는 자녀들에게 본이 된다. "여호와께서 여호사밧과 함께 하셨으니 이는 그가 그의 조상 다윗의 처음 길로 행하여 바알들에게 구하지 아니하고"(대하 17:3).

아버지와 아들

515
아버지가 아들에게 줄 수 있는 가장 좋은 선물은 자기 자신, 곧 시간이라는 선물이다. 물질적인 것은 그것을 함께 나눌 사람이 없다면 별 의미가 없다.
-닐 스트레이트(1934-2003), 나사렛 교회 목사

성경의 진리 아버지는 아들에게 좋은 영향을 끼치도록 애써야 한다(참고 왕상 9:4, 대하 17:3, 딤후 1:5). 그렇게 하려면 아들과 시간을 보내야 한다. 아버지는 자녀를 "주의 교훈과 훈계로 양육"해야 하며(엡 6:4), 그것은 시간이 필요한 일이다.

악(惡)

516
하나님은 이 세상에서 악을 허용하지 않으신다. 만일 그 악에서 선이 나오지 않는다면.
-토마스 아퀴나스(1225-1274), 이탈리아 철학자, 신학자

성경의 진리 "하나님을 사랑하는 자 곧 그의 뜻대로 부르심을 입은 자들에게는 모든 것이 합력하여 선을 이루느니라"(롬 8:28).

517
하나님은 악이 존재하지 않는 것보다는 악에서 선이 나오게 하는 것이 더 좋다고 판단하셨다.
-아우구스티누스(354-430), 히포의 주교

성경의 진리 하나님의 계획만이 굳게 서며(시 33:8-11, 사 46:10), 하나님의 계획은 그분의 헤아릴 수 없는 지혜에 기초하고 있다(롬 16:27).

518
악을 수동적으로 받아들이는 것은 그 악에 참여하여 돕는 것과 같다. 악에 저항하지 않고 받아들이는 사람은 사실 악과 협력하고 있는 것이다.
-마틴 루터 킹(1929-1968), 목사, 미국 흑인 인권 운동가

성경의 진리 "그러므로 사람이 선을 행할 줄 알고도 행하지 아니하면 죄니라"(약 4:17).

519
하나님이 어둠에 감춰진 모든 것에 빛을 가져다주실 때에만 그 안에서 행하는 모든 사람은 하나님의 길이 지혜롭고 선했으며, 하나님은 빽빽한 구름을 뚫고 보셨으며, 그분의 지혜로운 뜻을 따라 만물을 다스리셨고, 아무것도 우연이나 사람들의 변덕에 맡겨두지 않으셨음을 알게 될 것이다. 또한 하나님이 모든 일을 강력하고 사랑스럽게 처리하셨고, 모든 것을 정의, 자비, 진리라는 하나의 연결 고리 속에서 이루셨다는 사실을 알게 될 것이다.
-존 웨슬리(1703-1791), 감리 교회 창시자

성경의 진리 하나님은 시초부터 종말을 알리시며(사 46:10), 이 세상 역사 가운데 그분의 주권적 목적대로 일하신다(엡 1:11).

520
우리처럼 가련한 눈먼 존재들, 오늘 있다가 내일 사라지며, 죄 중에 출생했고, 죄인들로 둘러싸여 있으며, 한없이 연약하고 혀약하며 불완전한 환경 속에 사는 존재들은 악의 끔찍함에 대해 대단히 부적절한 개념을 가질 수밖에 없다.

-J. C. 라일(1816-1900), 영국 리버풀 성공회 주교

성경의 진리 우리가 죄에 무지한 것 자체가 죄의 표현이다(참고 요일 2:11, 계 3:17).

521
선한 목적이 악한 수단을 정당화할 수 없다. 악에서 선이 나오게 하려고 악을 행해서는 절대 안 된다.

-윌리엄 펜(1644-1718), 영국 퀘이커 교도, 신대륙 개척자

성경의 진리 바울은 우리에게 권고한다. "악은 어떤 모양이라도 버리라"(살전 5:22).

악의

522
악의는 정신적 살인이다.

-토마스 왓슨(1620-1686), 청교도 설교자, 저자

성경의 진리 마음에서 살인이 나온다(마 15:19, 막 7:21).

약함 속의 강함

523
하나님께 가벼운 짐을 달라고 구하지 말고, 무거운 짐을 질 수 있는 강인

한 어깨를 달라고 구하라.
-밥 존스(1883-1968), 전도자

성경의 진리 바울은 하나님의 "능력이 약한 데서 온전하여짐"(고후 12:9)이라는 것을 배웠다.

524
영적 거인들은 하나님을 위해 위대한 일을 한 연약한 사람들이었다. 그들은 하나님이 자신과 함께하신다는 사실에만 의지했기 때문이다.
-허드슨 테일러(1832-1905), 선교사, 중국내지선교회 설립자

성경의 진리 바울은 그를 강하게 하신 그리스도 안에서 모든 것을 할 수 있었다(빌 4:13).

양심

525
죄책감으로 괴로워하느니 차라리 어떤 고난이라도 견디겠다.
-찰스 스펄전(1834-1892), 런던 뉴파크 스트리트 교회 목사

성경의 진리 죄는 양심에 깊은 상처를 낸다(고전 8:12). 순종은 깨끗한 양심을 따라 온다(롬 13:5).

526
양심의 평화는 죄를 사해 주시는 자비를 반영한다.
-윌리엄 거널(1617-1679), 저자

성경의 진리 그리스도의 자비로운 사역은 우리를 악한 양심으로부터 깨끗하게 해줄

수 있다(히 10:22).

527
자신의 양심을 더럽히거나 괴롭힐 만한 것을 모두 저거해버릴 수 있는 사람은 복이 있다.

–토마스 아 켐피스(1380-1471), 『그리스도를 본받아』 저자

성경의 진리 성경은 "선한 양심"(벧전 3:16)과 "깨끗한 양심"(히 13:18, 개역개정에는 "선한 양심")의 중요성에 대해 말한다. 성경은 또한 상처받은 양심(고전 8:12)과 화인 맞은 양심(딤전 4:2)의 위험에 대해 경고한다.

528
선한 양심과 선한 확신은 공존한다.

–토마스 브룩스(1608-1680), 영국 청교도 목사

성경의 진리 바울은 사역하는 동안 깨끗한 양심에 확신의 뿌리를 두었다(고후 1:12).

529
누가 당신 편인지 혹은 반대편인지를 생각하지 말고, 당신이 하는 모든 일에서 하나님이 당신과 함께 계시는 것을 목표로 삼고 관심을 두라. 선한 양심을 가지라. 그러면 하나님이 당신을 변호해주실 것이다.

–토마스 아 켐피스(1380-1471), 『그리스도를 본받아』 저자

성경의 진리 로마서 8장 31절은 "만일 하나님이 우리를 위하시면 누가 우리를 대적하리요"라고 말씀한다. 시편 28편 7절도 "여호와는 나의 힘과 나의 방패시니"라고 말씀한다.

530
선한 양심은 자원의 보고다. 선한 양심보다 더 큰 부요함, 그보다 더 감미로운 것이 무엇이 있겠는가?
-클레르보의 베르나르(1090-1153), 수도원장

> 성경의 진리 우리는 "믿음과 착한 양심"(딤전 1:19)을 가져야 한다.

531
당신은 모든 행동과 생각에서 마치 오늘 죽을 것처럼 스스로를 정리해야 한다. 당신이 선한 양심을 가지고 있다면 죽음도 두렵지 않을 것이다.
-토마스 아 켐피스(1380-1471), 『그리스도를 본받아』 저자

> 성경의 진리 바울은 "우리가 담대하여 원하는 바는 차라리 몸을 떠나 주와 함께 있는 그것이라"(고후 5:8)고 단언했다. 바울은 준비되어 있었다!

532
세상의 어떤 고문도 죄를 비난하는 양심에 비할 수 없다.
-윌리엄 거널(1617-1679), 저자

> 성경의 진리 성경에서 우리는 "주께서…슬퍼하실 것…마음에 걸리는 것"(삼상 25:31)에 대해 읽는다. 그런 일들은 하나님께 순종함으로 피할 수 있다(롬 13:5).

533
내 양심은 하나님의 말씀에 사로잡혀 있다.
-마르틴 루터(1483-1546), 종교개혁가, 사제, 신학 교수

> 성경의 진리 바울은 말한다. "나도 하나님과 사람에 대하여 항상 양심에 거리낌이 없기를 힘쓰나이다"(행 24:16).

534

악한 양심을 지닌 사람은 절대 선한 날들을 누릴 수 없다.

-벤자민 키치(1640-1704), 설교자

성경의 진리 성경은 손상된 양심을 가진 채 믿음이 파선한 사람들에 대해 경고한다(딤전 1:19).

535

최고의 진정제는 깨끗한 양심이다.

-작자 미상

성경의 진리 복된 사람은 죄를 피하고 하나님의 말씀을 기뻐하는 사람이다(시 1:1-3).

536

양심은 하나님이 죄인을 체포하기 위해 사용하시는 경찰이다. 경찰에게는 죄인과 타협하여 그를 풀어줄 권한이 없고, 다만 죄인이 부채를 다 갚았는지 혹은 채권자가 만족했는지만 듣는다. 그때서야 비로소 죄수를 석방시킨다.

-윌리엄 거널(1617-1679), 저자

성경의 진리 오직 예수님을 통해서만 우리 양심은 깨끗해진다(히 9:14).

537

양심과 영혼의 관계는 고통 감지기와 육체의 관계와 같다. 그것은 우리 마음이 옳다고 말하는 것을 어길 때마다 죄책감이라는 형태로 고통을 가한다.

-존 맥아더(1939-), 그레이스 교회 목사

성경의 진리 상처받은 양심은 슬픔을 불러올 수 있다(삼상 25:31). 하지만 바울이 말하는 것처럼 우리는 근심함으로 회개함에 이를 수 있다(고후 7:9). 그것은 우리 모두가 해야 하는 일이다.

538
선한 양심은 임종의 시간에 우리의 침대 맡에서 유쾌한 방문객을 맞이할 것이다.
-J. C. 라일(1816-1900), 영국 리버풀 성공회 주교

성경의 진리 바울은 죽음이 가까웠을 때 깨끗한 양심을 가지고 이렇게 말할 수 있었다. "나는 선한 싸움을 싸우고 나의 달려갈 길을 마치고 믿음을 지켰으니"(딤후 4:7).

539
성경을 정기적으로 먹으면 약한 양심이 힘을 얻고 과민한 양심을 억제할 수 있다. 반대로 오류와 인간의 지혜와 마음을 채우고 있는 잘못된 도덕적 영향력들은 양심을 부패하게 만들고 무력화시킨다.
-존 맥아더(1939-), 그레이스 교회 목사

성경의 진리 시편 기자는 말한다. "내가 주께 범죄하지 아니하려 하여 주의 말씀을 내 마음에 두었나이다"(시 119:11).

얕잡아 봄

540
다른 사람을 얕잡아 보려건(belittle) 자신이 하찮은(little) 사람이 되어야 한다.
-작자 미상

성경의 진리 우리가 다른 사람들을 나보다 더 낫게 여기고(빌 2:3) "피차 권면하고 서로 덕을 세우"(살전 5:11)면, 우리는 하나님 보시기에 큰 존재다.

어둠에서 빛으로

541

주님은 우리 인생의 모든 일몰을 일출로 바꾸어놓으셨다.
- 알렉산드리아의 클레멘트(150-215), 신학자, 철학자

성경의 진리 성경은 이 땅에 오신 그리스도에 대해 "흑암에 앉은 백성이 큰 빛을 보았고 사망의 땅과 그늘에 앉은 자들에게 빛이 비치었도다"(마 4:16)라고 말한다. 오늘날 우리에게는 세상의 빛이신 예수님을 따를 수 있는 특권이 있다(요 8:12).

어려운 문제

542

하나님은 어려움에서 큰 복이 나오게 하시려는 구체적인 계획이 없으시다면, 어떠한 문제도 우리에게 닥치도록 허용하지 않으신다.
- 피터 마샬(1902-1949), 스코틀랜드계 미국인 설교자

성경의 진리 바울은 단언했다. "우리가 알거니와 하나님을 사랑하는 자 곧 그의 뜻대로 부르심을 입은 자들에게는 모든 것이 합력하여 선을 이루느니라"(롬 8:28). 바울은 자신의 투옥을 이런 식으로 이해했다. "내가 당한 일이 도리어 복음 전파에 진전이" 되었다(빌 1:12). 그리고 그는 다음과 같은 사실로 기뻐했다. "형제 중 다수가 나의 매임으로 말미암아 주 안에서 신뢰함으로 겁 없이 하나님의 말씀을 더욱 담대히 전하게 되었느니라"(14절).

어려움

543
우리가 겪는 어려움들은 주님이 그분의 능력을 보여 주실 수 있는 기회가 된다.
-허드슨 테일러(1832-1905), 선교사, 중국내지선교회 설립자

성경의 진리 "주께서 경건한 자는 시험에서 건지실 줄 아시고"(벧후 2:9). "환난 날에 나를 부르라 내가 너를 건지리니 네가 나를 영화롭게 하리로다"(시 50:15).

544
많은 사람이 엄청난 어려움들을 겪은 덕분에 삶이 숭고해졌다.
-찰스 스펄전(1834-1892), 런던 뉴파크 스트리트 교회 목사

성경의 진리 우리는 어려움들을 만날 때 기쁘게 여길 수 있다. 그런 어려움들을 통해 하나님은 그들의 삶에 인내를 세우시기 때문이다(약 1:2-4).

여행

545
여행은 마귀가 우리를 유혹하는 특별한 기회다. 어떤 일을 하기 전에 하나님의 마음을 알도록 언제나 애쓰라. 하지만 여행을 가기 전에는 훨씬 더 그렇게 하라. 쓸데없이 덫에 걸릴 기회에 노출되고 마귀에게 당신을 함정에 빠뜨릴 기회를 주지 말라.
-조지 뮐러(1805-1898), 영국 브리스틀 고아원 원장

성경의 진리 성경은 "마귀의 간계"(엡 6:11)에 대해 경고한다. 그런 간계 중 하나는 신자들의 마음을 성경에서 다른 곳으로 돌리게 하는 것이다. 그래서 우리는 근신하

고 깨어 있어야 한다.

여호와를 경외함

546
우리는 사람들을 대단히 두려워한다. 우리가 하나님을 경외하지 않기 때문이다. 하나님에 대한 경외가 사람에 대한 두려움을 치유한다.
-윌리엄 거널(1617-1679), 저자

성경의 진리 우리는 여호와를 경외하고 그분의 명령에 순종해야 한다(신 5:29, 전 12:13).

547
여호와를 경외하면서 나이 드는 것은 기분 좋은 일이다. 인생의 그림자가 길게 깔릴 때, 우리의 걸음이 느려지고 우리의 해가 낮게 드리울 때, 그분은 사랑하는 자들에게 잠을 주신다.
-존 웨슬리(1703-1791), 감리 교회 창시자

성경의 진리 여호와 외에는 아무도 두려워하지 말라(사 8:13).

548
하나님을 경외하고 열심히 일하라.
-데이비드 리빙스턴(1813-1873), 의료 선교사

성경의 진리 언제나 여호와를 경외하는 가운데 행동하라(대하 19:9).

549
여호와를 경외하는 것은 미덕이자 또한 다른 미덕들을 지키는 것이다.
—작자 미상

성경의 진리 여호와를 경외하는 것이 지혜의 시작이다(시 111:10, 잠 1:7, 9:10).

550
하나님을 두려워하는 사람은 아무것도 두려워할 것이 없다.
—찰스 스펄전(1834-1892), 런던 뉴파크 스트리트 교회 목사

성경의 진리 "여호와의 천사가 주를 경외하는 자를 둘러 진 치고 그들을 건지시는도다"(시 34:7).

역사

551
성경의 관점에서 역사는 과거에 일어난 사건의 기록 이상이다. 오히려 이미 일어난 일, 지금 일어나고 있는 일, 앞으로 일어날 일들이 모두 인격적이신 하나님의 계획 아래 의미 있게 전개되는 것이다. 과거, 현재, 미래의 모든 삶의 환경은 퍼즐 조각처럼 하나님의 섭리에 꼭 들어맞는다.
—로버트 라이트너, 신학자, 달라스 신학교

성경의 진리 하나님은 "나의 뜻이 설 것이니 내가 나의 모든 기뻐하는 것을 이루리라"(사 46:10)고 단언하신다.

연약함

552
우리 자신에게는 어떠한 능력도 없다는 확신 가운데 살지 않는다면 하나님께로부터 어떠한 능력도 받을 수 없다.
-존 오웬(1616-11683), 교회 지도자, 신학자

성경의 진리 하나님은 바울에게 "내 능력이 약한 데서 온전하여짐이라"(고후 12:9)고 가르치셨다.

열매 맺음

553
나무는 그 열매로 알 수 있다. 마찬가지로 그리스도께 속했다고 고백하는 사람들은 그들이 하는 일로 알 수 있다. 이때 필요한 것은 신앙 고백의 차원을 넘어 믿음의 능력 안에서 끝까지 견디는 것이다.
-안디옥의 이그나티우스(35-117), 안디옥의 제3대 감독이자 주교

성경의 진리 예수님은 말씀하셨다. "너희가 열매를 많이 맺으면 내 아버지께서 영광을 받으실 것이요 너희는 내 제자가 되리라"(요 15:8, 참고 마 7:17-19, 눅 6:43-44).

열심

554
열심은 불과 같다. 태우되 반드시 통제되어야 한다.
-A. H. 스트롱

성경의 진리 "하나님께 열심이 있으나 올바른 지식을 따른 것이 아닌"(롬 10:2) 사람들이 있다. 열심은 열정적이어야 하지만 또한 경건한 지식으로 단련되어야 한다.

염려

555
염려의 시작은 믿음의 끝이고, 믿음의 시작은 염려의 끝이다.
-조지 뮐러(1805-1898), 영국 브리스틀 고아원 원장

성경의 진리 염려 대신 기도와 믿음으로 주님께 우리의 짐을 맡기고 "하나님의 평강"을 누려야 한다(빌 4:6-7). "주께서 심지가 견고한 자를 평강하고 평강하도록 지키시리니 이는 그가 주를 신뢰함이니이다"(사 26:3).

556
당신이 염려하는 목록의 길이를 보면 당신의 하나님이 얼마나 크신 분인지 알 수 있다. 목록이 길면 길수록 당신의 하나님은 작은 분이다.
-작자 미상

성경의 진리 "아무 것도 염려하지 말고 다만 모든 일에 기도와 간구로, 너희 구할 것을 감사함으로 하나님께 아뢰라 그리하면 모든 지각에 뛰어난 하나님의 평강이 그리스도 예수 안에서 너희 마음과 생각을 지키시리라"(빌 4:6-7).

557
단 하나의 염려도 네 힘으로 해결하려 하지 말라. 그 하나도 너에게는 너무 많단다. 그 일은 나의 일, 오직 나의 일이다. 너의 일은 바로 내 안에서 쉬는 것이다.
-작자 미상

성경의진리 "네 짐을 여호와께 맡기라 그가 너를 붙드시고 의인의 요동함을 영원히 허락하지 아니하시리로다"(시 55:22).

558

우리의 모든 염려와 초조는 하나님을 빼고 계산하기 때문이다.

-오스왈드 챔버스(1874-1917), 『주님은 나의 최고봉』 저자

성경의진리 "너희 염려를 다 주께 맡기라 이는 그가 너희를 돌보심이라"(벧전 5:7).

559

우리가 겪는 불행 중 절반은 우리에게 닥치고 있다고 스스로 생각하는 것들에서 비롯된다.

-J. C. 라일(1816-1900), 영국 리버풀 성공회 주교

성경의진리 "내일 일을 위하여 염려하지 말라 내일 일은 내일이 염려할 것이요 한 날의 괴로움은 그 날로 족하니라"(마 6:34).

영원한 관점

560

이 땅에서의 삶이 끝날 것은 확실하다. 또한 영원의 관점에서 보면 이 삶이 순식간에 지나간 것으로 보일 것도 확실하다. 그토록 끝없어 보이던 수고가 대단히 일시적이며 풍성한 보람이 있었던 것으로 보일 것이다.

-존 웬함(1913-1996), 영국 성공회 성경학자

성경의진리 "현재의 고난은 장차 우리에게 나타날 영광과 비교할 수 없도다"(롬 8:18).

561
시간은 짧다. 영원은 길다. 이 짧은 삶을 영원에 비추어 사는 것은 너무나 타당한 일이다.
-찰스 스펄전(1834-1892), 런던 뉴파크 스트리트 교회 목사

성경의 진리 "위의 것을 생각하고 땅의 것을 생각하지 말라"(골 3:2).

562
우리에게 약속된 영광의 소망에 대해 오래도록 확고하게 사고하지 못하는 것이야말로 우리가 단조롭고 활기 없는 삶을 사는 주된 원인이다. 활기찬 그리스도인은 천국을 생각한다.
-J. I. 패커(1926-), 저자, 신학자

성경의 진리 우리는 그리스도가 계시는 곳인 위의 것을 찾아야 한다(골 3:1).

563
우리는 곧 사라져버릴 현재의 세상 질서라고 하는 침몰 중인 배에서 나온 난민들이다. 우리의 소망은 영원한 질서에 있다. 거기에서는 하나님의 약속들이 그 백성에게 영원히 이행된다.
-F. F. 브루스(1910-1990), 성경학자

성경의 진리 우리는 눈물 없는 곳, 사망도 없고, 애통함이나 곡하는 것이나 고통도 없으며, 만물이 새로워지는 곳으로 가는 중이다(계 21:4-5).

564
경건한 사람들에게 영원은 일몰이 없는 낮이다. 악한 자들에게 영원함은 일출이 없는 밤이다.
-토마스 왓슨(1620-1686), 청교도 설교자, 저자

성경의 진리 흑암의 나라에서 빛의 나라, 예수 그리스도의 나라로 건져내신 주님을 찬양하라(골 1:13)!

565
하늘을 더 많이 품을수록 땅의 것을 덜 탐하게 된다.
-작자 미상

성경의 진리 우리가 지금 살아가고 있는 이 세상은 언젠가 새 하늘과 새 땅을 준비하기 위해 불타버릴 것이다(벧후 3:12-13). 이것을 생각할 때 우리는 올바른 균형감을 유지하게 된다.

566
우리가 처한 슬픈 상황에서 유일한 위로는 천국에 대한 기대다. 그 아래 있는 것은 우리의 이해 밖에 있다.
-마르틴 루터(1483-1546), 종교개혁가, 사제, 신학교수

성경의 진리 "우리가 지금은 거울로 보는 것 같이 희미하나 그 때에는 얼굴과 얼굴을 대하여 볼 것이요"(고전 13:12).

567
용기를 내라. 우리가 오늘은 광야에서 걷지만 내일은 약속의 땅에서 걸을 것이다.
-D. L. 무디(1813-1899), 전도자

성경의 진리 우리는 이 땅에서 살아가지만, 우리의 궁극적이고 참된 시민권은 하늘에 있다(빌 3:20).

568
하나님은 우리에게 이 땅에서의 짧은 시간을 주셨다. 하지만 그 짧은 시

간에 영원이 좌우된다.

−제레미 테일러(1613-1667), 영국 성공회 목사

성경의 진리 기다리지 말라! "보라 지금은 은혜 받을 만한 때요 보라 지금은 구원의 날이로다"(고후 6:2).

569

이 땅에서 우리가 사는 짧은 삶과 관련된 문제들이 얼마나 크고 절박하든, 그것은 죽음과 광대한 천국의 초시간적이고 측량할 수 없는 관심사들에 비하면 너무나 작아진다. 탐구하는 젊은이들에게 이 땅에서의 삶은 얼마나 길어 보이는지! 나이 든 사람들에게 그 삶은 얼마나 빨리 달아나는 것 같은지!

−시들로우 백스터(1903-1999), 목사, 신학자

성경의 진리 "나는 주께 의지하고 말하기를 주는 내 하나님이시라 하였나이다 나의 앞날이 주의 손에 있사오니"(시 31:14-15).

570

그리스도인으로서 우리의 의무는 눈은 언제나 하늘에, 땅은 언제나 발 아래에 고정시키는 것이다.

−매튜 헨리(1662-1714), 성경 주석가, 장로교 목사

성경의 진리 우리의 눈을 부단히 치열하게 하늘에 집중시키자(골 3:1-3).

571

나를 향한 하나님의 뜻이 성취될 때까지 나는 죽지 않는다.

−데이비드 리빙스턴(1813-1893), 의료 선교사

성경의 진리 하나님은 우리가 이 땅에서 사는 모든 날에 대한 절대적 주권을 갖고 계신다. "나를 위하여 정한 날이 하루도 되기 전에 주의 책에 다 기록이 되었나이다"(시 139:16).

572
이 땅에서의 마지막 날을 준비하는 것은 우리가 날마다 하는 일이어야 한다.
-매튜 헨리(1662-1714), 성경 주석가, 장로교 목사

성경의 진리 주님이 갑자기 이렇게 말씀하실 때 준비되지 않은 어리석은 자는 얼마나 두려울 것인가? "어리석은 자여 오늘 밤에 네 영혼을 도로 찾으리니"(눅 12:20).

573
마음대로 시간을 보낸 자는 심판 때 그것에 대해 심문당할 것이다!
-리처드 백스터(1615-1691), 영국 청교도 교회 지도자

성경의 진리 우리는 모두 그리스도의 심판대에서 우리의 생각과 말, 행동에 대해 설명해야 한다(고후 5:10).

574
이 세상은 죽어가는 자들의 땅이며, 천국은 살아 있는 자들의 땅이다.
-트리온 에드워즈(1890-1894), 신학자

성경의 진리 천국은 죽음이 없는 곳이다(마 22:32, 계 21:4-5)

575
어느 순간 죽음이 닥쳐도 느긋하게 그것을 맞이할 수 있게 사는 사람은 행복하다.
-오웬 펠팀(1602-1668), 영국 작가

성경의 진리 "자기들의 종말을 분별"(신 32:29)하고, "여호와여 나의 종말과 연한이 언제까지인지 알게 하사 내가 나의 연약함을 알게 하소서"(시 39:4)라고 기도하는 사람이 가장 지혜롭다.

576
우리는 이 땅에서 나그네일 뿐이다. 자기 집에 있는 것처럼 느긋하게 쉬지 말라.
-작자 미상

성경의 진리 우리의 참된 종착지는 하늘에 있는 더 나은 본향이다(히 11:16 참고).

577
사람이여, 당신이 내디딘 다음 발걸음이 지옥으로 이어지지 않을지 어떻게 아는가? 죽음이 당신을 사로잡을 것이다. 심판이 당신에게 임할 것이다. 그러면 당신과 끝없는 영광 사이의 큰 간격은 영원무궁토록 고정될 것이다.
-조지 휫필드(1714-1770), 신학자, 설교자

성경의 진리 자신이 죽는 날은 아무도 모른다(눅 12:20). 때문에 오늘 그리스도를 믿음으로써 죽음 너머에 대해 당장 준비해야 한다(고후 6:2).

578
영원이 첫째다. 천국은 우리의 최초이자 최후의 판단 기준이 되어야 한다. 우리는 그것을 위해 지음받았고, 그것을 위해 구속되었으며, 그곳을 향해 가는 중에 있다. 성공은 우리가 그때에 비추어 지금 보고 반응할 것을 요구한다. 우리가 가진 모든 것, 우리의 모든 존재, 우리가 쌓아 놓은 모든 것은 우리가 저 너머 세상에 영향을 끼칠 수 있는 자원으로 보아야 한다. 심지어 우리의 비극조차 영원한 유익을 가져올 수 있는 사건으로 볼 수 있다.
-조셉 스토웰, 코너스톤 대학 총장

성경의 진리 시편 기자는 그것을 가장 잘 표현했다. "하늘에서는 주 외에 누가 내게 있으리요 땅에서는 주 밖에 내가 사모할 이 없나이다"(시 73:25).

579

가장 아름다운 꽃이 조그맣고 쪼글쪼글한 씨 안에 접혀 있으면서 시간과 햇빛이 그 아름다움을 만개시켜주기를 기다리고 있는 것처럼, 완전함, 영광, 불멸, 말할 수 없는 행복 등은 하나님이 그분의 모든 백성에게 주신 은혜와 함께 감춰져 있다.
-찰스 스펄전(1834-1892), 런던 뉴파크 스트리트 교회 목사

성경의 진리 구속받은 인간은 무덤 너머에 있는 눈부신 영광을 결코 파악할 수 없다 (고전 2:9).

580

하늘에 대한 소망으로 죽음에 대한 두려움을 지배하라. 당신은 죽음으로써 살기를 바라는데 왜 죽기를 두려워하는가!
-윌리엄 거널(1617-1679), 저자

성경의 진리 "너희를 위하여 하늘에 쌓아 둔 소망"(골 1:5)에 단단히 닻을 내리라.

581

그리스도인 사이에 이제 다시 서로 못 만나는 일은 없다.
-작자 미상

성경의 진리 천국에서 그리스도인들의 웅대한 재회가 있을 것이다(살전 4:13-17).

582
이 땅을 추구하는 마음보다 하늘의 소망과 더 반대되는 것은 없다.
-윌리엄 거널(1617-1679), 저자

성경의 진리 땅의 것들에 초점을 맞춘 마음이란 가당치 않다. 죽을 때 우리는 이 땅의 어떤 것도 가지고 갈 수 없기 때문이다(딤전 6:7). 하늘에 있는 우리의 영광스러운 유업을 기다리는 것이 얼마나 더 나은가(벧전 1:4).

583
죽는 법을 배우지 못한 사람은 사는 법 또한 배우지 못할 것이다.
-짐 엘리엇(1927-1956), 에콰도르 선교사

성경의 진리 바울은 단언했다. "내가 그리스도와 함께 십자가에 못 박혔나니 그런즉 이제는 내가 사는 것이 아니요 오직 내 안에 그리스도께서 사시는 것이라 이제 내가 육체 가운데 사는 것은 나를 사랑하사 나를 위하여 자기 자신을 버리신 하나님의 아들을 믿는 믿음 안에서 사는 것이라"(갈 2:20).

584
무덤과 친숙해지는 것이 사리 분별이다.
-찰스 스펄전(1834-1892), 런던 뉴파크 스트리트 교회 목사

성경의 진리 죽음에 대해 그리고 그 너머에 대해 생각하지 않는 것은 더없이 어리석은 것이다(시 90:12).

585
모든 것에서 종말을 헤아려 보고 의로운 재판관 앞에 어떻게 설 것인지 생각해보라.
-토마스 아 켐피스(1380-1471), 『그리스도를 본받아』 저자

성경의 진리 우리 각자는 우리의 행동에 대해 하나님께 직고해야 한다(롬 14:12).

586

옛 순교자 한 명은 핍박하는 자들이 그를 죽음의 장소로 끌고 갈 때 이렇게 말했다. "당신들은 내가 지킬 수 없는 생명을 나에게서 가져가고, 내가 잃어버릴 수 없는 생명을 나에게 주는군요!"
-D. L. 무디(1837-1899), 전도자

성경의 진리 스데반도 똑같이 느꼈다. 그는 처형당하는 순간 하늘이 열리고 예수님이 하늘에 계신 것을 목격하고는(55절) "주 예수여 내 영혼을 받으시옵소서"(행 7:59)라고 기도했다.

587

하늘에 마음을 두는 것은 지혜로운 것이다. 그것은 우리의 마음을 온전하게, 우리의 정신을 맑게 유지시키는 최선의 방책이다. 또한 우리가 절망하지 않고 삶의 고뇌들을 견디게 한다.
-마크 부캐넌, 저자

성경의 진리 바울은 일시적으로 하늘로 이끌려간 적이 있다(고후 12:1-7). 그는 거기에서 목격한 것으로 인하여 사역을 하는 동안 자신의 마음을 '하늘에 둘' 수 있었다.

588

주여, 저는 너무도 약합니다.
어느 순간에도 죽을 수 있다는 사실을
기억하게 해주옵소서.
그 일은 이른 아침, 정오, 저녁, 한밤중,
새벽 어느 때든지 일어납니다.

저는 어떤 장소에서도 죽을 수 있습니다.
제가 죄의 장소에 있다면, 거기서 죽을 수도 있습니다.
예배 장소에 있다면 거기서 죽을 수도 있습니다.
저는 거리에서 죽을 수도 있습니다.
오늘 밤 옷을 벗다가 죽을 수도 있습니다.
저는 자다가 죽을 수도 있습니다.
내일 아침 일하러 가기 전에 죽을 수도 있습니다.
저는 어떤 일을 하다가도 죽을 수 있습니다.
-찰스 스펄전(1834-1892), 런던 뉴파크 스트리트 교회 목사

성경의 진리 우리 중 아무도 자신이 죽는 날을 알지 못하므로, 오늘 그리스도를 믿고 구원받는 일을 미루는 것은 가장 어리석은 일이다(눅 12:20, 고후 6:2).

589

다른 친절한 그리스도인들과 나누는 기분 좋은 친교는 일시적으로 중단될 뿐 다시, 그리고 영원히 계속될 것이다. 우리의 눈은 다시 한 번 그들의 얼굴을 볼 것이며, 우리의 귀는 다시 한 번 그들이 말하는 것을 들을 것이다. 그 모임은 실로 복되고 행복할 것이다. 이별보다 천 배는 더 좋을 것이다! 우리는 슬픔 가운데 이별했으나, 기쁨 가운데 다시 만날 것이다. 폭풍우를 맞으며 헤어졌으나 고요한 항구에서 다시 만날 것이다. 고통과 아픔, 신음과 질병 중에 이별했으나, 흐트러짐 없이 우리 주님을 섬길 수 있는 영광스러운 육체를 입고 다시 만날 것이다.
-J. C. 라일(1816-1900), 영국 리버풀 성공회 주교

성경의 진리 바울은 데살로니가 성도들에게 모든 그리스도인이 장차 하늘에서 재회하게 될 것을 알려준 다음 이렇게 명했다. "그러므로 이러한 말로 서로 위로하라"(살전 4:18).

590
오래 살기를 바라는 것은 헛되며, 잘살기를 바라는 것은 무익한 일이다. 단지 지금의 삶에만 집중하고 앞으로 다가올 일들을 내다보지 않는 것은 어리석은 일이다.
-토마스 아 켐피스(1380-1471), 『그리스도를 본받아』 저자

성경의 진리 성경은 권고한다. "너는 청년의 때에 너의 창조주를 기억하라 곧 곤고한 날이 이르기 전에, 나는 아무 낙이 없다고 할 해들이 가깝기 전에"(전 12:1).

591
우리는 우리의 사명이 다하기까지는 죽지 않을 것이다.
-조지 휫필드(1714-1770), 신학자, 설교자

성경의 진리 우리는 우리의 삶을 향한 하나님의 목적이 완수될 때까지 죽지 않을 것이다(욥 14:5, 시 139:16).

592
빠르게 사라지는 것을 사랑하고, 영원한 기쁨이 있는 곳에 서둘러 가지 않는 것은 헛되다.
-토마스 아 켐피스(1380-1471), 『그리스도를 본받아』 저자

성경의 진리 이 땅의 것들은 우리에게 만족을 주지 못한다. "모든 만물이 피곤하다는 것을 사람이 말로 다 말할 수는 없나니 눈은 보아도 족함이 없고 귀는 들어도 가득 차지 아니하도다"(전 1:8). 주 앞에 "충만한 기쁨"이 있는 천국을 구하는 것이 더 낫다(시 16:11).

593

사람들은 자신들이 지옥에 떨어질 수 있다는 사실을 뼈저리게 느끼기 전까지는 절대 하늘을 향해 가는 순례자처럼 살지 않는다.

–J. C. 라일(1816-1900), 영국 리버풀 성공회 주교

성경의 진리 세리는 회개하며 눈을 하늘로 들지도 못한 채 후회로 가슴을 치면서 "하나님이여 불쌍히 여기소서 나는 죄인이로소이다"(눅 18:13)라고 고백했다.

594

하늘을 향한 마음을 개발한 사람, 다른 곳과 다른 것에 대한 열망을 마음속에 키워온 사람들은 하나님 나라가 하늘에서처럼 이 땅에도 임하기를 위해 가장 열정적으로, 용감하게, 지칠 줄 모르고 확고하게 일하며 기도해온 사람들이다.

–마크 부캐넌, 저자

성경의 진리 "뜻이 하늘에서 이루어진 것같이 땅에서도 이루어지이다"(주기도문, 마 6:10).

595

천국을 기대한다고 해서 고통이 사라지지는 않는다. 그렇지만 그렇게 할 때 고통은 경감되고 균형 잡힌 시각을 갖게 된다. 천국을 묵상하는 것은 효과 빠른 진통제다. 고난과 죽음은 일시적 상태임을 상기시켜 주기 때문이다.

–랜디 알콘, '영원한 관점 사역' 책임자

성경의 진리 우리가 고통을 겪는 순간은 고통스럽지만, 그것은 상상할 수 없는 영광을 위해 우리를 준비시켜 준다(고후 4:17).

596

기독교적 구조에서는 이 세상과 여기에서 보낸 시간만이 전부가 아니다. 이 땅은 실험의 장, 영원 속의 한 점일 뿐이다.

-필립 얀시(1949-), 저자

성경의 진리 창세기 족보에 반복되어 나오는 "죽었더라"는 문구를 주목하라(창 5:5, 8, 11, 14, 17, 20, 27, 31). 우리는 모두 이 땅에서 아주 짧은 시간만 살고 간다.

597

잃어버릴 수 없는 것을 얻기 위해 지킬 수 없는 것을 주는 사람은 바보가 아니다.

-짐 엘리엇(1927-1956), 에콰도르 선교사

성경의 진리 "누구든지 제 목숨을 구원하고자 하면 잃을 것이요 누구든지 나를 위하여 제 목숨을 잃으면 찾으리라"(마 16:25).

영원한 생명

598

사람들은 작은 보상이 주어진다면 당장이라도 일어나 긴 여행을 떠날 것이다. 반면 영원한 생명을 위해서는 많은 사람들이 단 한 걸음도 떼려 하지 않을 것이다.

-토마스 아 켐피스(1380-1471), 『그리스도를 본받아』 저자

성경의 진리 예수님이 "자기 땅에 오매 자기 백성이 영접하지 아니하였"다(요 1:11).

영원한 안전

599
하나님의 신실하심 안에 영원한 안전이 있다.
-코리 텐 붐(1892-1983), 홀로코스트 생존자

성경의 진리 하나님은 우리의 죄를 사하시고 모든 불의에서 우리를 깨끗케 하시기에 "미쁘시고 의로우시다"(요일 1:19).

영의 세계

600
영적 세계는 온통 우리를 둘러싸고 있다. 우리의 내적 자아가 미치는 곳에서 우리가 그것을 인식하기를 기다리고 있다. 하나님은 우리가 여기서 그분의 임재에 반응하기를 기다리신다. 이 영원한 세계는 우리가 그 실상에 의지하는 순간, 우리에게 살아날 것이다.
-A. W. 토저(1897-1963), 설교자, 저자

성경의 진리 "우리가 주목하는 것은 보이는 것이 아니요 보이지 않는 것이니 보이는 것은 잠깐이요 보이지 않는 것은 영원함이라"(고후 4:18).

601
그리스도인의 삶은 보이지 않는 것에 대한 믿음을 기반으로 한다. 그리스도인이 믿는 대상은 보이지 않는 실상이다.
-작자 미상

성경의 진리 우리는 믿음으로 살고, 보는 것으로 살지 말아야 한다(고후 5:7).

602
감각의 세상은 우리에게 밤낮으로 자기에게만 주의를 기울이라고 다그친다. 그것은 시끄럽고, 끈질기며, 과시적이다. 그것은 우리의 믿음에 호소하지 않는다. 그저 우리의 오감을 공격하며 실제적이고 최종적인 것으로 받아들이라는 요구를 할 뿐이다. 그러나 죄는 우리 마음의 렌즈를 흐릿하게 해서 다른 실상, 즉 우리 주위에서 빛나는 하나님의 성을 볼 수 없게 한다. 결국 감각의 세계가 승리하면, 보이는 것이 보이지 않는 것의 원수가 되고 순간적인 것이 영원한 것의 원수가 된다.
-A. W. 토저(1897-1963), 설교자, 저자

성경의 진리 엘리사는 하나님께 사환의 눈을 열어주사 그 사환이 그들을 보호하는 천사들을 볼 수 있게 해달라고 기도해야 했다(왕하 6:17).

영적 맹인

603
눈이 감겨 있으면 빛이 가까이 있다고 해도 전혀 유익하지 않다.
-아우구스티누스(354-430), 히포의 주교

성경의 진리 예수 그리스도의 진리에 노출된 많은 사람이 오히려 그분을 반대하고 영적 어두움에 머물기로 선택한다(마 23:37).

604
세속적인 마음은 어떤 것에서도, 심지어 영적인 것에서도 하나님을 보지 못한다. 영적인 마음은 모든 것에서, 심지어 자연적인 것에서도 하나님을 본다.
-로버트 레이튼(1611-1684), 스코틀랜드 목사, 글래스고 대주교

성경의 진리 "육에 속한 사람은 하나님의 성령의 일들을 받지 아니하나니 이는 그것들이 그에게는 어리석게 보임이요, 또 그는 그것들을 알 수도 없나니 그러한 일은 영적으로 분별되기 때문이라"(고전 2:14).

영혼의 건강

605
우리는 우리가 이 땅에 사는 동안만 소유하는 육체는 대단히 잘 돌본다. 하지만 우리가 영원토록 소유할 영혼은 방치하여 시들고 뒤틀리게 만든다.
―빌리 그레이엄(1918-), 전도자

성경의 진리 "사랑하는 자여 네 영혼이 잘됨 같이 네가 범사에 잘되고 강건하기를 내가 간구하노라"(요삼 1:2).

예배

606
어려운 환경 속에서 하나님을 예배하라. 그러면 하나님이 정하신 때에 그 환경을 순식간에 바꾸어 버리실 것이다.
―오스왈드 챔버스(1874-1917), 『주님은 나의 최고봉』 저자

성경의 진리 "주께서 경건한 자는 시험에서 건지실 줄 아시고"(벧후 2:9).

607
하나님을 예배한다는 것은 그분이 우리를 창조하신 목적을 인식하는 것이다.
―허버트 카슨, 기독교 저자

성경의 진리 "여호와께 그의 이름에 합당한 영광을 돌리며 거룩한 옷을 입고 여호와께 예배할지어다"(시 29:2).

예수

608
예수님은 굶주리며 사역을 시작하셨지만, 생명의 떡이 되셨다. 예수님은 목마름으로 지상 사역을 마치셨지만, 생수가 되셨다. 예수님은 지치셨지만, 우리의 안식이 되신다. 예수님은 세금을 내셨지만 왕이시다. 예수님은 귀신들렸다고 고발당하셨지만, 마귀를 내쫓으셨다. 예수님은 우셨지만, 우리의 눈물을 닦아주신다. 예수님은 은 삼십 냥에 팔리셨지만, 온 세상을 구속하셨다. 예수님은 어린 양처럼 도살장에 끌려 가셨지만, 그분은 선한 목자시다. 예수님은 죽으셨지만, 그 죽음으로 사망 권세를 멸하셨다.
−나지안주스의 그레고리(329-390), 4세기 콘스탄티노플 대주교

성경의 진리 "예수께서 행하신 일이 이외에도 많으니 만일 낱낱이 기록된다면 이 세상이라도 이 기록된 책을 두기에 부족할 줄 아노라"(요 21:25).

609
내 경험상, 예수가 없다고 가장 큰소리로 외치는 부류는 사복음서를 한 번도 진지하게 읽어 본 적이 없는 사람들이다.
−J. B. 필립스(1906-1982), 성경 번역가, 저자, 목사

성경의 진리 "우리 주 예수 그리스도의 능력과 강림하심을 너희에게 알게 한 것이 교묘히 만든 이야기를 따른 것이 아니요 우리는 그의 크신 위엄을 친히 본 자라"(벧후 1:16).

예수, 우리의 중보자

610
그리스도께서 바로 옆에서 나를 위해 기도하시는 것을 들을 수만 있다면, 수많은 원수도 두렵지 않을 것이다. 그러나 멀든 가깝든, 그분은 언제나 나를 위해 기도하신다.
-로버트 머레이 맥체인(1813-1843), 스코틀랜드 교회 목사

성경의 진리 예수님은 신자들을 위해 "항상 살아 계셔서 간구하심이라"(히 7:25).

예수를 의지함

611
예수님을 바라보는 것은 동시에 다른 모든 것에서 고개를 돌리는 것을 의미한다.
-에리히 자우어(1898-1959), 독일 비데네스트 성경학교

성경의 진리 우리는 계속 "믿음의 주요 또 온전하게 하시는 이인 예수를 바라"봐야 한다(히 12:2).

예수의 완전하심

612
"그리스도께서 내 안에 살아 계신다"는 진리를 깨달은 뒤에 찾아오는 속박으로부터의 자유, 실패가 아닌 크고 작은 승리, 두려움과 연약함이 아닌 예수님 안에서 만족하는 평안의 차이는 얼마나 큰지!
-허드슨 테일러(1832-1905), 선교사, 중국내지선교회 설립자

성경의 진리 "이제는 내가 사는 것이 아니요 오직 내 안에 그리스도께서 사시는 것이라 이제 내가 육체 가운데 사는 것은 나를 사랑하사 나를 위하여 자기 자신을 버리신 하나님의 아들을 믿는 믿음 안에서 사는 것이라"(갈 2:20).

613
사람은 그리스도에 의해 하나님 앞에서 회복될 수 있고, 그리스도를 통해 하나님을 알 수 있으며, 그리스도 안에서 하나님처럼 될 수 있다.
-캠벨 몰간(1863-1945), 웨스트민스터 교회 목사

성경의 진리 우리는 "이제 우리로 화목하게 하신 우리 주 예수 그리스도로 말미암아 하나님 안에서 또한 즐거워하느니라"(롬 5:11).

614
모든 신약 저자들 속에 살아 계신 예수 그리스도는 인간의 모든 질병, 연약함, 곤궁함의 유일한 치료제가 되신다.
-에리히 자우어(1898-1959), 독일 비데네스트 성경학교

성경의 진리 "사람들이 모든 앓는 자 곧 각종 병에 걸려서 고통당하는 자, 귀신 들린 자, 간질하는 자, 중풍병자들을 데려오니 그들을 고치시더라"(마 4:24).

615
내 삶에서 매 순간 그리스도를 의식하지 않으면, 나는 삶을 지탱해 나갈 수 없을 것이다. 그러나 그분은 충분함이라는 영광스러운 교훈을 나에게 가르치신다. 그래서 나는 날마다 긴장감이나 두려움 없이 앞으로 나아간다.
-허드슨 테일러(1832-1905), 선교사, 중국내지선교회 설립자

성경의 진리 "내게 능력 주시는 자 안에서 내가 모든 것을 할 수 있느니라"(빌 4:13).

616
변호사는 변호인을 분쟁에서 구할 수 있고, 의사는 환자를 질병에서 구할 수 있으며, 주인은 종을 단지 속박에서 구할 수 있을 뿐이지만, 주님은 우리를 모든 것에서 구할 수 있으시다.
-헨리 스미스(1560-1591), 영국 청교도 설교자

성경의 진리 예수님은 "우리를 흑암의 권세에서 건져내사 그의 사랑의 아들의 나라로 옮기셨"다(골 1:13).

예수의 인성과 신성

617
하나님이 사람을 만드신 것은 창조의 기적이다. 하나님이자 사람이신 예수 그리스도는 성육신의 기적이다.
-케네스 갱글(1935-2009), 달라스 신학교 교수

성경의 진리 예수님은 하나님인 동시에 사람이시다. "그 안에는 신성의 모든 충만이 육체로 거하시고"(골 2:9).

예수의 주장

618
예수님이 단지 사람에 불과하다면, 그는 성인(聖人)이 아닐 것이다. 아마 자신을 삶은 달걀이라고 말하는 사람과 같은 수준의 미친 사람이거나, 지옥에서 온 마귀일 것이다. 당신은 예수님이 하나님의 아들이었고 지금도 그렇다는 것과, 아니면 미친 사람이거나 그보다 더 나쁜 어떤 존재라는 것 중 하나를 선택해야 한다.
-C. S. 루이스(1898-1963), 저자, 옥스퍼드 대학 교수

성경의 진리 예수님은 "내가 곧 길이요 진리요 생명이니 나로 말미암지 않고는 아버지께로 올 자가 없느니라"(요 14:6)고 주장하셨다.

예수를 신뢰함

619
예수의 이름은 우리의 귀에 얼마나 감미로운지! 그것은 우리의 슬픔을 달래주고, 우리의 상처를 치유하며, 우리의 두려움을 내어 쫓는다!
-존 뉴튼(1725-1807), 영국 성공회 목사

성경의 진리 성경은 말한다. "하나님이 그를 지극히 높여 모든 이름 위에 뛰어난 이름을 주사 하늘에 있는 자들과 땅에 있는 자들과 땅 아래에 있는 자들로 모든 무릎을 예수의 이름에 꿇게 하시고 모든 입으로 예수 그리스도를 주라 시인하여 하나님 아버지께 영광을 돌리게 하셨느니라"(빌 2:9-11).

620
그리스도를 우리의 지도자로 모셨다면 그 무엇도 절망할 것 없다!
-조지 휫필드(1714-1770), 신학자, 설교자

성경의 진리 히브리서 저자는 촉구한다. "인내로써 우리 앞에 당한 경주를 하며 믿음의 주요 또 온전하게 하시는 이인 예수를 바라보자"(히 12:1-2). 절대 포기하지 말라!

621
성육신하신 하나님은 두려움의 종말을 의미한다. 그리고 그분이 그 가운데 계시다는 사실을 깨달을 때 놀람 속에서도 평안을 누릴 것이다.
-F. B. 마이어(1847-1929), 침례교 목사, 전도자

성경의 진리 성경은 말한다. "너희 관용을 모든 사람에게 알게 하라 주께서 가까우시

211

니라 아무 것도 염려하지 말고 다만 모든 일에 기도와 간구로, 너희 구할 것을 감사함으로 하나님께 아뢰라 그리하면 모든 지각에 뛰어난 하나님의 평강이 그리스도 예수 안에서 너희 마음과 생각을 지키시리라"(빌 4:5-7).

예수의 죽음과 대속

622
주 예수님은 나의 의이시며, 나는 주님의 죄입니다.
주님은 나의 것을 취해 가시고
주님의 것을 나에게 주셨습니다.
주님은 내가 나 아닌 존재가 되게 하시려고
주님 아닌 존재가 되셨습니다.
―마르틴 루터(1483-1546), 종교개혁가, 사제, 신학 교수

성경의 진리 "하나님이 죄를 알지도 못하신 이를 우리를 대신하여 죄로 삼으신 것은 우리로 하여금 그 안에서 하나님의 의가 되게 하려 하심이라"(고후 5:21).

623
무죄한 분이 마치 죄 있는 것처럼 자발적으로 벌을 받으셨다. 죄 있는 자가 마치 무죄한 자처럼 값없는 상을 받게 하기 위해서였다.
―로버트 제미슨, 앤드루 로버트 파우셋, 데이비드 브라운, 성경 주석가

성경의 진리 죄 없으신 그리스도 안에 있는 속량을 통해 죄 있는 자가 "의롭다 하심을 얻은"(롬 3:24) 자가 되었다.

624
예수님은 전혀 죄가 없으시지만, 그분은 우리를 위해 사법적으로 죄가 되셨다…예수님은 개인적으로 한 번도 죄를 짓지 않으셨지만, 우리를 위해

대속적으로 죄가 되셨다.
―노먼 가이슬러(1932-), 기독교 변증가

성경의 진리 "그는 죄를 범하지 아니하시고 그 입에 거짓도 없으시"(벧전 2:22)지만, 그분은 사법적으로 우리 죄를 지셨다(고후 5:21).

오늘을 충실히 살기

625
하나님은 그리스도인을 오늘 해야 할 의무 위에 내일의 염려들을 더 쌓아 놓을 만큼 강하게 만들지 않으셨다.
―테오도어 레드야드 커일러(1822-1909), 장로교 목사

성경의 진리 "그러므로 내일 일을 위하여 염려하지 말라 내일 일은 내일이 염려할 것이요 한 날의 괴로움은 그 날로 족하니라"(마 6:34).

626
내일의 짐을 오늘의 은혜와 함께 지지 말라.
―작자 미상

성경의 진리 매순간 우리는 하나님의 은혜가 조금도 부족함 없이 충분하다는 사실을 발견할 것이다(고전 15:10, 고후 12:9).

627
내일, 내일, 내일! 아, 내일은 절대 오지 않는다. 그것은 바보들의 달력 외에는 어떤 달력에도 없다.
―찰스 스펄전(1834-1892), 런던 뉴파크 스트리트 교회 목사

성경의 진리 우리는 "세월을 아껴야"(골 4:5) 한다.

628

내가 태어나기 전에 세상을 통치하시던 분이 내가 죽을 때도 여전히 세상을 돌보실 것이다. 내가 해야 할 부분은 현재의 순간을 개선시키는 것이다.

-존 웨슬리(1703-1791), 감리 교회 창시자

성경의 진리 우리는 매순간 "기쁨으로 여호와를 섬겨야"(시 100:2) 한다.

629

절대 오지 않을지도 모르는 큰 기회들을 기다리고 열망하면서 시간을 낭비하지 말라. 언제나 당신의 주의를 요구하는 작은 것들을 신실하게 처리하라.

-F. B. 마이어(1847-1929), 침례교 목사, 전도자

성경의 진리 우리는 "무슨 일을 하든지 마음을 다하여 주께 하듯 하고 사람에게 하듯 하지 말"아야 한다(골 3:23).

630

오늘은 나의 것이다. 내일은 내가 상관할 바 아니다. 내가 미래의 안개 속을 들여다보려 한다면, 나의 영적 눈에 힘을 주고 뚫어지게 보느라 지금 내게 요구되는 것을 보지 못하게 될 것이다.

-엘리자베스 엘리엇(1926-), 저자, 짐 엘리엇의 아내

성경의 진리 "내일 일을 위하여 염려하지 말라"(마 6:34).

631
과거는 우리의 기억 속에 존재한다. 미래는 우리의 기대 속에 존재한다. 우리가 소유하고 있는 것은 현재다. 지금 존재하는 순간을 정복하는 것은 인생을 정복하는 것과 같다. 오늘 주님을 섬기지 않는다면, 내일 그분을 섬길 수 있으리라는 보장도 없다.
-에리히 자우어(1898-1959), 독일 비데네스트 성경학교

성경의 진리 지금 이 순간을 살라(마 6:34, 약 4:14).

632
날마다 조금씩 진보하고, 어제 자신이 한 일이 아니라 오늘의 전진을 생각하는 사람은 복되다.
-제롬(374-420), 변증가, 번역가

성경의 진리 "날마다 우리 짐을 지시는 주 곧 우리의 구원이신 하나님을 찬송할지로다"(시 68:19).

633
오늘은 당신이 어제 염려하던 내일이다.
-작자 미상

성경의 진리 염려하지 말라! 대신 그 모든 염려를 주께 맡기라(벧전 5:7).

634
어제 친 안타가 오늘의 시합을 이기게 하지는 못한다.
-작자 미상

성경의 진리 "여호와의 인자와 긍휼이 무궁하시므로 우리가 진멸되지 아니함이니이다 이것들이 아침마다 새로우니 주의 성실하심이 크시도소이다"(애 3:22-23).

635
어떤 사람들은 과거로 되돌아가 그들에게 있던 모든 문젯거리를 긁어모은다. 그런 다음 미래를 내다보고 자신들이 더 많은 문제들에 부딪힐 것이라 예상한다. 그러고는 평생토록 비틀거리고 흔들리면서 길을 간다.
-D. L. 무디(1837-1899), 전도자

성경의 진리 "아무 것도 염려하지 말고 다만 모든 일에 기도와 간구로, 너희 구할 것을 감사함으로 하나님께 아뢰라 그리하면 모든 지각에 뛰어난 하나님의 평강이 그리스도 예수 안에서 너희 마음과 생각을 지키시리라"(빌 4:6-7).

오염

636
불경한 사람들과 어울리는 것보다 위험한 일은 없다.
-장 칼뱅(1509-1564), 프랑스 종교개혁가

성경의 진리 "복 있는 사람은 악인들의 꾀를 따르지 아니하며 죄인들의 길에 서지 아니하며 오만한 자들의 자리에 앉지 아니하고"(시 1:1).

온유함

637
온유함은 약함이 아니다. 그것은 통제된 힘이다.
-워렌 위어스비(1929-), 목사, 저자

성경의 진리 성경은 겸손으로 옷 입으라고 명한다(골 3:12). 하나님은 온유하고 겸손한 자들을 축복하신다(마 5:5). 실로 그분은 겸손한 자들을 붙드신다(시 147:6).

욕망

638
사랑은 주기 위해 기다릴 수 있다. 기다리지 않고 얻으려는 것은 욕망이다.
-조시 맥도웰(1939-), 전도자, 저자, 기독교 변증가

성경의 진리 성경은 분명하게 말한다. "하나님의 뜻은 이것이니 너희의 거룩함이라 곧 음란을 버리고"(살전 4:3).

용서

639
하나님이 우리를 외면하시게 하려고 어떤 고자질쟁이도 우리를 고발할 수 없고, 어떤 원수도 우리의 죄과를 입증할 수 없으며, 어떤 숨겨진 집안의 비밀이나 과거가 폭로되어 우리를 당혹스럽게 할 수 없고, 우리 성품의 어떤 약점도 밝혀질 수 없다. 하나님은 우리가 그분을 알기 전에 우리를 완전히 아셨으며, 우리에게 있는 모든 불리한 것을 완전히 아시는 가운데 우리를 부르셨기 때문이다.
- A. W. 토저(1897-1963), 설교자, 저자

성경의 진리 하나님은 우리에 대한 모든 것을 완전히 아신다. 그분 앞에서 숨길 수 있는 것은 아무것도 없다(시 139:1-4).

640
용서는 큰 기쁨을 가져온다. 용서받은 사람뿐 아니라 특히 용서한 사람에게 그렇다. '용서'를 의미하는 헬라어 단어 '아피미'(*aphiemi*)는 '풀어주다'라는 의미에서 왔다. 용서는 분노, 쓰라림, 보복 같은 자기 파괴적인 감정

들을 놓는 것, 풀어 주는 것이다. 그런 태도들은 하나님과의 친밀함 그리고 사람들과의 조화에 해독을 끼친다.
-필립 그레이엄 라이큰, 제10장로교회 목사

성경의 진리 우리는 언제나 서로 용서해야 한다(마 6:12, 14, 엡 4:32, 골 3:13). 우리는 우리가 용서받은 것처럼 다른 사람들을 용서해야 한다(엡 4:32).

641
우리는 친구들의 잘못들을 묻기 위해 꽤 큰 묘지를 갖고 있어야 한다.
-헨리 워드 비처(1813-1887), 회중교회 목사

성경의 진리 우리는 과도하게 용서해야 한다(마 18:21-22).

642
용서하지 않는 사람의 내적 고통처럼 큰 고통은 없다. 그것은 평안을 거부한다. 그것은 치유를 거부한다. 그것은 망각을 거부한다.
-찰스 스윈돌(1934-), 스톤브라이어 교회 목사

성경의 진리 "너희가 사람의 잘못을 용서하지 아니하면 너희 아버지께서도 너희 잘못을 용서하지 아니하시리라"(마 6:15).

643
용서는 가끔씩 하는 행동이 아니다. 그것은 영구히 견지해야 할 태도다.
-마틴 루터 킹(1929-1968), 목사, 미국 흑인 인권 운동가

성경의 진리 우리는 용서하고, 용서하고, 계속 용서해야 한다(마 18:21-22).

644
죄의 목소리는 크다. 하지만 용서의 목소리는 더 크다.

-D. L. 무디(1837-1899), 전도자

성경의 진리 용서받는 것은 복되고 기쁜 일이다(시 32:1-2).

645
나는 법을 어길 때마다, 내가 범죄할 준비가 되어 있는 것보다 하나님이 나를 용서하실 준비가 더 되어 있으시다고 믿는다.

-찰스 스펄전(1834-1892), 런던 뉴파크 스트리트 교회 목사

성경의 진리 시편 103편 12절은 "동이 서에서 먼 것 같이 우리의 죄과를 우리에게서 멀리 옮기셨으며"라고 약속한다.

646
하나님이 일단 죄를 용서하셨다면, 그분은 그 죄를 영원히 잊으신다.

-머브 로셀, 전도자, 십대선교회

성경의 진리 하나님의 용서는 총체적이고 완전하다. "동이 서에서 먼 것 같이 우리의 죄과를 우리에게서 멀리 옮기셨으며"(시 103:12).

우상숭배

647
사람의 신은 그가 자신을 위해 사는 것, 그것을 위해 시간과 에너지, 돈을 투자할 준비가 되어 있는 것, 그를 자극하고 각성하게 하며, 흥분과 열광으로 몰아가는 것이다.

-마틴 로이드 존스(1899-1981), 웨일스 개신교 목사

성경의 진리 우상 숭배를 피하라(고전 10:14).

웃음

648
천국에서 웃는 것이 허용되지 않는다면, 그곳에 가고 싶지 않다.
-마르틴 루터(1483-1546), 종교개혁가, 사제, 신학 교수

성경의 진리 "모든 눈물을 그 눈에서 닦아주시니 다시는 사망이 없고 애통하는 것이나 곡하는 것이나 아픈 것이 다시 있지 아니하리니 처음 것들이 다 지나갔음이러라"(계 21:4). 이런 멋진 곳에서 어떻게 웃지 않을 수 있겠는가?

649
은퇴한 어떤 의사가 비행기에서 내게 이렇게 말했다. "나는 58년 동안 의사로 살면서 웃다가 죽은 사람을 단 한 명도 보지 못했습니다."
-로이 주크, 달라스 신학교 교수

성경의 진리 "마음의 즐거움은 양약"이다(잠 17:22).

위대함

650
위대함은 힘 자체에 있는 것이 아니라 힘을 올바로 사용하는 데 있다.
-헨리 워드 비처(1813-1887), 회중교회 목사

성경의 진리 애굽에서 권세를 갖게 된 요셉은 그 힘을 사용해 자신을 배신한 형들을 짓밟을 수도 있었다. 하지만 요셉은 그들을 축복하기 위해 그 힘을 사용했다(창 45장).

위로

651

하나님이 우리를 위로하시는 것은 우리를 기분 좋게 하시려는 것이 아니라 우리를 위로자로 만드시려는 것이다.

-존 헨리 조웨트(1864-1923), 런던 웨스트민스터 채플 목사

성경의 진리 하나님은 "우리의 모든 환난 중에서 우리를 위로하사 우리로 하여금 하나님께 받는 위로로써 모든 환난 중에 있는 자들을 능히 위로하게 하시는 이"(고후 1:4)시다.

위선

652

위선자가 죄에 빠진다면 그것은 기독교의 잘못이 아니다.

-제롬(374-420), 변증가, 번역가

성경의 진리 성경은 우리에게 위선을 멀리하라고 말한다(참고 마 6:5, 16, 7:5, 약 4:8, 벧전 2:1). 위선은 기독교의 주된 내용 중 하나인 인간의 죄성을 입증한다(롬 3:23).

653

위선자를 찾으려고 교회를 샅샅이 살펴보기 전에 집에 가서 거울을 들여다보라. 세상에 위선자들이 많은가? 물론 그렇다. 당신이 위선자의 숫자를 하나 줄이도록 애쓰라.

-빌리 선데이(1862-1935), 야구 선수, 전도자

성경의 진리 "너희는 말씀을 행하는 자가 되고 듣기만 하는 자가 되지 말라"(약 1:22).

유용하게 쓰임받는 사람

654
오 주님, 제가 쓸모없는 삶을 살지 않게 하소서.
—존 웨슬리(1703-1791), 감리 교회 창시자

> 성경의 진리 "네 속에 있는 은사(를)…가볍게 여기지 말며"(딤전 4:14), 하나님이 당신에게 주신 "은사를 다시 불일 듯하게"(딤후 1:6) 하라.

유혹

655
어떤 경우에도 우리는 죄가 우리 마음속에 머물러 있도록 허용해서는 안 된다. 죄가 다가오는 바로 그 순간 "안 돼!"라고 말하는 것을 배우라. 그렇게 할 때 비로소 승리할 수 있다.
—에리히 자우어(1898-1959), 독일 비데네스트 성경학교

> 성경의 진리 우리는 요셉처럼(창 39:12) 음행을 즉시 피해야 한다(고전 6:18).

656
우리는 특히 유혹이 시작될 때 주의를 기울여야 한다. 그러면 원수를 한결 쉽게 정복할 수 있다. 원수가 우리 마음의 문으로 어떻게든 들어오도록 허용하지 않고, 그가 첫 번째로 문을 두드릴 때 문 밖에서 저항하지 않는다면…먼저 마음속에 악에 대한 사실 그 자체의 생각이 들어온다. 그다음 그것에 대한 강력한 사상이 들어오고, 그다음에는 기쁨이, 그리고 악한 행동이, 그다음에는 동의가 이루어진다. 이런 식으로 우리의 악한 원수는 점진적으로, 그러나 결국 완전히 들어오게 된다. 그 이유는 처음부

터 그에게 저항하지 않았기 때문이다. 그리고 더 느리게 저항할수록 우리는 약해지며, 원수는 더 강해진다.

-토마스 아 켐피스(1380-1471), 『그리스도를 본받아』 저자

성경의 진리 "사람이 감당할 시험 밖에는 너희가 당한 것이 없나니 오직 하나님은 미쁘사 너희가 감당하지 못할 시험 당함을 허락하지 아니하시고 시험 당할 즈음에 또한 피할 길을 내사 너희로 능히 감당하게 하시느니라"(고전 10:13).

657

죄에 대한 유혹은 "난 너의 치명적인 원수야. 그리고 난 너를 지옥에서 영원히 파멸시킬 거야"라고 말하면서 본색을 드러내는 경우는 거의 없다는 사실을 자주 잊어버린다. 죄는 가룟 유다처럼 입을 맞추며 우리에게 온다…처음부터 죄가 죄처럼 보이는 경우는 드물다.

-J. C. 라일(1816-1900), 영국 리버풀 성공회 주교

성경의 진리 "시험에 들지 않게 깨어 기도하라"(마 26:41).

658

가장 큰 시험을 겪을 때에는 확신에 찬 침착한 마음으로 단 한 번 그리스도를 바라보고, 간신히 그분의 이름을 말하는 것으로도 충분히 악한 자를 극복할 수 있다.

-존 웨슬리(1703-1791), 감리 교회 창시자

성경의 진리 우리 주님은 이렇게 약속하신다. "내가 결코 너희를 버리지 아니하고 너희를 떠나지 아니하리라"(히 13:5).

659
성경의 지식으로 가득 차 있을지라도 육욕으로 충만할 수 있다.
−작자 미상

성경의 진리 베드로는 예수님께 진리를 듣고 훈련을 받았던 사람이다. 그러나 잠시 약해진 순간에 세 번 그리스도를 부인했다(요 13:38).

660
당신의 외적 감각에 강력한 파수꾼을 세우라. 이러한 것들은 사탄의 상륙장이다. 특히 눈과 귀가 그렇다.
−윌리엄 거널(1617-1679), 저자

성경의 진리 시편 기자는 이렇게 기도했다. "여호와여 내 입에 파수꾼을 세우시고 내 입술의 문을 지키소서"(시 141:3).

661
당사자가 스스로 동의하지 않았는데 그 사람의 의가 죽는 길은 없다.
−존 번연(1628-1688), 저자, 설교자

성경의 진리 죄에는 의지가 포함된다. 성경은 "여호와 경외하기를 즐거워하지 아니"하고(잠 1:29) "그의 어떤 행위도 따르지 말"기로 한 사람들에 대해 말한다(잠 3:31).

662
사람들이 의지적으로 허용하는 모든 고삐 풀린 욕구는 결국 그리스도를 마음속에서 바깥으로 몰아내게 한다.
−찰스 웨슬리(1707-1788), 감리교 운동 지도자, 찬송 작사가

성경의 진리 우리는 "그러므로 땅에 있는 지체를 죽이라 곧 음란과 부정과 사욕과 악한 정욕과 탐심이니 탐심은 우상숭배니라"(골 3:5)는 권고를 받는다.

663
천국을 향하는 마음은 유혹에 대한 가장 강력한 방부제이자 당신의 부패를 꺾을 강력한 수단이 된다.
—리처드 백스터(1615-1691), 영국 청교도 교회 지도자

성경의 진리 "위의 것을 생각하고 땅의 것을 생각하지 말라"(골 3:2).

664
매 순간의 올바른 삶은 올바른 생각과 함께 시작된다.
—브루스 밀른, 미국 신학자

성경의 진리 우리는 좋은 생각으로 우리의 마음을 채워야 한다. "무엇에든지 참되며 무엇에든지 경건하며 무엇에든지 옳으며 무엇에든지 정결하며 무엇에든지 사랑받을 만하며 무엇에든지 칭찬 받을 만하며 무슨 덕이 있든지 무슨 기림이 있든지 이것들을 생각하라"(빌 4:8).

665
믿으려는 사람은 자신의 믿음이 반드시 유혹받으리라는 사실을 받아들여야 한다.
—마르틴 루터(1483-1546), 종교개혁가, 사제, 신학 교수

성경의 진리 우리는 언제나 그리스도께 의지해야 한다. "그가 시험을 받아 고난을 당하셨은즉 시험 받는 자들을 능히 도우실 수 있"기 때문이다(히 2:18).

666
마음이 죄된 생각으로 가득하다면, 거룩한 천상의 생각이 들어설 여지가 없다. 마음이 묵상에 의해 거룩한 천상의 생각들로 가득하다면, 악하고 죄된 생각이 들어설 여지가 없다.
—윌리엄 브리지(1600-1670), 설교자, 저자

성경의 진리 "너희는 이 세대를 본받지 말고 오직 마음을 새롭게 함으로 변화를 받아"(롬 12:20).

667
영적 전투에서 승리하지 못하는 것은 언제나 사고의 세계에서 시작된다.
-프랜시스 쉐퍼(1912-1984), 신학자, 철학자, 목사

성경의 진리 당신은 "심령이 새롭게 되어"(엡 4:23)야 한다.

668
유혹에서 이기려면, 유혹하는 자가 당신 마음의 뒷문 앞에 서 있음을 기억해야 한다. 죄는 그 문을 열어주어 유혹하는 자가 바라는 것을 갖도록 해준다. 반대로 당신 마음 문을 활짝 열어 구세주가 들어오셔서 당신에게 뒷문을 단단히 잠글 수 있는 힘을 주실 때 유혹을 이길 수 있다.
-E. 스카일러, 영국 성경학자

성경의 진리 하나님은 당신이 타락하지 않도록 막아주실 수 있으며(유 24), 피할 길을 주신다(고전 10:13).

은혜

669
은혜는 우리가 선행을 했기 때문에 주어지는 것이 아니라, 우리가 선행을 할 수 있도록 주어진다.
-아우구스티누스(354-430), 히포의 주교

성경의 진리 바울은 우리가 행위와는 별개로 오직 믿음으로 구원받는다고 말하고 나서(엡 2:8-9), 그다음 선행이 따른다고 말했다. "우리는 그가 만드신 바라 그리스

도 예수 안에서 선한 일을 위하여 지으심을 받은 자니"(10절).

670
은혜는 돌아보고, 자신을 낮추고, 구해주는 것이다.
-존 스토트(1921-2011), 영국 성공회 목사

성경의 진리 "하나님이 능히 모든 은혜를 너희에게 넘치게 하시나니 이는 너희로 모든 일에 항상 모든 것이 넉넉하여 모든 착한 일을 넘치게 하게 하려 하심이라"(고후 9:8).

671
율법은 죄를 탐지해낸다. 그러나 죄를 정복하는 것은 은혜다.
-아우구스티누스(354-430), 히포의 주교

성경의 진리 "율법은 모세로 말미암아 주어진 것이요 은혜와 진리는 예수 그리스도로 말미암아 온 것이라"(요 1:17). "너희가 법 아래에 있지 아니하고 은혜 아래에 있음이라"(롬 6:14).

672
율법은 내가 얼마나 비뚤어져 있는지 말해준다. 은혜는 나를 교정하고 성숙시킨다.
-D. L. 무디(1837-1899), 전도자

성경의 진리 "너는 그리스도 예수 안에 있는 은혜 가운데서 강하고"(딤후 2:1).

673
바다는 배나 전함을 지탱해주며, 하나님의 은혜는 당신이 그 위에 아무리 무거운 것을 올려놓아도 다 견뎌 주신다.
-작자 미상

성경의 진리 "은혜와 평강이 너희에게 더욱 많을지어다"(벧전 1:2).

은혜 안에서 자라감

674
은혜 안에서 자란다는 것은 이런 의미다. 곧 그의 죄의식이 더 깊어지고, 그의 믿음이 더 강해지며, 그의 소망이 더 분명해지고, 그의 사랑이 더 광대해지며, 그의 영적 마음자세가 더 명료해지는 것이다.
-J. C. 라일(1816-1900), 영국 리버풀 성공회 주교

성경의 진리 "오직 우리 주 곧 구주 예수 그리스도의 은혜와 그를 아는 지식에서 자라가라"(벧후 3:18).

은혜의 필요성

675
자신이 지옥에 가는 것이 마땅하다는 사실을 먼저 확신할 때까지는 어느 누구도 결코 천국에 들어갈 수 없다.
-존 에버렛, 기독교 지도자

성경의 진리 회개하는 세리는 이 진리를 깨달았다. 그는 멀리 서서 "감히 눈을 들어 하늘을 쳐다보지도 못하고 다만 가슴을 치며 이르되 하나님이여 불쌍히 여기소서 나는 죄인이로소이다 하였느니라"(눅 18:13).

음악

676

나는 신학 다음으로 음악을 가장 귀하게 여기며 존중한다. 음악은 선지자들의 예술이자, 영혼의 동요를 잠잠하게 할 수 있는 유일한 예술이기 때문이다. 그것은 하나님이 우리에게 주신 가장 장엄하고 유쾌한 선물이다.

—마르틴 루터(1483-1546), 종교개혁가, 사제, 신학 교수

성경의 진리 하나님은 악기로 찬양을 받으실 수 있다(시 43:4, 71:22, 98:5, 144:9, 147:7, 149:3, 150:3-4).

677

어떤 사람에게는 음악이지만 어떤 사람에게는 소음이다.

—어윈 루처(1941-), 시카고 무디 교회 목사

성경의 진리 그리스도인들은 어떤 일에 대해 의견이 서로 다를 수 있다(롬 14:2), 그러나 그럼에도 연합할 수 있다(3-4절).

의가 구원을 이루지 못하는 이유

678

자신의 의를 신뢰할 만한 근거가 있다면, 그리스도께서 구원을 이루기 위해 하신 모든 것과 하나님이 그것을 위해 준비하신 하신 모든 게 다 헛것이다.

—조나단 에드워즈(1703-1758), 신학자

성경의 진리 성경은 "모든 사람이 죄를 범하였으매 하나님의 영광에 이르지 못하더니"(롬 3:23)라고 분명하게 말한다. 실로 "의인은 없나니 하나도 없으며 깨닫는 자도

없고 하나님을 찾는 자도 없고 다 치우쳐 함께 무익하게 되고 선을 행하는 자는 없
나니 하나도 없도다"(롬 3:10-12). 명백하게 그리스도의 희생은 헛것이 아니다!

의로움

679
교리적으로 참되고, 끈질기게 거룩하며, 흔들리지 않게 정직하고, 필사적
으로 친절하며, 단호하게 정직하라.
–찰스 스펄전(1834-1892), 런던 뉴파크 스트리트 교회 목사

성경의 진리 미덕은 영예로 이끈다는 사실을 기억하라(잠 3:16, 8:18, 13:18, 21:21, 22:4).

680
설령 모든 사람이 반대한다 해도 옳은 것은 옳은 것이다. 마찬가지로 모
든 사람이 찬성한다 해도 잘못은 잘못이다.
–윌리엄 펜(1644-1718), 영국 퀘이커 교도, 신대륙 개척자

성경의 진리 결코 옳고 그름을 혼동해서는 안 된다. 이 둘을 구분하는 선은 명확하고
분명하다. 이사야 선지자도 이렇게 말했다. "악을 선하다 하며 선을 악하다 하며
흑암으로 광명을 삼고 광명으로 흑암을 삼는 자들은 화 있을진저"(사 5:20).

인기

681
인기처럼 변덕스럽고 불확실한 것도 없다. 그것은 오늘 여기 있다가 내일
사라져버린다. 그것은 모래로 된 터와 같다. 그러므로 그 위에 집을 짓는

사람은 반드시 실패한다.

-J. C. 라일(1816-1900), 영국 리버풀 성공회 주교

성경의 진리 사람들의 칭찬을 구하는 것은 지혜롭지 못하며, 결국 남는 게 없는 일이다(요 12:43).

인내

682
인내는 모든 미덕의 여왕이다.

-크리소스톰(347-407), 초대 교회 교부

성경의 진리 우리는 인내로 경주하되(히 12:1), 특히 시험의 때에 더욱 그래야 한다(약 1:12).

683
주님, 제게 오래 참음을 가르치소서.
때로 기다리는 것이 일하는 것보다 더 어렵기 때문입니다.

-피터 마셜(1902-1949), 스코틀랜드계 미국인 설교자

성경의 진리 지혜는 인내를 준다(잠 19:11).

684
다른 사람들을 당신이 원하는 모습으로 만들지 못한다고 화내지 말라. 당신 자신조차 당신이 바라는 모습으로 만들 수 없기 때문이다.

-토마스 아 켐피스(1380-1471), 『그리스도를 본받아』 저자

성경의 진리 바울은 다른 사람들을 인내로 대했다. 그는 자신의 연약함을 매우 잘 알

고 있었기 때문이다(롬 7:15, 딤전 1:5).

685
현대 그리스도인들의 기도는 이렇다. "사랑의 하나님, 인내를 위해 기도합니다. 지금 당장 인내를 주옵소서!"
―작자 미상

성경의 진리 우리는 사실상 모든 사람과 더불어(엡 4:2), 오래 참음으로 옷 입어야 한다(골 3:12). 성령을 의지하여 행하는 결과 중 하나는 오래 참음이다(갈 5:22 참고). 괴로울 때 우리는 여호와 앞에서 참고 기다려야 한다(시 37:7).

인종 평등

686
나에게는 꿈이 있습니다. 나의 네 자녀가 언젠가 그들의 피부색이 아닌 그들의 인격과 성품에 의해 평가될 나라에 살게 되는 꿈입니다.
―마틴 루터 킹(1929-1968), 목사, 미국 흑인 인권 운동가

성경의 진리 하나님은 "인류의 모든 족속을 한 혈통으로 만드사 온 땅에 살게"(행 17:26) 하셨다.

일

687
성공이 오직 우리에게만 달려 있는 것처럼 일하자. 하지만 우리는 아무것도 하지 않으며 하나님이 모든 것을 하신다고 확신하면서 그렇게 하자.
―안디옥의 이그나티우스(35-117), 안디옥의 제3대 감독이자 주교

성경의 진리 "너희 안에서 행하시는 하나님이시니 자기의 기쁘신 뜻을 위하여 너희에게 소원을 두고 행하게 하시나니"(빌 2:13). 이 사실을 잊지 말라.

일관성

688
일관성,
그것은 걸칠 만한 보석이다.
올릴 만한 닻이다.
바느질할 만한 실이다.
이길 만한 싸움이다.

-찰스 스윈돌(1934-), 스톤브라이어 교회 목사

성경의 진리 "내 길을 굳게 정하사 주의 율례를 지키게 하소서 내가 주의 모든 계명에 주의할 때에는 부끄럽지 아니하리이다"(시 119:5-6).

자기 부인

689
그리스도를 위해 자기를 부인하는 사람은 그리스도 안에서 기쁨을 누릴 수 있다.

-작자 미상

성경의 진리 예수님은 "누구든지 나를 따라오려거든 자기를 부인하고 자기 십자가를 지고 나를 따를 것이니라 누구든지 제 목숨을 구원하고자 하면 잃을 것이요 누구든지 나를 위하여 제 목숨을 잃으면 찾으리라"(마 16:24-25)고 단언하셨다. 참으로 진실하고 영적 축복이 넘치는 삶의 비결은 예수 그리스도를 향한 무조건적인 헌신에 있다.

자기 신뢰

690
하나님에 대한 신뢰는 자기 자신에 대한 신뢰가 끝날 때에만 가능하다. 그리고 어떤 사람의 경우, 자기 신뢰는 슬픔과 고난, 고통과 엉망이 된 계획 그리고 소망이 무력감과 패배의 장소로 데려갈 때 비로소 끝난다.
―마일스 스탠포드(1914-1999), 저자

성경의 진리 "고난당한 것이 내게 유익이라 이로 말미암아 내가 주의 율례들을 배우게 되었나이다"(시 119:71).

자기 십자가를 짐

691
우리 주님이 하셨던 십자가를 지는 삶과 순종에 대한 말씀은 작은 글씨로 적혀 있지 않다. 그것은 계약서 앞면에 크게 적혀 있다.
―빈스 해브너(1901-1986), 침례교 목사

성경의 진리 예수님은 명확하게 말씀하셨다. "누구든지 나를 따라오려거든 자기를 부인하고 자기 십자가를 지고 나를 따를 것이니라 누구든지 제 목숨을 구원하고자 하면 잃을 것이요 누구든지 나를 위하여 제 목숨을 잃으면 찾으리라"(마 16:24-25).

자기 이해

692
자신을 가장 잘 아는 사람이 자신을 가장 낮게 평가한다.
―작자 미상

성경의 진리 사도 바울은 자신을 죄인 중의 "괴수"(딤전 1:15)로 여겼을 뿐 아니라, 자기 자신을 "모든 성도 중에 지극히 작은 자"(엡 3:8)이며 "사도 중에 가장 작은 자라…사도라 칭함 받기를 감당하지 못할 자"(고전 15:9)라고 칭했다. 그러므로 그가 하나님의 놀라운 은혜를 기뻐한 것은 결코 이상한 일이 아니다(엡 2:8-9).

자기 초점

693
자기 경배는 영혼의 사망을 초래한다.
-윌리엄 바클레이(1907-1978), 글래스고 대학 교수

성경의 진리 우리는 오래 참음으로 옷 입어야 한다(골 3:12, 벧전 5:5-6).

694
이교도와 기독교도의 모든 죄는 그 뿌리가 같다. 곧 마음의 보좌에서 하나님이 아닌 자아가 그 자리를 차지한 것이다.
-앤드류 머레이(1828-1917), 남아프리카 저술가, 목사

성경의 진리 "시기와 다툼이 있는 곳에는 혼란과 모든 악한 일이 있음이라"(약 3:16).

695
이 땅에 자신의 이름을 영원히 남기려는 시도는 마치 해변의 모래에 글씨를 쓰는 것과 비슷하다. 영원히 이름을 남기려면 영원한 바닷가에 그 이름을 써야 한다.
-D. L. 무디(1837-1899), 전도자

성경의 진리 겸손한 마음이 더 낫다(잠 16:19).

696
그리스도께서 그분의 사랑하는 자들에게 주시는 모든 은혜와 은사 가운데 뛰어난 것은 바로 자아를 극복하는 은혜다.
-아시시의 성 프란체스코(1181-1226), 프란체스코 수도회 설립자

성경의 진리 자아를 극복하는 것의 중요성은 사람들이 어떻게 자만심(갈 6:3), 자기연민(시 37편), 자기 의(눅 18:9), 자기 추구(고전 13:5), 자기 확신(마 26:35), 고집(행 7:51), 자기 자랑(고후 11:17)을 하는 경향이 있는가를 보면 알 수 있다.

697
자기를 좋아 보이게 하는 유일한 길이 다른 사람을 비판하는 것이라면, 뭔가 단단히 잘못된 것이다.
-워렌 위어스비(1929-), 목사, 저자

성경의 진리 그리스도인은 언제나 서로 격려해야 한다(살전 4:18, 히 10:24-25).

자비

698
자비를 요구하면서, 어떤 자비도 보여 주지 않는 사람은 자신이 건너갈 다리를 무너뜨리는 것이다.
-토마스 아담스(1583-1652), 영국 목사, 설교자

성경의 진리 "긍휼을 행하지 아니하는 자에게는 긍휼 없는 심판이 있으리라"(약 2:13).

699
우리는 과거의 잘못에 대해서는 하나님의 자비에, 현재의 필요에 대해서는 하나님의 사랑에, 미래에 대해서는 하나님의 주권에 의지한다.
-아우구스티누스(354-430), 히포의 주교

성경의 진리 "여호와여 주의 인자하심이 선하시오니 내게 응답하시며 주의 많은 긍휼에 따라 내게로 돌이키소서"(시 69:16).

자선

700
당신에게 되갚을 수 없는 누군가를 위해 무언가를 할 때까지는 오늘을 산 것이 아니다.
-존 번연(1628-1688), 저자, 설교자

성경의 진리 우리는 언제나 선을 행하고 다른 사람들과 나누어야 하며(히 13:16), 특별히 가난한 사람들을 구제하기 위해 애써야 한다(마 19:21, 눅 11:41, 12:33, 요일 3:17).

701
그리스도인의 삶을 구성하는 요소는 믿음과 자선이다.
-마르틴 루터(1483-1546), 종교개혁가, 사제, 신학 교수

성경의 진리 "만일 형제나 자매가 헐벗고 일용할 양식이 없는데 너희 중에 누구든지 그에게 이르되 평안히 가라, 덥게 하라, 배부르게 하라 하며 그 몸에 쓸 것을 주지 아니하면 무슨 유익이 있으리요 이와 같이 행함이 없는 믿음은 그 자체가 죽은 것이라"(약 2:15-17).

702
기도와 금식은 구제가 뒷받침되지 않는다면 별 쓸모가 없다.

-키프리안(-58), 카르타고 감독

성경의 진리 우리가 간절히 기도해야 하는 것은 무엇인가? 우리는 선을 행하고 다른 사람들과 나누어야 하며(히 13:16), 언제나 가난한 사람을 돕고(마 19:21, 눅 11:41, 12:33, 요일 3:17), 구하는 자에게 주며(마 5:42), 주린 자들과 함께 음식을 나누고(사 58:7, 10), 돈을 관대하게 나누어야 한다(롬 12:8).

703
사람들은 낡은 옷가지와 자기들이 사용하지 않는 물건들을 내주면서 자선을 베풀었다고 생각한다.

-머틀 리드(1874-1911), 미국 저자, 시인, 저널리스트

성경의 진리 우리는 우리가 소유한 물질을 관대하게 나누어야 한다(롬 12:8, 엡 4:28).

자유

704
자유는 우리가 의의 종이 되도록 우리에게 자유를 주었다.

-찰스 라이리(1925-), 신학자, 달라스 신학교 교수

성경의 진리 사도 바울은 이렇게 설명한다. "너희 자신을 종으로 내주어 누구에게 순종하든지 그 순종함을 받는 자의 종이 되는 줄을 너희가 알지 못하느냐 혹은 죄의 종으로 사망에 이르고 혹은 순종의 종으로 의에 이르느니라…죄로부터 해방되어 의에게 종이 되었느니라"(롬 6:16, 18).

장수

705
누구나 그렇듯, 나도 오래 살고 싶다. 장수는 좋은 것이다. 하지만 꼭 그래야만 하는 것은 아니다. 나는 그저 하나님의 뜻을 행하고 싶을 뿐이다. 그리고 하나님은 내가 높은 산에 올라가도록 허락하셨다. 나는 거기서 약속의 땅을 보았다.
-마르틴 루터(1483-1546), 종교개혁가, 사제, 신학 교수

성경의 진리 "위의 것을 생각하고 땅의 것을 생각하지 말라"(골 3:2).

706
인생이 길면 나는 기쁠 것이다. 오랫동안 순종할 수 있으니. 인생이 짧아도 슬프지 않다. 영원한 삶 가운데로 환영을 받으며 들어가는데 슬퍼할 이유가 무엇인가?
-리처드 백스터(1615-1691), 영국 청교도 교회 지도자

성경의 진리 "나의 앞날이 주의 손에 있사오니"(시 31:15).

재림

707
그리스도는 반드시 다시 오신다고 말씀하셨다. 하지만 정확한 날짜를 말씀하지는 않으셨다. 우리가 절대 옷을 벗거나, 등불을 끄지 않도록 하기 위해서다.
-윌리엄 거널(1617-1679), 저자

성경의 진리 성경은 그리스도가 오시는 날이나 때를 아무도 알지 못한다고 단언한다 (마 24:42, 44, 46-50).

708
주님이 곧 오신다면, 그것은 선교에 더 많은 노력을 기울이도록 자극하는 대단히 실제적인 동기가 되지 않는가? 나는 이 사실보다 나를 더 자극하는 다른 동기를 갖고 있지 않다.
-허드슨 테일러(1832-1905), 선교사, 중국내지선교회 설립자

성경의 진리 "주의 약속은 어떤 이들이 더디다고 생각하는 것 같이 더딘 것이 아니라 오직 주께서는 너희를 대하여 오래 참으사 아무도 멸망하지 아니하고 다 회개하기에 이르기를 원하시느니라"(벧후 3:9).

709
우리는 마치 그리스도께서 오늘 오후에 오실 것처럼 살아야 한다.
-지미 카터(1924-), 미국 39대 대통령

성경의 진리 "주의 나타나심을 사모하는" 혹은 그분이 다시 오시기를 고대하는 모든 사람에게 "의의 면류관"이 주어질 것이다(딤후 4:8).

710
그리스도의 오심을 준비하는 가장 좋은 길은 그리스도의 임재를 절대 잊지 않는 것이다.
-윌리엄 바클레이(1907-1978), 글래스고 대학 교수

성경의 진리 "볼지어다 내가 세상 끝날까지 너희와 항상 함께 있으리라"(마 28:20).

전도

711

온 세상이 나의 교구다.

−존 웨슬리(1703-1791), 감리 교회 창시자

성경의 진리 우리는 "모든 족속"을 제자 삼아야 한다(마 28:19).

712

우리가 할 일은 다른 사람들에게 전염될 정도로 그리스도와 친밀한 인격적 친교를 나누며 사는 것이다.

−폴 투르니에(1898-1986), 스위스 의사, 저자

성경의 진리 우리는 모두 세상에서 반짝이는 불빛처럼 빛나야 한다(마 5:14-16).

713

교회는 명령을 받았다. 전도하지 않는 것은 불순종이다.

−존 스토트(1921-2011), 영국 성공회 목사

성경의 진리 우리는 땅 끝까지 하나님의 증인이 되도록 부름받았다(행 1:8).

714

당신은 지금 그리스도인이든가, 하나님께서 그리스도인이 되라고 부르고 계시든가 둘 중 하나다.

−존 파이퍼(1936-), 설교자, 저자

성경의 진리 두 집단이 있다. 구원받은 사람들과 구원받지 않은 사람들이다(요 3:18). 하나님은 어느 누구도 멸망하기를 원하지 않으신다(벧후 3:9).

715
당신이 그리스도인이 된 것은 누군가 당신에게 마음을 써주었기 때문이다. 이제 당신 차례다.

−워렌 위어스비(1929−), 목사, 저자

성경의 진리 우리는 모두 "전도자의 일"을 해야 한다(딤후 4:5).

716
개인적 야망과 제국 건설은 복음 전파를 방해한다.

− 존 스토트(1929−2011), 영국 성공회 목사

성경의 진리 요한은 "으뜸되기를 좋아하는"(요삼 1:19) 디오드레베를 언급했다. 개인적 야망은 사역을 방해한다.

717
아무도 나대신 지옥이나 천국에 갈 수 없는 것처럼, 아무도 나대신 믿을 수 없으며, 그래서 아무도 나대신 천국이나 지옥문을 열 수 없고, 아무도 나로 하여금 믿거나 믿지 않도록 몰아갈 수 없다.

−마르틴 루터(1483−1546), 종교개혁가, 사제, 신학 교수

성경의 진리 성경은 분명히 말씀한다. "누구든지(whoever, 한글성경에는 이 말이 없음−역주) 아들을 믿는 자에게는 영생이 있고"(요 3:36). "누구든지"라는 말은 당신과 나를 가리킨다. 누구든지 믿지 않는 자는 정죄함을 받는다(18절).

718
오 주님, 제게 영혼들을 주옵소서.
그렇지 않으면 제 영혼을 취하소서!

−조지 휫필드(1714−1770), 신학자, 설교자

성경의 진리 추수할 일꾼들을 더 많이 보내달라고 기도하라(눅 10:2).

전쟁

719

기원전 3600년 이래 세계는 단 292년만 평화로웠다. 55세기 이상에 걸친 그 기간 동안, 믿을 수 없게도 14,531번의 전쟁이 일어나 36억 이상의 사람이 죽임을 당했다.

—존 앵커버그(1945–)와 존 웰던, 변증가

성경의 진리 "여호와여 악인에게서 나를 건지시며 포악한 자에게서 나를 보전하소서 그들이 마음속으로 악을 꾀하고 싸우기 위하여 매일 모이오며"(시 140:1-2).

죄

720

하나님을 최우선으로 추구하는 사람은 죄의 강한 저항에 부딪힐 것이다.

—존 오웬(1616–1683), 교회 지도자, 신학자

성경의 진리 사도 바울을 보면 이 사실을 알 수 있다. 죄는 바울이 해서는 안 되는 줄 알면서도 그 일을 하도록 종용했으며, 해야 한다는 것을 알지만 그 일을 행하지 못하게 방해했다(롬 7:15-17).

721

우리의 부패함을 감지하고 자신이 저지른 범죄를 혐오하는 것은 영적인 건강을 회복하는 첫 번째 단계다.

—J. C. 라일(1816–1900), 영국 리버풀 성공회 주교

성경의 진리 바울은 "오호라 나는 곤고한 사람이로다 이 사망의 몸에서 누가 나를 건져내랴"(롬 7:24)고 말했다. 우리를 사망에서 건져내시는 분은 오직 예수 그리스도뿐이다(25절).

722
소금이 대서양의 물방울 하나하나에 다 맛을 내듯이, 죄는 우리 본성의 모든 세포 하나하나에 다 영향을 끼친다.

-찰스 스펄전(1834-1892), 런던 뉴파크 스트리트 교회 목사

성경의 진리 우리의 죄성은 우리의 전 존재에 스며들어서 죄된 행동을 하도록 조장한다(갈 5:19-21).

723
하나님의 자녀를 헛된 신앙 고백자들과 구분하는 기준은 그에게 죄가 없다는 게 아니라, 그가 죄에 대해 슬퍼한다는 것이다.

-A. W. 핑크(1886-1952), 칼뱅주의 전도자, 성경학자

성경의 진리 심지어 사도 바울조차 "오호라 나는 곤고한 사람이로다 이 사망의 몸에서 누가 나를 건져내랴"(롬 7:24)고 한탄했다.

724
죄는 늪과도 같다. 그 위를 걷는 사람은 반드시 결국에는 가라앉고 사라져버린다.

-작자 미상

성경의 진리 죄는 우리를 덫에 걸리게 한다(시 9:16, 잠 12:13, 29:6).

725

죄가 영혼과 협상하지 못하게 막으라.

-존 오웬(1616-1683), 교회 지도자, 신학자

성경의진리 우리는 구약 시대에 요셉이 그랬던 것처럼(창 39:12) 부도덕을 피해야 한다(고전 6:18).

726

죄에서 가장 멀리 서 있는 것이 가장 지혜롭고 안전하다…구덩이에 떨어지는 것을 방지하는 가장 좋은 방법은 가능한 한 먼 거리를 유지하는 것이다.

-토마스 브룩스(1608-1680), 영국 청교도 목사

성경의진리 불에 타지 않기 위해 불에서 거리를 두는 것처럼(잠 6:27), 우리는 죄에서 안전하도록 거리를 두어야 한다.

727

그 어떤 사람보다 자기 자신을 주의하라. 최악의 원수는 내 안에 있다.

-찰스 스펄전(1834-1892), 런던 뉴파크 스트리트 교회 목사

성경의진리 바울은 "내가 행하는 것을 내가 알지 못하노니 곧 내가 원하는 것은 행하지 아니하고 도리어 미워하는 것을 행함이라"(롬 7:15)고 말했다.

728

나는 내가 만났던 다른 어떤 사람들보다 D. L. 무디와 더 많은 분란을 겪었다.

-D. L. 무디(1837-1899), 전도자

성경의진리 바울은 고백한다. "내 속 곧 내 육신에 선한 것이 거하지 아니하는 줄을

아노니"(롬 7:18).

729
한 군데라도 구멍이 나면 배가 가라앉는 것처럼, 하나의 죄가 사람을 멸망시킬 것이다.

−존 번연(1628-1688), 저자, 설교자

성경의 진리 어떤 죄든 죄는 우리를 하나님과 분리시킨다(엡 4:17-19).

730
가장 미미하게 느껴질 때 사실 그것이 가장 강력한 것이다.

−존 오웬(1616-1683), 교회 지도자, 신학자

성경의 진리 성경은 "죄의 유혹"(히 3:13)에 대해 말한다. 죄의 유혹은 교활한 짐승과 같다.

731
당신의 이성을 잃게 하고, 양심의 민감함을 손상시키며, 하나님에 대한 감각을 흐리게 하고, 영적인 것에 흥미를 잃게 하는 것이 바로 죄다.

−수잔나 웨슬리(1669-1742), 존과 찰스 웨슬리의 어머니

성경의 진리 죄는 여러 방식으로 표현된다(갈 5:19).

732
우리는 죄를 짓기 때문에 죄인이 아니라, 죄인이기 때문에 죄를 짓는 것이다.

−R. C. 스프라울(1939-), 목사, 저자

성경의 진리 "한 사람이 순종하지 아니함으로 많은 사람이 죄인 된 것 같이"(롬 5:19).

733
죄는 하나님의 정의에 대한 도전, 그분의 인내에 대한 조롱, 그분의 능력에 대한 무시, 그분의 사랑에 대한 경멸 그리고 그분의 자비를 강탈하는 것이다.
–존 번연(1628-1688), 저자, 설교자

성경의 진리 죄에 대한 경박한 태도를 주의하라. "살아 계신 하나님의 손에 빠져 들어가는 것이 무서울"(히 10:31) 것이기 때문이다.

734
나는 나의 가장 악한 원수인 내 안의 적이 두렵다.
–존 웨슬리(1703-1791), 감리 교회 창시자

성경의 진리 우리 안에 있는 죄성은 "음행과 더러운 것과 호색과 우상 숭배와 주술과 원수 맺는 것과 분쟁과 시기와 분냄과 당 짓는 것과 분열함과 이단과 투기와 술 취함과 방탕함과 또 그와 같은 것들"(갈 5:19-21)을 일으킨다.

735
하나님의 자비를 악용하지 않도록 주의하라…하나님의 자비가 풍성하시기 때문에 죄를 지어도 괜찮다는 생각은 마귀의 논리다.
–토마스 왓슨(1620-1686), 청교도 설교자, 저자

성경의 진리 "우리가 법 아래에 있지 아니하고 은혜 아래에 있으니 죄를 지으리요 그럴 수 없느니라"(롬 6:15).

736
하나의 죄는 그것을 변호할 때 두 개가 된다.
-헨리 스미스(1560-1591), 영국 청교도 설교자

성경의 진리 아담은 죄를 지은 후에 하나님께 이렇게 변명했다. "하나님이 주셔서 나와 함께 있게 하신 여자 그가 그 나무 열매를 내게 주므로 내가 먹었나이다"(창 3:12).

737
삶에서 가장 달콤해 보이는 죄들이 죽음 이후에는 가장 쓰라린 것이 될 것이다.
-토마스 브룩스(1608-1680), 영국 청교도 목사

성경의 진리 우리는 모두 하나님 앞에서 우리의 모든 죄를 설명해야 한다(고후 5:10).

738
죄의 아버지는 마귀, 죄의 친구는 수치, 죄의 삯은 사망이다.
-토마스 왓슨(1620-1686), 청교도 설교자, 저자

성경의 진리 "죄의 삯은 사망이요"(롬 6:23).

739
죄는 자신이 다스리는 곳은 반드시 파멸시킨다.
-윌리엄 세커(-1681), 영국 성공회 주교

성경의 진리 "여호와께서…악인들의 길은 굽게 하시는도다"(시 146:9).

740

죄는 마치 돌을 물에 던졌을 때 일어나는 파문과도 같다. 하나가 다른 것을 만들어낸다. 가인의 마음속에 분노가 있었을 때, 살인은 먼 나라 이야기가 아니었다.

-필립 헨리(1631-1696), 영국 목사

성경의 진리 다윗은 밧세바를 보았을 때 먼저 마음속으로 간음을 저질렀다. 이러한 마음의 간음은 곧 그가 육체적 간음을 하도록 이끌었다. 그다음 그는 우리아와 밧세바를 동침하게 하려고 했다. 그다음에는 우리아를 최전선에서 죽도록 일을 꾸몄다(삼하 11장). 하나의 죄가 연속적으로 다른 죄를 저지르게 이끌었다.

741

'당신 자신이 되라'는 말은 누군가에게 할 수 있는 최악의 조언이다.

-작자 미상

성경의 진리 "의인은 없으니 하나도 없으며"(롬 3:10).

742

인간의 부패함을 의심하는 사람은 자신에 대해 연구해 보라.

-찰스 스펄전(1834-1892), 런던 뉴파크 스트리트 교회 목사

성경의 진리 "만물보다 거짓되고 심히 부패한 것은 마음이라 누가 능히 이를 알리요마는"(렘 17:9).

743

우리 본성의 죄는 잠자는 사자와 같다. 아주 작은 것이라도 깨우면 격노한다. 우리 본성의 죄는 온순해 보이고, 타다 남은 숯의 불처럼 보이지만, 유혹이 그것을 살짝 휘젓고 바람을 일으키면, 순식간에 확 일어나 수치스

러운 악이 된다.
-토마스 왓슨(1620-1686), 청교도 설교자, 저자

성경의 진리 "죄가 문에 엎드려 있느니라 죄가 너를 원하나 너는 죄를 다스릴지니라"(창 4:7).

744
죄를 인식하는 것이 구원의 시작이다.
-마르틴 루터(1483-1546), 종교개혁가, 사제, 신학 교수

성경의 진리 "하나님이여 불쌍히 여기소서 나는 죄인이로소이다"(눅 18:13).

745
죄는 언제나 마음에서 역사한다. 그 공격이 잠시 뜸한 것은 그것이 죽었음을 의미하는 게 아니라, 시퍼렇게 살아 있음을 의미한다…죄의 전략은 기습 공격의 전조로 거짓 안정감을 주는 것이다.
-J. I. 패커(1926-), 저자, 신학자

성경의 진리 죄는 갑자기 덤벼들 준비를 하고 "문에 엎드려 있느니라"(창 4:7).

746
죄에 대한 흐릿한 시야는 현시대의 많은 오류, 이단, 거짓 교리의 기원이다. 어떤 사람이 자기 영혼의 질병이 얼마나 치명적인지를 깨닫지 못한다면, 거짓되고 불완전한 치료책으로 만족하는 것도 그리 놀랄 일이 아니다.
-J. C. 라일(1816-1900), 영국 리버풀 성공회 주교

성경의 진리 한 예로 그리스도인의 행동에서 방종을 부추긴 니골라당이 있다(계 2:6, 15).

747
사탄은 우리가 이전에 지은 죄의 경험을 좀 더 극적인 다른 공격을 위해 이용한다. 우리가 이전에 죄를 짓지 않았다면, 사탄은 더 큰 공격을 할 수 없다.

-존 오웬(1616-1683), 교회 지도자, 신학자

성경의 진리 사람들은 거미줄에 걸리듯 범죄에 걸려들 수 있다(잠 29:6).

748
당신이 죄에 죽지 않으면 죄가 당신을 죽음으로 몰아갈 것이다. 대안은 없다. 당신이 죄에 대해 죽지 않으면 당신이 죄로 인해 죽게 될 것이며, 당신이 죄를 죽이지 않으면 죄가 당신을 죽일 것이다.

-찰스 스펄전(1834-1892), 런던 뉴파크 스트리트 교회 목사

성경의 진리 "죄의 삯은 사망이요"(롬 6:23). 죄는 "사망에 이르고"(16절), "그 마지막이 사망"(21절)이다. "너희가 육신대로 살면 반드시 죽을 것이로되 영으로써 몸의 행실을 죽이면 살리니"(롬 8:13).

749
인간 문제의 핵심은 마음에 있다.

-에이드리언 로저스(1931-2005), 침례교 목사, 저자

성경의 진리 "만물보다 거짓되고 심히 부패한 것은 마음이라 누가 능히 알리요마는"(렘 17:9).

750
가장 불쾌한 냄새를 풍기는 짐승들도 자신들이 불쾌한 존재라는 것을 모르며, 같은 부류끼리는 서로를 불쾌해하지 않는다. 마찬가지로 타락한 사

람은 완전한 창조주이신 하나님 보시기에 죄가 얼마나 혐오스러운 것인지 결코 알 수 없다.

–J. C. 라일(1816-1900), 영국 리버풀 성공회 주교

성경의 진리 죄는 하나님 보시기에 통탄할 만한 것이다(창 6:6, 엡 4:30).

751

우리 안에 옛 성품에서 비롯된 죄를 즐기는 마음과 가장 처절하게 회개했던 죄를 다시 지으려는 열망이 여전히 존재함을 깨달을 때, 눈이 퉁퉁 붓도록 울지 않을 수 없다.

–찰스 스펄전(1834-1892), 런던 뉴파크 스트리트 교회 목사

성경의 진리 바울은 "내가 행하는 것을 내가 알지 못하노니 곧 내가 원하는 것은 행하지 아니하고 도리어 미워하는 것을 행함이라"(롬 7:15)고 말했다.

752

죄가 당신을 죽이기 전에 먼저 당신이 죄를 죽이라.

–리처드 백스터(1615-1691), 영국 청교도 교회 지도자

성경의 진리 바울은 "죄의 삯은 사망"(롬 6:23, 참고 요일 5:16)이며, "모든 사람이 죄를 지었으므로 사망이 모든 사람에게 이르렀느니라"(롬 5:12)고 말한다. 그가 우리 안의 악한 성향들을 죽일 필요성을 강조한 것도 그리 놀랄 일이 아니다. 그는 "그러므로 땅에 있는 지체를 죽이라 곧 음란과 부정과 사욕과 악한 정욕과 탐심이니 탐심은 우상숭배니라…이제는 너희가 이 모든 것을 벗어버리라"(골 3:5, 8)고 말했으며, "그리스도 예수의 사람들은 육체와 함께 그 정욕과 탐심을 십자가에 못 박았느니라"(갈 5:24)고 단언했다.

죄를 감춤

753

처음에 하나를 잘못했을 때, 그 잘못을 감추려는 사람은 자신의 잘못을 두 배로 만드는 것이다.
—아이작 와츠(1674-1748), 찬송 작사가

성경의 진리 다윗은 밧세바와 간음 죄를 저질렀을 때(삼하 12:24 12:24), 자신의 잘못을 받아들이는 대신, 밧세바의 남편 우리아를 죽음이 기다리고 있는 최전선으로 보냈다(삼하 11:15). 하나의 죄가 또 다른 죄를 짓도록 이끌었다.

죄를 범함

754

내가 태어나기 전에 하나님께서 나를 택하신 것은 참 다행스러운 일이다. 아마 그분은 내가 태어난 후에는 나를 택하지 않으셨을 것 같다.
—찰스 스펄전(1834-1892), 런던 뉴파크 스트리트 교회 목사

성경의 진리 하나님은 "창세 전에 그리스도 안에서 우리를 택하"(엡 1:4)셨다.

죄 안에 남아 있는 것

755

익사하는 이유는 물속에 떨어져서가 아니라, 물속에 누워 있기 때문이다.
—토마스 브룩스(1608-1680), 영국 청교도 목사

성경의 진리 죄를 지은 그리스도인은 죄 안에 머물지 말고, 죄를 고백하며 하나님과의 교제를 회복해야 한다(요일 1:9). 계속해서 죄 안에 머문다면, 다가올 징계를 피할

수 없게 된다(히 12:5-11).

죄에 대한 슬픔

756
슬픔은 죄를 치료하기 위한 하나님의 처방전이다.
―크리소스톰(347-407), 초대 교회 교부

`성경의 진리` 죄에 대한 경건한 슬픔은 우리를 움직여 회개하게 한다(고후 7:10).

죄에 대한 현실적 평가

757
우리는 완전한 세상에 가기 전까지는 결코 완전한 사람이 될 수 없다.
―매튜 헨리(1662-1714), 성경 주석가, 장로교 목사

`성경의 진리` 천국은 모든 것이 완전한 하나님의 낙원(고후 12:2-4), 영광의 성(계 21:23), 거룩한 성(계 21:1-2), 빛의 나라(골 1:12)다.

758
지금 이 땅에 사는 우리에 대해 너무 많은 것을 기대하지 말자. 기껏해야 우리는 날마다 우리 자신이 굴욕의 원인이자 매 순간 자비와 은혜에 빚진 궁핍한 자라는 사실을 발견하게 될 뿐이다. 더 많은 빛을 볼수록 자신의 불완전함을 더 많이 보게 된다.
―J. C. 라일(1816-1900), 영국 리버풀 성공회 주교

`성경의 진리` 심지어 사도 바울도 자신을 죄인 중의 괴수라고 여겼다(딤전 1:15).

759
시간이 지날수록 사람의 연약함에 더 집중하게 된다. 나는 스스로에게 더 많은 것을, 다른 사람들에게는 더 적은 것을 요구한다.
-존 웨슬리(1703-1791), 감리 교회 창시자

성경의 진리 우리는 자신의 단점을 인식하며, 모든 사람과 더불어 오래 참아야 한다(엡 4:2, 살전 5:14).

죄의 결과

760
죄가 늘어날 때마다 우리의 슬픔도 늘어나는 것은 그리 놀랄 일이 아니다.
-매튜 헨리(1662-1714), 성경 주석가, 장로교 목사

성경의 진리 좋은 소식은 바로 죄에 대한 경건한 슬픔이 우리를 회개로 이끈다는 것이다(고후 7:10).

죄의 자각

761
당신의 가장 깊은 확신과 반대되는 원리들이 이기기 시작할 때 당신은 전투를 하도록 부름받으며, 그때 평화는 죄가 된다. 당신은 가장 소중한 평화를 희생하고 당신의 믿음 전부를 걸어, 친구와 적 앞에 당신의 확신들을 발가벗겨 드러내야 한다.
-아브라함 카이퍼(1837-1920), 네덜란드 신학자

성경의 진리 주님 보시기에 옳은 일을 할 때 뒤로 물러나지 말라(신 6:18, 12:25, 28, 21:9, 왕상 11:38, 시 119:121, 고후 13:7).

죄책

762
죄지은 행동은 지나갈지 모르지만, 죄책은 남아 있다.
-토마스 아퀴나스(1225-1274), 이탈리아 철학자, 신학자

성경의 진리 남아 있는 죄책은 우리의 마음을 움직여 회개로 인도할 수 있다. "하나님의 뜻대로 하는 근심은 후회할 것이 없는 구원에 이르게 하는 회개를 이루는 것이요 세상 근심은 사망을 이루는 것이니라"(고후 7:10).

주님을 본받음

763
이 땅에서 가장 중요한 그리스도인의 의무는 구세주를 본받아야 한다고 느끼는 것이다.
-앨버트 반스(1798-1870), 신학자, 주석가

성경의 진리 그리스도인은 그리스도의 본을 따르라고 부름받았다(벧전 2:21).

주신 것에 감사

764
우리가 가진 복을 더 많이 헤아려 볼수록, 갖지 못한 사치품들에 대한 갈망은 줄어든다.
-윌리엄 아더 워드(1921-1994), 감리교 지도자, 저자

성경의 진리 바울은 이렇게 말했다. "내가 궁핍하므로 말하는 것이 아니니라 어떠한 형편에든지 나는 자족하기를 배웠노니 나는 비천에 처할 줄도 알고 풍부에 처할 줄

도 알아 모든 일 곧 배부름과 배고픔과 풍부와 궁핍에도 처할 줄 아는 일체의 비결을 배웠노라 내게 능력 주시는 자 안에서 내가 모든 것을 할 수 있느니라"(빌 4:11-13). 바울에게 그의 일차적 '복'은 자신과 예수 그리스도와의 친밀한 관계였다.

죽음

765
어떤 사람이 죽음을 무시함으로써 마음을 진정시킬 수 없다면, 그는 아직 그리스도를 믿는 믿음이 충분하지 않다는 사실을 깨달아야 한다.
―장 칼뱅(1509-1564), 프랑스 종교개혁가

> 성경의 진리 "사망아 너의 승리가 어디 있느냐 사망아 네가 쏘는 것이 어디 있느냐"(고전 15:55). 바울은 사망이 승리에 삼켜질 것이라고 단언했다(54절).

766
무엇보다 중요한 사실은 하나님이 우리와 함께 계시다는 것이다. 당신들이여, 잘 있으라! 잘 있으라!
―임종의 순간에 존 웨슬리(1703-1791), 감리 교회 창시자

> 성경의 진리 "내가 사망의 음침한 골짜기로 다닐지라도 해를 두려워하지 않을 것은 주께서 나와 함께 하심이라"(시 23:4).

767
자신의 죽음을 즐겁게 고대하지 못하고, 마지막 부활의 날을 고대하지 않는다면, 우리는 그리스도의 학교에서 아무런 진보를 이루지 못한 것이다.
―장 칼뱅(1509-1564), 프랑스 종교개혁가

> 성경의 진리 바울은 말한다. "내게 사는 것이 그리스도니 죽는 것도 유익함이라…차라

리 세상을 떠나서 그리스도와 함께 있는 것이 훨씬 더 좋은 일이라 그렇게 하고 싶으나"(빌 1:21, 23).

768
모든 죽음이 신자에게 할 수 있는 일은 그를 예수께로 인도하는 것이다. 죽음은 우리를 우리 주님의 영원한 임재로 데려간다.
-존 맥아더(1939-), 그레이스 교회 목사

성경의 진리 바울은 "우리가 담대하여 원하는 바는 차라리 몸을 떠나 주와 함께 있는 그것이라"(고후 5:8)고 단언했다.

769
영구차 뒤에는 이삿짐 트럭이 달려 있지 않다.
-존 파이퍼(1936-), 설교자, 저자

성경의 진리 "우리가 세상에 아무 것도 가지고 온 것이 없으매 또한 아무 것도 가지고 가지 못하리니"(딤전 6:7).

770
성령이 우리에게 하나님의 책에서 임종 장면을 아주 조금만 보여 주신 것은 놀라운 일이다. 구약에는 임종 장면이 거의 없고, 신약에는 더 없다. 내가 생각하기에 그것은 성령께서 우리에게 어떻게 죽는가보다는 어떻게 사는가에 대해 더 생각하게 하시려는 의도인 듯하다. 사는 것이 우리의 본업이기 때문이다. 사는 동안 매일 죽는 법을 배우는 사람들은 신실하신 창조주께 마지막 숨을 내쉬며 자신의 영혼을 맡기는 것이 어려운 일이 아님을 알게 된다.
-찰스 스펄전(1834-1892), 런던 뉴파크 스트리트 교회 목사

성경의 진리 바울은 자신의 죽음에 대해 "나의 떠날 시각이 가까웠도다"(딤후 4:6)라고 두려움 없이 말했다. 우리가 본받아야 할 태도다.

771
그리고 그대, 가장 친절하고 상냥한 죽음이 우리의 마지막 호흡을 침묵시키기 위해 기다리고 있다. 오, 그를 찬양하라. 할렐루야! 그대는 하나님의 자녀를 집으로 그리고 우리 주 그리스도가 밟으신 길로 인도한다.
―아시시의 성 프란체스코(1181-1226), 프란체스코 수도회 설립자

성경의 진리 예수님은 "죽은 자들 가운데서 먼저 나신 이"(골 1:18)로서 우리를 앞장서 안내하신다.

772
사람들은 자신들이 반드시 죽는다는 사실을 기억함으로써 사는 데 도움을 받았다.
―찰스 스펄전(1834-1892), 런던 뉴파크 스트리트 교회 목사

성경의 진리 시편 90편 12절은 우리가 우리의 날을 계수함으로 지혜로운 마음을 얻는다고 가르친다. 시편 기자는 "여호와여 나의 종말과 연한이 언제까지인지 알게 하사 내가 나의 연약함을 알게 하소서"(시 39:4)라고 기도했다.

773
죽음은 우리에게 생명을 주시는 하나님의 즐거운 길이다.
―오스왈드 챔버스(1874-1917), 『주님은 나의 최고봉』 저자

성경의 진리 "그가 우리에게 약속하신 것은 이것이니 곧 영원한 생명이니라"(요일 2:25).

774

86년간 나는 그분을 섬겨왔고, 그분은 나에게 한 번도 잘못한 일이 없으시다. 나를 구원하신 나의 왕을 내가 어떻게 모독할 수 있단 말인가?

―신앙을 버리지 않으면 죽이겠다고 위협하는 사형 집행인에게 2세기 서머나 감독이었던 폴리갑(69-155)의 말

성경의 진리 "죽도록 충성하라 그리하면 내가 생명의 관을 네게 주리라"(계 2:10).

775

임종의 순간을 맞고 있는 어느 성도 옆에 서 있던 다른 성도가 말했다. "안녕히 가시오, 형제여. 이제 산 자의 땅에서 다시는 당신을 볼 수 없겠군요." 죽어가는 사람이 말했다. "나는 내가 가는 산 자의 땅에서 당신을 다시 볼 것입니다. 이곳이야말로 죽은 자의 땅이지요."

―찰스 스펄전(1834-1892), 런던 뉴파크 스트리트 교회 목사

성경의 진리 예수님은 천국에 있는 신자들에 대해 말씀하시며 유대교 지도자들에게 말씀하셨다. 하나님이 "죽은 자의 하나님이 아니요 살아 있는 자의 하나님이시니라"(마 22:32). 천국은 산 자의 땅이다.

776

아무리 염려하여도 우리는 하나님이 정하신 시간보다 1분도 더 살지 못한다.

―J. C. 라일(1816-1900), 영국 리버풀 성공회 주교

성경의 진리 "내 형질이 이루어지기 전에 주의 눈이 보셨으며 나를 위하여 정한 날이 하루도 되기 전에 주의 책에 다 기록이 되었나이다"(시 139:16). "나의 앞날이 주의 손에 있사오니"(시 31:15).

777

이 땅에서 당신이 내뱉는 마지막 호흡은 곧바로 저곳에서 죽음 없는 생명, 완전한 치유, 극한의 기쁨으로 대체될 것이다. 이 세상의 마지막 그림자는 더 나은 세상의 구름 한 점 없는 영광의 빛 안에서 녹아 버릴 것이다. 여기 이생에서 우리가 다녔던 '음침한 골짜기'는 저 세상에서 나온 빛으로 너무 밝아져 우리가 그 빛에 들어서는 순간, 그 어둠은 사라진다.

―시들로우 백스터(1903-1999), 목사, 신학자

성경의 진리 예수님은 우리를 사망의 두려움과 쏘는 것에서 구해주셨다(고전 15:55, 히 2:15).

778

죽음을 종착역이 아닌, 더 광대하고 엄청나게 멋지며 아름다운 세상으로 이어지는 터널로 보아야 한다. 신자의 죽음은 최종 상태가 아니라 과도 상태다.

―오스왈드 샌더스(1902-1992), 해외 선교회 책임자

성경의 진리 "모든 눈물을 그 눈에서 닦아 주시니 다시는 사망이 없고 애통하는 것이나 곡하는 것이나 아픈 것이 다시 있지 아니하리니 처음 것들이 다 지나갔음이러라"(계 21:4).

779

사랑하는 자여, 결코 죽음을 두려워하지 말라. 죽음은 그리스도인이 염려해야 하는 최종의, 그러나 가장 작은 문제일 뿐이다. 삶을 두려워하라. 삶이란 싸워야 할 힘든 투쟁, 견뎌야 할 괴로운 징계, 겪어야 할 험한 항해다.

―찰스 스펄전(1834-1892), 런던 뉴파크 스트리트 교회 목사

성경의 진리 이 세상에서 살아가는 동안 우리는 세상, 육신, 마귀라는 세 적과 끊임없이 전투를 벌여야 한다(요일 2:16 참고). 그러나 사망은 우리를 이 모든 것에서 구해준다(계 21:4).

780
그리스도인에게 죽음은 이 세상 관점으로는 피곤한 죽을 몸이 잠시 잠에 빠지는 것인 반면, 천국의 관점으로는 어느 날 갑자기 하늘의 본향에서 사랑하는 구세주와 다른 사랑하는 자들과 함께 있는 우리 자신을 발견하는 것이다. 왜 그것을 두려워하겠는가?
-시들로우 백스터(1903-1999), 목사, 신학자

성경의 진리 우리는 부활(고전 15:50-55)과 다른 사랑하는 그리스도인들과의 재회(살전 4:13-17)를 모두 고대한다. 거기에 두려워할 것은 아무것도 없다!

781
죽음은 그리스도인에게 아무런 해도 끼치지 못한다. 그것은 감옥에서 나와 궁전으로 들어가는 일이기 때문이다. 괴로움의 바다에서 안식의 항구로, 원수들의 무리에서 나와 수많은 진실되고, 사랑하는 신실한 친구들에게로, 수치와 책망과 경멸에서 해방되어 크고 영원한 영광으로 들어가는 것이다.
-존 번연(1628-1688), 저자, 설교자

성경의 진리 우리는 언젠가 먼저 죽은 우리의 사랑하는 그리스도인 친구들과 웅대하고 영광스러운 재회를 하게 될 것이다(살전 4:13-17).

782
예수 그리스도를 믿는 사람들에게 죽음은 법정으로 끌고 가는 보안관이 아니라, 사랑하는 주님의 임재로 인도하는 하인이다.
-해돈 로빈슨, 고든 콘웰 신학교 교수

성경의 진리 우리는 죽음의 순간 육체에서 떠나자마자 주님과, 그리고 사랑하는 사람들과 함께 본향에 있을 것이다(고후 5:8).

783
나는 죽음은 두렵지 않지만 그 과정이 두렵다.
-조니 에릭슨 타다(1949-), '조니와 친구들' 설립자

성경의 진리 죽음의 과정이 무섭게 보일 수는 있지만, 일단 그 문을 통과하면 우리는 주님이 사망에서 쏘는 것을 제거해 버리셨다고 경험적으로 말할 수 있다(고전 15:55).

784
천국과 지옥은 멀리 있지 않다. 당신은 시계가 다시 똑딱거리기 전에 천국에 있을 수도 있다. 천국은 매우 가깝다. 오, 천국과 지옥이 너무 멀리 있는 듯 보인다고 소홀히 하지 말고 진지하게 인식하기를! 그것은 너무나 가깝기 때문이다. 바로 오늘, 해가 지기 전, 지금 여기에 앉아 내 말을 듣고 있는 사람 중 몇 명은 천국이나 지옥의 실상을 볼 수도 있을 것이다.
-찰스 스펄전(1834-1892), 런던 뉴파크 스트리트 교회 목사

성경의 진리 전도서 7장 2절은 이렇게 말한다. "사망은 모든 사람의 운명이라(개역개정에는 "모든 사람이 끝이 이와 같이 됨이라"-역즈) 산 자는 이것을 그의 마음에 둘지어다"(NIV). 야고보서 4장 14절은 이렇게 단언한다. "내일 일을 너희가 알지 못하는도다 너희 생명이 무엇이냐 너희는 잠깐 보이다가 없어지는 안개니라."

785
죽음은 모두에게 찾아온다.
-J. C. 라일(1816-1900), 영국 리버풀 성공회 주교

성경의 진리 "사망은 모든 사람의 운명이라"(전 7:2, NIV). 부자건 빈자건, 흑인이건 백인이건, 뚱뚱하건 날씬하건 사망은 우리 모두의 운명이다.

786
죽음보다 확실한 것은 아무것도 없다. 죽음의 시간보다 불확실한 것은 아무것도 없다.
-아우구스티누스(354-430), 히포의 주교

성경의 진리 죽음이 "모든 사람의 운명"(전 7:2, NIV)이기는 하지만, 우리는 그 특정한 날이 언제인지는 알지 못한다(약 4:14). 그래서 우리는 언제나 준비되어 있어야 한다(시 39:4)!

787
내가 만나 본 가장 행복한 사람은 세상을 떠나는 신자들이었다. 내가 유일하게 부러움을 느꼈던 사람들은 나의 손을 잡고 죽어가던 교인들이었다. 나는 한 사람도 예외 없이 그들 모두에게서 거룩한 기쁨과 승리를 보았다.
-찰스 스펄전(1834-1892), 런던 뉴파크 스트리트 교회 목사

성경의 진리 "우리가 담대하여 원하는 바는 차라리 몸을 떠나 주와 함께 있는 그것이라"(고후 5:8).

788
나를 위해 울지 말고 당신 자신을 위해 울라.
-존 번연(1628-1688), 저자, 설교자

성경의 진리 그리스도인으로서 우리는 "소망 없는 다른 이와 같이 슬퍼하지 않"는다 (살전 4:13). 예수님을 믿지 않는 자들을 위해 울라!

789

그리스도인의 인생에서 최고의 순간은 마지막 순간이다. 그때야말로 천국에 가장 가까이 있기 때문이다.
-작자 미상

성경의 진리 바울은 이것을 가장 잘 표현했다. "차라리 세상을 떠나서 그리스도와 함께 있는 것이 훨씬 더 좋은 일이라 그렇게 하고 싶으나"(빌 1:23).

790

어리석은 자들은 사망을 가장 큰 악으로 두려워하지만, 지혜로운 자들은 수고 후의 안식과 질병의 종말로 여긴다.
-암브로즈((337-397), 밀란의 감독

성경의 진리 그리스도인들의 죽음은 "수고를 그치고 쉬"(계 14:13)는 것이다.

791

사망은 우리를 위풍당당한 왕궁으로 입성시키는 냉혹한 문지기다.
-리처드 시브스(1577-1635), 영국 신학자

성경의 진리 사망은 정복해야 할 마지막 원수다(고전 15:26). 하지만 그 원수는 무장 해제되었다(55절).

792

선한 사람은 대개 죽음에 대해 유쾌하게 말한다. 마치 죽음이 옷을 벗고 잠자리에 드는 것처럼!
-매튜 헨리(1662-1714), 성경 주석가, 장로교 목사

성경의 진리 바울(빌 1:21)과 베드로(벧후 1:15)는 모두 이런 태도를 견지했다.

793
당신이 이 세상에 들어온 순간, 당신은 세상에서 나가기 시작한 것이다.
-작자 미상

성경의 진리 성경은 "모든 사람이 죄를 지었으므로 사망이 모든 사람에게 이르렀느니라"(롬 5:12)고 말한다. 출생과 함께 점진적인 죽음의 과정이 시작된다.

794
그리스도인은 죽음이 그의 모든 죄, 슬픔, 고통, 유혹, 간절함, 억압, 핍박들의 장례식이 되리라는 것을 안다. 또한 죽음이 그의 모든 소망, 기쁨, 즐거움, 위로, 만족들의 부활이 되리라는 것도 안다.
- 토마스 브룩스(1608-1680), 영국 청교도 목사

성경의 진리 죽음이 지난 후 우리에게는 눈물도, 죽음도, 고통도 없을 것이다(계 21:4).

죽음의 순간

795
나는 영원으로 들어갈 것이다. 영원을 생각하면 나는 언제나 기분이 좋아진다.
-임종의 자리에서, 데이비드 브레이너드(1718-1747), 아메리카 인디언 선교사

성경의 진리 하나님은 사람들에게 "영원을 사모하는 마음을 주셨"(전 3:11)다. 신자들은 천국에서 영원히 살 것이다. "주의 앞에는 충만한 기쁨이 있고 주의 오른쪽에는 영원한 즐거움이 있나이다"(시 16:11).

796
자녀들아, 내가 가고 나면 하나님께 찬양의 노래를 불러라.
-임종의 자리에서 수잔나 웨슬리(1669-1742), 존과 찰스 웨슬리의 어머니

성경의 진리 환경이 어떠하든 "항상 찬송의 제사를 하나님께 드리자"(히 13:15).

797
이게 죽는 거라면, 그건 우리가 상상할 수 있는 가장 유쾌한 일이다.
-임종의 자리에서 레이디 글레노키(1741-1786), 스코틀랜드의 선교 사역 후원자

성경의 진리 글레노키는 그리스도가 하신 다음의 말을 온전히 믿었다. "나 있는 곳에 나를 섬기는 자도 거기 있으리니"(요 12:26). 그녀는 육체를 떠난 즉시 그녀의 주님과 함께 본향에 있었다(고후 5:8).

798
나는 내가 죽어 가고 있음을 안다. 하지만 내가 임종을 맞을 자리는 장미꽃 침상이다. 내 죽음의 베개에는 가시가 박혀 있지 않다. 천국은 이미 시작되었다.
-임종의 자리에서 존 퍼슨, 18세기 기독교 지도자

성경의 진리 그리스도는 죽음에서 쏘는 것을 제거하셨다(고전 15:55).

799
죽음은 영광스럽다! 이 세상은 물러나고 천국이 열리고 있다. 하나님이 나를 부르고 계시다.
-임종의 자리에서 D. L. 무디(1837-1899), 전도자

성경의 진리 "하나님이 자기를 사랑하는 자들을 위하여 예비하신 모든 것은 눈으로 보지 못하고 귀로 듣지 못하고 사람의 마음으로 생각하지도 못하였다"(고전 2:9).

중요한 의도

800
당신은 칭찬을 받아서 더 나은 사람이 되는 게 아니다. 반대로 어떤 사람이 당신을 모욕한다고 해서 당신이 더 나쁜 사람이 되는 것도 아니다. 하나님은 당신이 어떤 사람인지 아신다. 사람들은 행동을 보고 판단하지만, 하나님은 의도를 보고 판단하신다.
-토마스 아 켐피스(1380-1471), 『그리스도를 본받아』 저자

성경의 진리 하나님은 모든 사람의 마음을 아시며(왕상 8:39, 렘 12:3, 행 1:24, 15:8, 롬 8:27), 그 동기를 감찰하신다(잠 16:2, 렘 17:10).

증거

801
우리는 세상이 읽고 있는 성경이다. 우리는 세상이 필요로 하는 신앙고백이다. 우리는 세상이 귀 기울이고 있는 설교다.
-빌리 그레이엄(1918-), 전도자

성경의 진리 "이같이 너희 빛이 사람 앞에 비치게 하여 그들로 너희 착한 행실을 보고 하늘에 계신 너희 아버지께 영광을 돌리게 하라"(마 5:16).

802
이 세상은 그리스도인들이 복음을 전하는 것보다 그것을 받을 준비가 훨씬 더 많이 되어 있다.
-조지 피터스, 세계 선교학 교수, 달라스 신학교

성경의 진리 "그러므로 너희는 가서 모든 민족을 제자로 삼아 아버지와 아들과 성령의

이름으로 세례를 베풀고"(마 28:19).

지구

803

우리가 사는 작은 지구는 우주 전체에서 중차대한 의의를 지니고 있다. 이 작은 행성에서 하나님과 마귀 사이의 결정적인 전투가 벌어질 것이다. 지구는 우주 공간에 떠 있는 거대한 별들에 비하면 티끌과 같은 존재이지만, 크기와 물질에 관해서는 아니라도, 구원 역사에 관해서는 우주의 중심이다. 거기에서 최고로 높으신 분이 엄숙한 언약과 신적 현현으로 자신을 제시하신다. 거기에서 하나님의 아들이 사람이 되셨다. 거기에서 세상 구속주의 십자가가 세워졌다. 그리고 거기에서-실제로는 새 땅이지만, 그럼에도 여전히 지구에-마침내 하나님과 어린양의 보좌가 있을 것이다.
-에리히 자우어(1898-1959), 독일 비데네스트 성경학교

> 성경의 진리 하나님은 자신의 목적을 이루시기 위해 비천하고 하찮은 인간들을 사용하신다(고전 1:27). 마찬가지로 같은 목적을 위해 비천한 행성을 사용하셨다(창 1:1-2).

지옥

804

지옥은 마귀가 그의 종이 된 대가로 당신에게 제공하는 최고의 상이다.
-빌리 선데이(1862-1935), 야구 선수, 전도자

> 성경의 진리 끝내 마귀는 지옥에 던져질 것이다(계 20:10).

805
지옥에는 불가지론자가 없다.

−작자 미상

성경의 진리 성경은 "하늘에 있는 자들과 땅에 있는 자들과 땅 아래에 있는 자들로 모든 무릎을 예수의 이름에 꿇게 하시고"(빌 2:10)라고 말한다.

지혜로운 내기

806
믿음은 지혜로운 내기다. 설령 믿음이 입증될 수 없다 하더라도, 그것이 진리라는 데 걸되 그것이 거짓임이 입증된다 해서 어떤 손해를 입게 될 것인가? 이기면 모든 것을 얻게 된다. 잃는다 해도 아무것도 잃을 것이 없다. 그렇다면 하나님이 존재하신다는 것에 주저 없이 걸라.

−블레이즈 파스칼(1623-1662), 프랑스 수학자, 물리학자, 종교 철학자

성경의 진리 자신이 죽을 날을 누구도 알 수 없기에, 오늘 구원받기 위해 그리스도께 의지하는 일을 미루는 것은 최고로 어리석은 짓이다(눅 12:20, 고후 6:2).

진리

807
이 세상 모두가 진리에서 떨어진다 해도 나는 그 자리에 있을 것이다!

−아타나시우스(293-373), 신학자, 알렉산드리아 감독, 교부

성경의 진리 "성도에게 단번에 주신 믿음의 도를 위하여 힘써 싸우라"(유 1:3).

808

모든 사람이 옳다고 말하는 너그러움으로부터,
어떤 사람도 잘못되었다고 말하지 못하게 하는 자선으로부터,
진리를 희생하여 얻은 평화로부터
선하신 주님이여, 우리를 구해주소서.
-J. C. 라일(1816-1900), 영국 리버풀 성공회 주교

성경의 진리 우리는 진리를 명백하게 제시하고(고후 4:2), 사랑 안에서 진리를 말해야 한다(엡 4:15).

809

가능하면 평화를, 하지만 무슨 일이 있어도 진리를.
-마르틴 루터(1483-1546), 종교개혁가, 사제, 신학교수

성경의 진리 우리는 언제나 "너희 속에 있는 소망에 관한 이유를 묻는 자에게는 대답할 것을 항상 준비하되 온유와 두려움으로"(벧전 3:15) 해야 한다.

진정성

810

겉으로 보이는 모습대로 되라! 교의를 삶으로 드러내라!
-호라티우스 보나르(1808-1889), 스코틀랜드 복음 전도자, 시인

성경의 진리 밖은 깨끗하지만 안은 더러운 위선자가 되지 말라(눅 11:39, 16:15).

진화

811
진화론자들은 **빠진 고리**(missing link, '멸실환'이라고도 함. 진화 과정에서 유인원과 인간 사이에 존재하는 것으로 추정되지만 화석은 발견되지 않은 동물-역주)에 대해 그것이 빠져 있다는 사실만 빼고 모든 것을 아는 듯 보인다.
-G. K. 체스터튼(1874-1936), 저자, 변증가

성경의 진리 "만물이 그로 말미암아 지은 바 되었으니 지은 것이 하나도 그가 없이는 된 것이 없느니라"(요 1:3)

812
진화론자들은 도저히 상상할 수 없는 존재인 하나님이 무에서 모든 것을 만들어냈다는 건 생각할 수도 없는 일이라고 불평한다. 그러고 나서는 무가 어떤 것으로 스스로 변하는 것은 있을 법한 일이라고 주장한다. 어리석은 말이다.
-G. K. 체스터튼(1874-1936), 저자, 변증가

성경의 진리 "집마다 지은 이가 있으니 만물을 지으신 이는 하나님이시라"(히 3:4). "태초에 하나님이 천지를 창조하시니라"(창 1:1).

찬양

813
5천 개의 입이 있어도 나의 위대한 구속 주를 찬양하리!
-찰스 웨슬리(1707-1788), 감리교 운동 지도자, 찬송 작사가

성경의 진리 "하나님의 종들 곧 그를 경외하는 너희들아 작은 자나 큰 자나 다 우리 하

나님께 찬송하라"(계 19:5).

814
하나님을 찬양하는 말을 너무 많이 하는 것을 두려워하지 말라. 모든 위험은 너무 적게 말하는 데 있다.

―매튜 헨리(1662-1714), 성경 주석가, 장로교 목사

성경의 진리 "또 내가 들으니 허다한 무리의 음성과도 같고 많은 물소리와도 같고 큰 우렛소리와도 같은 소리로 이르되 할렐루야"(계 19:6).

천국

815
천국은 빛과 영광으로 가득 차 있다. 하나님 사랑의 쾌적한 산들바람, 그리고 복된 성령님의 기분 좋은 실바람이 불어온다. 거기에는 핍박의 열기도, 냉랭함도, 싸늘히 식은 애정도 없다. 거기에는 가장 맛있는 과일들로 가득하고, 굶주림도 목마름도 없다. 그리고 견고하고, 만족스럽고, 영구적이고, 안전하고, 확실한 부요함이 있다. 그곳에서는 많은 자유와 특권들을 누린다. 그곳에는 질병과 죽음에 종속되어 있던 육체로부터, 죄와 사망의 몸으로부터, 사탄의 시험으로부터, 모든 의심과 두려움과 불신으로부터, 모든 슬픔과 고통으로부터의 자유가 있다.

―존 길(1697-1771), 성경학자

성경의 진리 "모든 눈물을 그 눈에서 닦아 주시니 다시는 사망이 없고 애통하는 것이나 곡하는 것이나 아픈 것이 다시 있지 아니하리니 처음 것들이 다 지나갔음이러라"(계 21:4).

816

광대한 크기 혹은 밝은 빛을 시사하는 이미지들은 천국을 상상할 수 없는 광휘, 위대함, 탁월함, 아름다움의 장소로 묘사한다…요한의 환상은 우리가 알고 있는 가장 귀중하고 아름답게 여기는 것들을 비유로 사용하고 있지만, 천국의 실제 광휘는 우리가 지금까지 경험한 어떤 것도 훨씬 능가할 것이다.

-밀라드 에릭슨(1932-), 신학자

성경의 진리 천성은 다음의 사실을 드러낸다. "하나님의 영광이 있어 그 성의 빛이 지극히 귀한 보석 같고 벽옥과 수정 같이 맑더라"(계 21:11).

817

우리는 그때 슬픔 없는 기쁨, 지치지 않는 안식을 누릴 것이다…기운을 내라, 그리스도인이여. 때가 가까웠다. 그때는 하나님과 당신이 가까워질 때, 당신이 만족할 만큼 가까워지는 때다. 당신은 하나님 가족 안에 거하게 될 것이다.

-리처드 백스터(1615-1691), 영국 청교도 교회 지도자

성경의 진리 "그들은 하나님의 백성이 되고 하나님은 친히 그들과 함께 계셔서"(계 21:3).

818

천국에 이르러 우리 모두가 진정 온전하게 될 것을 깨달을 때 사랑하는 사람들을 다시 보게 되는 기쁨은 이루 말할 수 없이 클 것이다! 더 이상 논쟁이나 심술궂은 말, 감정을 할퀴는 것이나 오해, 방치나 분주함, 방해나 경쟁, 시기나 교만, 이기심이나 어떤 종류의 죄도 없을 것이다!

-앤 그레이엄 로츠(1948-), 전도자, 빌리 그레이엄의 딸

성경의 진리 예수님을 믿고 세상을 떠난 사랑하던 사람들 그리고 친구들과의 총체적 재회가 다가오고 있다(살전 4:13-17).

819

순전한 기쁨의 나라가 있네.
죽지 않는 성도들이 다스리는 곳
영원히 계속되는 낮이 밤을 배제하고
즐거움이 고통을 몰아내는 곳.
-아이작 와츠(1674-1748), 찬송 작사가

성경의 진리 우리는 "더 나은 본향…곧 하늘에 있는 것"(히 11:16) 안에서 영원히 살 것이다.

820

완벽한 회복, 더 이상 저주가 없을 것이다. 완벽한 통치, 하나님과 어린양의 보좌가 그 안에 있을 것이다. 완벽한 복종, 하나님의 종들이 그분을 섬길 것이다. 완벽한 변혁, 그들은 그분의 얼굴을 볼 것이다. 완벽한 동일화, 하나님의 이름이 그들의 이마에 있을 것이다. 그리고 거기에는 밤이 없을 것이다. 그들에게는 양초도, 햇빛도 필요 없을 것이다. 그것은 완벽한 조명, 주님이 그들에게 빛을 주시기 때문이다. 그리고 완벽한 환희, 그들은 영원무궁토록 다스릴 것이다.
-A. T. 피어슨(1837-1911), 장로교 목사

성경의 진리 "하나님이 자기를 사랑하는 자들을 위하여 예비하신 모든 것은 눈으로 보지 못하고 귀로 듣지 못하고 사람의 마음으로 생각하지도 못하였다"(고전 2:9).

821

하늘의 예배는 제한적이거나 조종된 것이 아니라 자발적이고 진정함의 극치가 될 것이다…우리는 마음속에서 하나님께 대한 경배와 사랑을 우리의 입술로 표현하는 순전한 기쁨에 푹 빠질 것이다…당신은 입을 다문 채 오르간 선율이 흐르는 조용하고 엄숙한 예배 또한 발견하지 못할 것이다. 그 대신 커다란 외침과 큰 소리와 나팔소리를 들을 것이다.
－더글라스 코넬리, 목사, 저자

성경의 진리 "우리 주 하나님이여 영광과 존귀와 권능을 받으시는 것이 합당하오니 주께서 만물을 지으신지라 만물이 주의 뜻대로 있었고 또 지으심을 받았나이다"(계 4:11).

822
우리는 절대 죄짓지 않을 것이고, 절대 실수하지 않을 것이며, 절대 죄를 고백할 필요가 없을 것이고, 절대 물건을 수선하거나 다른 것으로 교체할 필요가 없을 것이다(수도꼭지가 새지도 않고, 전구를 갈아 낄 필요도 없으며, 자동차를 수리할 필요도 없다). 우리는 절대 우리 자신을 변명하거나, 사과하거나, 죄책감을 느끼거나, 사탄과 마귀와 더불어 싸우거나 아니면 재활, 외로움, 우울함, 혹은 피로를 경험할 필요가 없을 것이다.
－마크 히치콕, 목사, 저자

성경의 진리 "무엇이든지 속된 것이나 가증한 일 혹은 거짓말하는 자는 결코 그리로 들어가지 못하되 오직 어린양의 생명책에 기록된 자들만 들어가리라"(계 21:27).

823
천국이라는 주제에 대해 종종 묵상하고 좋은 것들이 오리라고 기대하면서 기뻐하는 일을 두려워하지 말라. 세상 저편을 기억하면서 위로를 받으라.
－J. C. 라일(1816-1900), 영국 리버풀 성공회 주교

성경의 진리 천국이 얼마나 상상할 수 없을 정도로 멋진 곳인지 종종 묵상하라(고전

2:9, 고후 4:17, 골 3:2).

824

우리가 죄의 저주 아래 사는 동안 이 세상에서 알았던 그 어떤 즐거움도 천국의 순전한 기쁨에 비하면 사소하고, 하찮은 유희일 뿐이다.

-존 맥아더(1939-), 그레이스 교회 목사

성경의 진리 "주의 앞에는 충만한 기쁨이 있고 주의 오른쪽에는 영원한 즐거움이 있나이다"(시 16:11).

825

천국은 완벽히 질서정연하고 조화롭게, 하나님을 또 하나님 안에서 서로를 누리는 것이다.

-아우구스티누스(354-430), 히포의 주교

성경의 진리 천국은 하나님의 낙원이다(고후 12:2-4, 계 2:7).

826

천국에 거하는 모든 사람은 온전히 복을 받을 것이다. 하지만 모두가 다 똑같이 복을 받지는 않을 것이다. 모든 신자의 잔은 가득 차 넘칠 것이다. 하지만 그 잔의 크기가 다 같지는 않을 것이다. 영원 속에서 하나님을 음미하는 우리의 능력은 이 땅에서 보낸 시간 속에서 결정된다.

-노먼 가이슬러(1932-), 기독교 변증가

성경의 진리 "이는 우리가 다 반드시 그리스도의 심판대 앞에 나타나게 되어 각각 선악 간에 그 몸으로 행한 것을 따라 받으려 함이라"(고후 5:10).

827
하나님이 거하시는 빛은 눈으로 볼 수 있는 모든 것보다 더 우월하다. 그것은 해와 별들의 광휘가 아닌 다른 어떤 것이다. 그것은 이 세상의 눈으로 보지 못한다. 그것은 "가까이 가지 못할"(딤전 6:16) 것, 이 세상의 모든 것으로부터 멀리 떨어져 있는 것(고후 12:4)이다. 하늘의 천사들만이 볼 수 있다(마 18:10). 영원한 빛 안에서 완전하게 된 사람들(마 5:8, 요일 3:2, 계 22:4)만이, 그분의 정결하심과 같이 정결하고 거룩한 사람들(요일 3:2-3)만이 볼 수 있다.
-에리히 자우어(1898-1959), 독일 비데네스트 성경학교

성경의 진리 하나님은 "가까이 가지 못할 빛에 거하"(딤전 6:16)신다. "그 성은 해나 달의 비침이 쓸 데 없으니 이는 하나님의 영광이 비치고 어린 양이 그 등불이 되심이라"(계 21:23).

828
천국에 가장 완벽한 자비가 있는 것처럼, 지옥에는 가장 완벽한 미움이 있다.
-토마스 아퀴나스(1225-1274), 이탈리아 철학자, 신학자

성경의 진리 하늘에는 찬양과 예배가 끝이 없을 것이며(계 19:6), 반면 지옥에는 "울며 이를 가는 것"(마 13:50)이 끝이 없을 것이다.

829
묘한 일이다. 천국에 가면 나는 다시 한 번 내 눈물을 씻어줄 수 있을 텐데, 거기에서 나는 울 필요가 없다니….
-조니 에릭슨 타다(1949-), '즈니와 친구들' 설립자

성경의 진리 "모든 눈물을 그 눈에서 닦아 주시니"(계 21:4).

830
공포의 왕, 우리의 마지막 원수는 진주 문을 깨뜨리고 들어와 천국의 행복을 결코 방해하지 못할 것이다! 더 이상 임종의 자리에서 밤새 간호를 한다거나 장례식을 치르는 일도 없을 것이다. 더 이상 영구차는 없다.
-오스왈드 샌더스(1902-1992), 해외 선교회 책임자

성경의 진리 "사망과 음부도 불못에 던져지니 이것은 둘째 사망 곧 불못이라"(계 20:14).

831
한 가지 알고 싶은 게 있네.
바로 천국으로 가는 길,
그 행복한 해변에 안전하게 상륙하는 법.
하나님이 직접 그 길을 가르쳐 주러 내려오셨네.
바로 그 일을 위해 그분이 천국에서 오셨다네.
그분은 한 책에 그것을 기록하셨네
오, 나에게 그 책을 주시오!
천금이 들더라도 그 책을 내게 주시오.
여기 그 책이 있네. 그 지식만 있으면 내겐 충분하다네.
난 그 책에 정통하리라.
분주하게 오가는 사람들과 멀리 떨어져 난 여기 있네.
난 홀로 앉아 있네. 하나님만이 여기 계시네.
그분 앞에서 나는 그분의 책을 열어서 읽는다네.
천국으로 가는 길을 발견하려고.
-존 웨슬리(1703-1791), 감리 교회 창시자

성경의 진리 존 웨슬리는 천국이 하나님 그리고 그리스도와 친밀한 교제를 누리는 장

소라는 사실에서 동기 부여를 받았다(사 60:19-20, 요 12:26, 14:3, 17:24, 고후 5:6-7, 빌 1:23, 살전 4:17, 계 3:4-5, 12, 19:6-9).

832
우리가 천국에서 주로 하는 일은 하나님을 즐거워하는 것이다.
-윌리엄 플러머(1802-1880), 저자, 주석가

성경의 진리 성경은 약속한다. "주의 앞에는 충만한 기쁨이 있고 주의 오른쪽에는 영원한 즐거움이 있나이다"(시 16:11).

천국 시민

833
그리스도인은 천국에 이르려 애쓰고 있는 이 세상 시민이 아니다. 이 세상을 통과해 나아가고 있는 천국의 시민이다.
-빈스 해브너(1901-1986), 침례교 목사

성경의 진리 사도 바울은 우리에게 "우리의 시민권은 하늘에 있는지라 거기로부터 구원하는 자 곧 주 예수 그리스도를 기다리노니"(빌 3:20)라고 말한다. 우리는 "더 나은 본향을 사모하니 곧 하늘에 있는 것"(히 11:16)을 향해 가는 길에 있다.

천국과 지옥

834
심판 날에는 단 두 부류의 사람이 있을 뿐이다. 하나님께 "아버지의 뜻이 이루어지기 원합니다"라고 말하는 사람과, 끝내 하나님께서 "너희가 원하는 대로 될 것이다"라고 말씀하시는 사람이다.
-C. S. 루이스(1898-1963), 저자, 옥스퍼드 대학 교수

성경의 진리 악한 자들은 "영벌에, 의인들은 영생에 들어가리라"(마 25:46).

835
악인들은 결코 죽지 않는 벌레를 얻고, 경건한 자들은 결코 쇠하지 않는 면류관을 얻는다.
-토마스 왓슨(1620-1686), 청교도 설교자, 저자

성경의 진리 마침내 모든 사람(신자와 불신자)은 완전한 심판을 받을 것이다(고후 5:10, 계 21:11-15).

836
하나님의 자비하신 손에 자신을 내어 드리지 못하는 사람은 그분의 정의로운 손에 건짐을 받지도 못한다.
-매튜 헨리(1662-1714), 성경 주석가, 장로교 목사

성경의 진리 하나님은 누구도 멸망하기를 원치 않으신다(벧후 3:9). 그러나 예수 그리스도 안에 있는 구원의 선물을 자기 것으로 삼지 않는 사람들은 정당한 정죄를 받게 될 것이다(요 3:18, 계 20:11-12).

837
무엇이 천국을 천국 되게 하는지 알고 싶은가? 바로 하나님과의 친밀함이다. 무엇이 지옥을 지옥 되게 하는지 알고 싶은가? 바로 하나님께 버림 받는 것이다.
-작자 미상

성경의 진리 천국에서 하나님은 그분의 백성과 얼굴을 대면하며 거하실 것이다(고전 13:12, 계 21:3).

천사

838
천사들은 우리를 향하신 하나님의 은혜를 나누어 주고 관리한다. 천사들은 우리의 안전을 돌보고, 우리를 방어해 주며, 우리의 길을 안내하고, 우리에게 악이 미치지 않도록 끊임없이 돕는다.
―장 칼뱅(1509-1564), 프랑스 종교개혁가

성경의 진리 천사들은 구체적인 행동으로 하나님의 백성을 섬기는 "섬김의 영"(히 1:14)이다.

839
천사들은 우리의 안전을 위해 밤새 기도하고, 우리의 안위를 책임지며, 우리의 길을 안내하고, 그 무엇도 우리를 해치지 못하게 한다.
―장 칼뱅(1509-1564), 프랑스 종교개혁가

성경의 진리 "그가 너를 위하여 그의 천사들을 명령하사 네 모든 길에서 너를 지키게 하심이라"(시 91:11, 참고 왕하 6:17).

첫인상

840
첫 인상은 절대 두 번 기회를 주지 않는다.
―찰스 스윈돌(1934-), 스톤브라이어 교회 목사

성경의 진리 우리는 언제나 친절해야 하고(살전 5:15), 자비와 사랑으로 옷 입어야 한다(골 3:12-14).

축복

841
하나님은 사람에게 하나님이 얼마나 큰 축복인지를 깨닫도록 허용하시는 경우가 좀처럼 없다.
- 오스왈드 챔버스(1874-1917), 『주님은 나의 최고봉』 저자

성경의 진리 성경은 "교만하여지는" 것의 위험을 경고한다(딤전 3:6, 6:4).

842
하나님은 우리가 하나님의 축복을 간절히 바라는 것보다 더 간절히 우리에게 복 주기를 원하신다.
- 아우구스티누스(354-430), 히포의 주교

성경의 진리 하나님은 당신의 백성에게 풍성히 복을 베풀기 원하신다(시 144:15). 게다가 하나님은 "우리가 구하거나 생각하는 모든 것에 더 넘치도록 능히 하실 이"(엡 3:20)시며 그렇게 할 준비가 되어 있으시다.

친구

843
어떤 일이 생긴다 해도 친구가 있다는 사실은 큰 위로가 된다.
- 크리소스톰(347-407), 초대 교회 교부

성경의 진리 친구는 형제보다 더 가까울 수 있다(잠 18:24).

친절함

844
아이가 자랐을 때 훗날 어른에 대해 기억하는 단 한 가지는 그 사람이 자신에게 친절했는가 불친절했는가 하는 것뿐인 경우가 많다.
-빌리 그레이엄(1918-), 전도자

성경의 진리 우리는 언제나 친절한 마음과 긍휼한 마음을 지녀야 한다(엡 4:32).

845
친절함은 열심, 웅변, 학식보다 더 많은 죄인을 회심시켰다.
-프레드릭 파베르(1814-1863), 찬송 작사가, 신학자

성경의 진리 언제나 "너희 속에 있는 소망에 관한 이유를 묻는 자에게는 대답할 것을 항상 준비하되 온유와 두려움으로"(벧전 3:15) 해야 한다.

846
욕을 퍼붓는 사람은 언제나 설 자리를 잃어버린다.
-작자 미상

성경의 진리 "인자한 자는 자기의 영혼을 이롭게 하고 잔인한 자는 자기의 몸을 해롭게 하느니라"(잠 11:17).

침묵의 지혜

847
입을 열고 모든 의심을 제거하는 것보다 침묵을 지키며 바보처럼 여겨지는 게 더 낫다.
-작자 미상

성경의 진리 "조용히 자기 일을 하고 너희 손으로 일하기를 힘쓰라"(살전 4:11).

크리스마스

848
당신이 하나님 아버지의 얼굴을 올려다보고 그분이 주신 크리스마스 선물을 받았노라고 말씀드리기까지는 진정으로 크리스마스를 즐길 수 없다.
-존 라이스(1895-1980), 침례교 전도자

성경의 진리 천사는 요셉에게 마리아가 "아들을 낳으리니 이름을 예수라 하라 이는 그가 자기 백성을 그들의 죄에서 구원할 자이심이라"(마 1:21)고 지시했다. 이것이 참된 크리스마스 이야기다! 예수님은 우리에게 계속 주어지고 있는 선물이다.

타락

849
좌초된 배, 날개가 부러진 독수리, 잡초로 뒤덮인 정원, 줄이 끊긴 하프, 폐허가 된 교회…이 모든 것은 슬픈 장면이다. 하지만 타락한 신자는 가장 슬픈 장면이다.
-J. C. 라일(1816-1900), 영국 리버풀 성공회 주교

성경의 진리 다윗이 밧세바와 죄를 저지름으로 타락한 모습은 참으로 슬픈 장면이다. 그의 죄가 "항상" 그의 앞에 있고, 그가 깨끗하게 되고 새롭게 되어야 할 절박한 필요가 있으며, 그의 "뼈들"이 "꺾였기" 때문에, 그는 자신이 범죄한 것을 민감하게 인식하고 있었다(시 51편). 우리는 다윗의 범죄함에서 교훈을 얻어야 한다.

850
타락은 무릎 꿇는 일이 중단될 때 시작된다!
-작자 미상

성경의 진리 우리는 기도해야 한다. "우리를 시험에 들게 하지 마시옵고"(마 6:13). 이렇게 기도하지 않는 것이 타락의 서곡이다.

851
사람들은 공적으로 타락하기 훨씬 전부터 사적으로 타락한다.
-J. C. 라일(1816-1900), 영국 리버풀 성공회 주교

성경의 진리 죄에는 높은 가격표가 붙어 있다. 그것이 비록 사적으로 시작되었을지라도 결국 공적인 수치와 불명예를 불러올 것이기 때문이다(창 3:7, 잠 3:35, 13:5).

852
절대 타락하지 않는 유일한 방법이 있다. 언제나 하나님을 경외하는 것이다.
-윌리엄 젠킨(1613-1685), 목사

성경의 진리 사도 바울이 말하듯, "그런즉 선 줄로 생각하는 자는 넘어질까 조심하라"(고전 10:12).

탐욕

853
사람은 소유가 적을 때, 소유가 많을 때, 혹은 그 중간 어느 정도일 때 탐욕스러울 수 있다. 탐욕은 환경 때문이 아니라 마음에서 나오기 때문이다.
-찰스 라이리(1925-), 신학자, 달라스 신학교 교수

성경의 진리 우리는 언제나 탐욕(잠 21:26, 눅 12:15)과 돈을 사랑하는 것(딤전 3:3)을 경계해야 한다. 그것은 영혼에 암과 같다.

태도

854
나는 확신한다. 인생의 10퍼센트는 나에게 일어나는 일이고, 90퍼센트는 그 일에 대한 나의 반응이라는 것을. 당신도 그렇다. 그러므로 우리는 우리의 태도에 대해 책임을 져야 한다.
-찰스 스윈돌(1934-), 스톤브라이어 교회 목사

성경의 진리 태도를 통제하는 가장 좋은 방법 가운데 하나는 성령을 의지하는 것이다. 성령의 열매는 사랑과 희락과 화평과 오래 참음과 자비와 양선과 충성과 온유와 절제로(갈 5:22-23), 이것은 모두 좋은 태도를 이루는 핵심 요소다.

855
상황을 바꿀 수 없다면 상황에 반응하는 당신의 태도를 바꾸라.
-팀 한셀(1941-2009), 세미나 지도자

성경의 진리 "하나님을 사랑하는 자 곧 그의 뜻대로 부르심을 입은 자들에게는 모든 것이 합력하여 선을 이루느니라"(롬 8:28). 이러한 인식은 우리가 처한 상황에 적

극적으로 반응하도록 도와준다.

856
하나님은 종종 우리가 처한 환경을 바꾸시는 대신 그 환경에 대한 우리의 태도를 바꾸셔서 우리를 위로하신다.
-S. H. B. 마스터맨, 기독교 지도자

성경의 진리 하나님은 우리의 환경을 주관하는 분이 자신이시고, 그런 환경을 허용하시는 데는 목적이 있다는 사실을 우리가 이해하기 원하신다(롬 8:28). 우리는 그래서 바울처럼 이렇게 말하는 것을 배울 수 있다. "어떠한 형편에든지 나는 자족하기를 배웠노니"(빌 4:11).

857
그리스도께서 어제 죽으셨고, 오늘 다시 살아나셨으며, 내일 다시 오실 것처럼 살라.
-마르틴 루터(1483-1546), 종교개혁가, 사제, 신학 교수

성경의 진리 우리가 가진 "복스러운 소망"은 "우리의 크신 하나님 구주 예수 그리스도의 영광이" 나타나시는 것이다(딛 2:13). 이 사실만으로도 우리의 일상은 격려로 가득해진다(살전 4:18).

패배

858
그리스도인의 삶이 갑자기 순식간에 무너지는 경우는 드물다. 아주 조금씩 서서히 균열되다 무너져 내린다.
-폴 리틀(1928-1975), 전도자

성경의 진리 다윗은 도덕적으로 서서히 균열되었다. 그가 옥상에서 밧세바를 지켜보았을 때 마음속으로 간통을 저질렀다. 그것이 육체적 간음으로 이어졌다. 밧세바의 남편을 속여 그녀와 동침하게 하려 했다. 이 일이 실패하자 결국 그녀의 남편을 전투의 최전선에 세워 확실히 죽게 했다(삼하 11장).

평온함

859
사람들의 칭찬에도 혹평에도 신경을 쓰지 않는 사람은 그 마음이 큰 평온함을 누린다. 그는 쉽게 만족하고 평온할 것이며, 그의 양심은 순결하다. 당신은 칭찬을 받는다고 더 거룩하지도 않고, 흠이 잡힌다고 더 가치 없는 존재도 아니다.
-토마스 아 켐피스(1380-1471), 『그리스도를 본받아』 저자

성경의 진리 "오직 하나님께 옳게 여기심을 입어 복음을 위탁 받았으니 우리가 이와 같이 말함은 사람을 기쁘게 하려 함이 아니요 오직 우리 마음을 감찰하시는 하나님을 기쁘시게 하려 함이라"(살전 2:4).

평화

860
신자의 가슴 속에는 결코 평화가 있을 수 없다. 하나님과 더불어 있을 때는 평화를 누리지만, 죄와는 끊임없이 싸우기 때문이다.
-로버트 머레이 맥체인(1813-1843), 스코틀랜드 교회 목사

성경의 진리 위대한 사도 바울도 이렇게 말했다. "내가 행하는 것을 내가 알지 못하노니 곧 내가 원하는 것은 행하지 아니하고 도리어 미워하는 것을 행함이라…내 속

곧 내 육신에 선한 것이 거하지 아니하는 줄을 아노니 원함은 내게 있으나 선을 행하는 것은 없노라 내가 원하는 바 선은 행하지 아니하고 도리어 원하지 아니하는 바 악을 행하는도다 만일 내가 원하지 아니하는 그것을 하면 이를 행하는 자는 내가 아니요 내 속에 거하는 죄니라"(롬 7:15, 18-20).

풍성한 삶

861
풍성한 삶의 비결은 당신의 책임이 아니라, 하나님의 능력에 대한 당신의 반응이다.
-칼 F. H. 헨리(1913-2003), 미국 복음주의 신학자

성경의 진리 자신이 얼마나 약한 존재인지를 알고 있었던 바울은 "내게 능력 주시는 자 안에서 내가 모든 것을 할 수 있느니라"(빌 4:13)고 말했다. 하나님의 능력은 인간의 약함 속에서 "온전하여"진다(고후 12:9).

하나님과 동행함

862
빛 속에서 홀로 가기보다는 차라리 어둠 속에서 하나님과 동행하겠다.
-메리 가디너 브레이너드(1837-1905), 미국 종교시 저자

성경의 진리 "나는 세상의 빛이니 나를 따르는 자는 어둠에 다니지 아니하고 생명의 빛을 얻으리라"(요 8:12).

하나님께 굴복함

863
내 존재는 더 이상 나의 것이 아니라 당신의 것입니다.
나를 당신이 뜻하시는 곳에 두시고,
나를 당신이 뜻하시는 자들과 함께 세우소서.
내가 행동하게 하시고 내가 고난을 받게 하소서.
내가 주님을 위해 사용되거나 주님을 위해 한쪽으로 제쳐지게 하소서.
주님을 위해 높여지거나 주님을 위해 낮아지게 하소서.
내가 충만하게 하시고, 내가 텅 비게 하소서.
내가 모든 것을 갖게 하시고 내가 아무것도 갖지 않게 하소서.
나는 아낌없이 전심으로 모든 것을,
주님이 기뻐하시는 대로 주님의 처분에 맡겨 드립니다.
-존 웨슬리(1703-1791), 감리 교회 창시자

성경의 진리 예수님은 말씀하셨다. "자기 목숨을 얻는 자는 잃을 것이요 나를 위하여 자기 목숨을 잃는 자는 얻으리라"(마 10:39).

하나님께 복종함

864
아담은 하나님의 벗이자 동역자로 지음받았다. 그에게는 하늘과 땅, 바다의 모든 생명에 대한 지배권이 있었다. 그러나 정죽 자기 자신은 지배하지 못했다.
-오스왈드 챔버스(1874-1917), 『주님은 나의 최고봉』 저자

성경의 진리 아담은 하나님의 지배 아래 있었다. 하나님은 그에게 도덕적 명령을 내리

셨는데 그는 그 명령을 따르는 데 실패했다(창 2:17).

865
하나님은 무엇을 요구하시는가? 전부!
-어윈 루처(1941-), 시카고 무디 교회 목사

성경의 진리 "누구든지 제 목숨을 구원하고자 하면 잃을 것이요 누구든지 나를 위하여 제 목숨을 잃으면 찾으리라"(마 16:25).

866
그리스도의 멍에를 메는 것은 놀랄 만큼 어려운 것처럼 보인다. 하지만 그것을 메자마자, 모든 것이 쉬워진다.
-오스왈드 챔버스(1874-1917), 『주님은 나의 최고봉』 저자

성경의 진리 "수고하고 무거운 짐 진 자들아 다 내게로 오라 내가 너희를 쉬게 하리라 나는 마음이 온유하고 겸손하니 나의 멍에를 메고 내게 배우라 그리하면 너희 마음이 쉼을 얻으리니 이는 내 멍에는 쉽고 내 짐은 가벼움이라"(마 11:28-30).

하나님께 사용됨

867
당신이 기꺼이 하나님께 사용되고자 한다면, 하나님께 당신이 기꺼이 하나님을 기뻐하게 만들어 달라고 구하라.
-F. B. 마이어(1847-1929), 침례교 목사, 전도자

성경의 진리 주님은 인간의 마음을 바꿀 수 있는 독특한 능력을 가지고 계시다(잠 21:1). 그분께 당신의 마음을 바꾸어 달라고 구하라!

868

하나님은 우리의 능력이나 무능력을 요구하지 않으신다. 부르심에 대한 우리의 응답만을 요구하신다.
−작자 미상

성경의 진리 예수님은 제자들에게 필기시험을 내지 않으셨다. 그저 "나를 따라오라"는 초청만 하셨다(마 4:19, 8:22). 예수님은 모든 사람을 "내게로 오라"(마 11:28)고 초청하신다.

하나님에 대한 잘못된 개념

869

혹자는 하나님이 하늘의 발코니에서 인생을 즐기고 있는 사람들을 적발하려고 살펴보신다고 생각한다. 그래서 그렇게 행복한 사람을 발견해내면, "당장 멈춰!"라고 소리 지르신다는 것이다. 하나님에 대한 이런 개념은 우리를 전율케 한다. 그것은 신성모독이기 때문이다!
−폴 리틀(1928-1975), 전도자

성경의 진리 하나님은 우리에게 엄청난 축복을 주려고 찾으신다. 빼앗아 가시려는 것이 아니다(대하 1:11-12 참고).

하나님에 대한 증거

870

사람들은 억지로 하나님을 보게 하지 않으면 눈을 뜰 수 없다. 하나님은 그분의 작품 하나하나마다 그분 영광의 명백한 표시들을 새겨 놓으셨다. 이처럼 우주를 솜씨 있게 배열해 놓으신 것은 우리가 그렇지 않으면 볼 수 없는 하나님을 묵상할 수 있는 일종의 거울이다.
—장 칼뱅(1509-1564), 프랑스 종교개혁자

성경의 진리 "창세로부터 그의 보이지 아니하는 것들 곧 그의 영원하신 능력과 신성이 그가 만드신 만물에 분명히 보여 알려졌나니"(롬 1:20).

하나님을 갈망함

871
하나님은 우리가 그분을 갈망하기를 갈망하신다.
—아우구스티누스(354-430), 히포의 주교

성경의 진리 "하나님이여 사슴이 시냇물을 찾기에 갈급함 같이 내 영혼이 주를 찾기에 갈급하니이다 내 영혼이 하나님 곧 살아 계시는 하나님을 갈망하나니"(시 42:1-2).

하나님을 기쁘시게 함

872
우리는 사회적인 판단과 우리가 하나님께 의지하는 것을 사람들이 못마땅해 하는 것을 두려워하면서 하나님께 대해 비의존적이 된다.
—폴 투르니에(1898-1986), 스위스 의사, 저술가

성경의 진리 바울은 이렇게 물었다. "이제 내가 사람들에게 좋게 하랴 하나님께 좋게 하랴 사람들에게 기쁨을 구하랴 내가 지금까지 사람들의 기쁨을 구하였다면 그리스도의 종이 아니니라"(갈 1:10).

하나님을 따름

873
하나님과 동행하기 위해서는 하나님이 가시는 방향으로 가야 한다.
-작자 미상

성경의 진리 그리스도의 양은 그분을 따른다(요 10:27).

874
사람이 져야 할 모든 의무는 하나님의 뜻에 순종하는 것 하나로 요약할 수 있다.
-조지 워싱턴(1732-1799), 미국 초대 대통령

성경의 진리 예수님은 분명히 말씀하셨다. "누구든지 하나님의 뜻대로 행하는 자가 내 형제요 자매요 어머니이니라"(막 3:35).

875
하나님이 원하시는 것을 열망할 때 우리의 마음은 올바르다.
-토마스 아퀴나스(1225-1274), 이탈리아 철학자, 신학자

성경의 진리 "어리석은 자가 되지 말고 오직 주의 뜻이 무엇인가 이해하라"(엡 5:17).

876
하나님의 뜻 안에서가 가장 안전하다.
-코리 텐 붐(1892-1983), 홀로코스트 생존자

성경의 진리 "오직 하나님의 뜻을 행하는 자는 영원히 거하느니라"(요일 2:17).

877
나의 모든 기도는 하나로 모아진다. "아버지의 뜻이 이루어지이다."
―찰스 웨슬리(1707-1788), 감리교 운동 지도자, 찬송 작사가

성경의 진리 우리는 날마다 이렇게 기도해야 한다. "나라가 임하시오며 뜻이 하늘에서 이루어진 것 같이 땅에서도 이루어지이다"(마 6:10).

하나님을 신뢰함

878
나는 나의 '왜?'라는 말들을
당신의 십자가 앞에 내려 놓습니다.
무릎 꿇고 예배드리면서.
내 마음은 생각을 하기에는 너무 무감각하고
내 마음은 모든 감정을 넘어서 있습니다.
그리고 예배드리면서 나는 깨닫습니다.
당신을 알기 위해 '왜?'라는 물음은 필요 없다는 사실을.
―루스 벨 그레이엄(1920-2007), 빌리 그레이엄의 아내

성경의 진리 "너는 마음을 다하여 여호와를 신뢰하고 네 명철을 의지하지 말라 너는 범사에 그를 인정하라 그리하면 네 길을 지도하시리라"(잠 3:5-6).

879
알지 못하는 우리의 미래를 우리가 알고 있는 하나님께 맡기는 것을 결코 두려워하지 말라.
―코리 텐 붐(1892-1983), 홀로코스트 생존자

성경의 진리 "나의 앞날이 주의 손에 있사오니"(시 31:15).

880

하나님에 대해 더 많이 알수록 우리는 더 거리낌 없이 그분을 신뢰할 것이다. 우리가 하나님을 아는 지식에서 더 많이 진보할수록 우리의 믿음은 더 단순하고 더 어린아이같이 될 것이다.

−존 그레샴 메이첸(1881−1937), 미국 장로교 신학자

성경의 진리 "여호와를 의지하는 자는 복이 있도다"(시 40:4).

881

나는 내 손으로 많은 것을 붙잡고 있었지만, 모두 잃어버리고 말았다. 하지만 내가 하나님의 손에 놓아둔 것은 아무것도 잃지 않았다.

−마르틴 루터(1483−1546), 종교개혁가, 사제, 신학 교수

성경의 진리 하나님은 우리가 그분께 맡긴 모든 것을 지켜주신다(딤후 1:12). 하나님이 하시는 모든 일은 신뢰할 수 있다(시 33:4).

882

신뢰한다는 것은 하나님의 다함없는 자원들에 의지한다는 것이다.

−작자 미상

성경의 진리 하나님은 "우리가 구하거나 생각하는 모든 것에 더 넘치도록 능히 하실"(엡 3:20) 이시다.

883

신뢰란 붙잡고 있던 것을 놓는 것이다. 그리고 하나님이 당신을 붙잡으실 것을 아는 것이다.

−제임스 돕슨(1936−), '포커스 온 더 패밀리' 설립자

성경의 진리 물 위에서 걷던 베드로가 빠지기 시작하는 순간, "예수께서 즉시 손을 내밀어 그를 붙잡으"셨다(마 14:31). 주님은 약속하셨다. "내가 결코 너희를 버리지 아니하고 너희를 떠나지 아니하리라"(히 13:5).

884
나는 어린아이들에게 아침에는 아침식사가, 정오에는 오찬이 그리고 밤에 잠자리에 들기 전에도 무언가가 필요하다는 사실을 기억하는 것이 어렵지 않다. 어떻게 잊을 수 있겠는가. 하늘에 계신 우리 아버지가 나보다 애정이 덜하고 주위가 산만하시다고는 도저히 생각할 수 없다. 나는 하늘에 계신 우리 아버지께서 그 자녀들을 잊어버리실 때가 있다고는 믿지 않는다. 나는 정말 서툰 아버지다. 그렇다고 내 자녀들을 잊어버리지는 않는다. 하나님은 정말 좋은 아버지시다. 그분이 그 자녀들을 잊으실 수는 없다.
-허드슨 테일러(1832-1905), 선교사, 중국내지선교회 설립자

성경의 진리 우리는 매일 "나는 하나님을 의지한다"(시 56:11)고 말해야 한다.

하나님을 아는 것

885
우리는 하나님을 알기 위해 지음받았다. 그러므로 우리 인생의 목표는 하나님을 아는 것이다. 예수님이 주시는 '영생'은 하나님을 아는 지식이다. 다른 어떤 것과는 비교할 수 없는 기쁨과 만족을 주는 인생 최고의 것 역시 하나님을 아는 지식이다.
-J. I. 패커(1926-), 저자, 신학자

성경의 진리 "영생은 곧 유일하신 참 하나님과 그가 보내신 자 예수 그리스도를 아는

것이니이다"(요 17:3).

886
그리스도를 잘 아는 것보다 우리에게 더 필요한 것은 없다.
-앤드류 머레이(1828-1917), 남아프리카 저술가, 목사

성경의진리 "또한 모든 것을 해로 여김은 내 주 그리스도 예수를 아는 지식이 가장 고상하기 때문이라 내가 그를 위하여 모든 것을 잃어버리고 배설물로 여김은 그리스도를 얻고"(빌 3:8).

887
오, 주님, 나의 하나님이여.
당신을 알기 위한 이해력을,
당신을 찾기 위한 부지런함을,
예수 그리스도를 통해
마침내 당신을 받아들일 수 있는 신실함을 주소서.
-토마스 아퀴나스(1225-1274), 이탈리아 철학자, 신학자

성경의진리 우리는 모두 "우리 주 곧 구주 예수 그리스도의 은혜와 그를 아는 지식에서 자라"(벧후 3:18) 가야 한다.

하나님을 의지함

888
하나님께 더 많이 의존할수록, 우리는 그분이 더 의존할 만한 분이심을 발견한다.
-클리프 리처드(1940-), 가수

성경의 진리 하나님은 환난의 때에 온전히 의존할 분이시다(시 50:15).

하나님의 거룩하심

889

사람들은 자신들을 다른 사람들과, 그리고 쉽사리 최악의 사람들과 비교한다. 그러고는 그에 비해 자신들이 좀 더 낫다고 우쭐해한다. 하나님의 무한한 거룩하심을 숙고해보라. 한없이 겸허해질 것이다.
-로버트 레이튼(1611-1684), 스코틀랜드 목사, 글래스고 대주교

성경의 진리 고결한 사람이었던 이사야는 하나님의 거룩하심을 보았을 때 이렇게 외쳤다. "화로다 나여 망하게 되었도다 나는 입술이 부정한 사람이요"(사 6:5).

890

하나님을 향한 참된 사랑은 그분의 거룩하심을 기뻐하는 것으로부터 시작되어야 한다.
-조나단 에드워즈(1703-1758), 신학자

성경의 진리 우리 하나님은 거룩함으로 장엄하시다(출 15:11).

하나님의 도우심

891

나는 하나님께 나를 도와달라고 구했다. 그다음에 내가 하나님을 도울 수 있을지 여쭈었다. 맨 마지막에는 하나님이 나를 통해 그분의 일을 하시도록 구했다.
-허드슨 테일러(1832-1905), 선교사, 중국내지선교회 설립자

성경의 진리 "내게 능력 주시는 자 안에서 내가 모든 것을 할 수 있느니라"(빌 4:13).

892
하나님은 깨어지고 혼란스러운 것에서 쓸모 있고 아름다운 무언가를 만들어 내는 데 전문가시다.
-찰스 스윈돌(1934-), 스톤브라이어 교회 목사

성경의 진리 하나님이 전에 교회를 핍박하던 바울을 어떻게 강력하게 사용하셨는지 생각해 보라(행 22:4).

893
하나님은 당신의 자녀에게서 무엇을 제거하시든 훨씬 더 큰 은총으로 그것을 대신하시든가, 아니면 그것을 견딜 수 있는 힘을 주신다.
-리처드 시브스(1577-1635), 영국 신학자

성경의 진리 하나님은 당신에게 힘이 필요할 때 그 힘을 공급해 주실 것을 언제나 신뢰할 수 있는 분이다(사 40:29).

894
우리 자신이 더 약하게 느껴질수록 우리는 하나님께 더 힘껏 기댄다. 그리고 더 힘껏 기댈수록 우리는 더 강해진다.
-조니 에릭슨 타다(1949-), '조니와 친구들' 설립자

성경의 진리 하나님의 힘은 우리의 약함을 상쇄하고도 남는다(고후 12:9).

895
나의 가장 어두웠던 시절들을 되돌아보면 그때야말로 하나님이 나를 가장 꼭 붙들고 계셨음을 깨닫는다. 하지만 그때 나는 주님의 얼굴을 볼 수 없

었다. 내 얼굴을 그분의 가슴 깊이 묻고 있었기 때문이다. 한없이 울면서.
-존 마이클 탈봇(1954-), '자선의 형제자매들' 설립자

성경의 진리 "주께서 내 영혼을 사망에서, 내 눈을 눈물에서, 내 발을 넘어짐에서 건지셨나이다"(시 116:8).

896
하나님은 스스로 도울 수 없는 자들을 도우신다.
-찰스 스펄전, 런던 뉴파크 스트리트 교회 목사

성경의 진리 "무리를 보시고 불쌍히 여기시니 이는 그들이 목자 없는 양과 같이 고생하며 기진함이라"(마 9:36).

897
나의 무력함이 시작되는 곳에 하나님은 들어오신다.
-오스왈드 챔버스(1874-1917), 『주님은 나의 최고봉』 저자

성경의 진리 "두려워하지 말라 내가 너와 함께 함이라 놀라지 말라 나는 네 하나님이 됨이라 내가 너를 굳세게 하리라 참으로 너를 도와주리라 참으로 나의 의로운 오른손으로 너를 붙들리라"(사 41:10).

898
우리에게 선택권이 하나도 남아 있지 않을 때 우리는 하나님이 하실 놀라운 일에 가장 잘 준비된다.
-맥스 루케이도(1955-), 작가, 오크힐스 교회 목사

성경의 진리 "너희는 여호와의 선하심을 맛보아 알지어다 그에게 피하는 자는 복이 있도다"(시 34:8).

899

중요한 것은 나의 능력이 아니라 하나님의 능력에 대한 나의 반응이다.

-코리 텐 붐(1892-1983), 홀로코스트 생존자

성경의 진리 모세는 홍해를 가를 때 이것을 절실히 의식하고 있었다(출 14:21).

900

당신에게는 능력이 없다. 원수가 더 큰 능력을 가지고 있다. 하지만 하나님은 모든 능력을 가지고 계시다. 그러므로 아무런 능력이 없는 상태 그대로 하나님께 나아오라. 전능하신 그분은 영원토록 풍성한 능력을 가지고 계시다. 당신은 원수의 강한 능력을 정복할 수 있다. 하나님의 전능하심은 당신의 무력함을 가지고 대적의 모든 에너지를 이기고 승리하게 하신다.

-에리히 자우어(1989-1959), 독일 비데네스트 성경학교

성경의 진리 바울이 말했듯, 하나님의 능력은 "약한 데서 온전하여"진다(고후 12:9).

901

하나님께 모든 것이 가능하다면, 그분을 믿는 사람에게도 모든 것이 가능하다.

-코리 텐 붐(1892-1983), 홀로코스트 생존자

성경의 진리 "무릇 사람이 할 수 없는 것을 하나님은 하실 수 있느니라"(눅 18:27).

하나님의 뜻

902
자신의 뜻을 하나님의 뜻 안에 묻어 놓는 사람에게는 실망함이 없다.
–프레드릭 파베르(1814-1863), 영국 찬송 작사가, 저자

성경의 진리 참으로 하나님의 뜻을 추구하는 사람들은 요셉이 자신에게 죄를 저지른 형들에게 말했듯, 이렇게 말할 수 있다. "당신들은 나를 해하려 하였으나 하나님은 그것을 선으로 바꾸사"(창 50:20).

903
하나님의 뜻을 아는 것의 95퍼센트는 그 뜻이 무엇인지 알기 전에 그것을 행할 준비가 되어 있는 것이다.
–도널드 그레이 반하우스(1895-1960), 목사, 신학자

성경의 진리 하나님은 "내가 네게 명령하는 이 모든 말을 너는 듣고 지키라 네 하나님 여호와의 목전에 선과 의를 행하면 너와 네 후손에게 영구히 복이 있으리라"(신 12:28)고 말씀하셨다. 하나님의 뜻은 기본적으로 이렇다. "율법에서 계시한 나의 뜻을 네가 주저 없이 순종했으면 한다." 이것이 오늘을 사는 우리의 태도가 되어야 한다!

하나님의 말씀

904
하나님의 말씀이 전파되고 들려지는 곳마다 하나님의 교회가 존재한다. 비록 그곳에 많은 결함이 있을지라도.
–장 칼뱅(1509-1564), 프랑스 종교개혁가

성경의 진리 "너는 말씀을 전파하라 때를 얻든지 못 얻든지 항상 힘쓰라 범사에 오래 참음과 가르침으로 경책하며 경계하며 권하라"(딤후 4:2).

하나님의 무한한 완전하심

905
유한한 피조물이 영원하신 하나님을 파악하려는 것은 모기가 바닷물을 마시려 애쓰는 것과 같다.
-찰스 스펄전(1834-1892), 런던 뉴파크 스트리트 교회 목사

성경의 진리 하나님은 "하늘이 땅보다 높음 같이 내 길은 너희의 길보다 높으며 내 생각은 너희의 생각보다 높음이니라"(사 55:9)고 단언하신다.

하나님의 사랑

906
하나님은 사랑할 사람이 단 한 명밖에 없는 것처럼 우리 각자를 사랑하신다.
-아우구스티누스(354-430), 히포의 주교

성경의 진리 바울은 "하나님이 우리를 사랑하신 그 큰 사랑"(엡 2:4)에 대해 쓴다.

하나님의 선하심

907
시대는 악하고, 하나님은 선하시다.
-리처드 시브스(1577-1635), 영국 신학자

성경의 진리 감사드리자. 하나님은 언제나 선하시기 때문이다(대상 16:34, 시 118:29, 136:1).

하나님의 섭리

908
주권자 되시는 하나님의 자녀인 우리는 환경의 희생자가 될 수 없다.
—찰스 스탠리(1932-), 애틀랜타 제일침례교회 담임 목사

성경의 진리 "우리가 알거니와 하나님을 사랑하는 자 곧 그의 뜻대로 부르심을 입은 자들에게는 모든 것이 합력하여 선을 이루느니라"(롬 8:28).

909
하나님이 해와 행성들을 밝고 질서정연한 아름다움 속에 유지하신다면, 그분은 우리도 지키실 수 있다.
—F. B. 마이어(1847-1929), 침례교 목사, 전도자

성경의 진리 하나님은 주권적으로 만물을 다스리시며(시 103:19), 말씀의 능력으로 모든 것을 유지하신다(골 1:17, 히 1:3).

910
우리의 유한한 관점에서 보면 삶은 끝없는 우연들의 연속이다. 우리는 우리가 계획한 대로 행동하는 대신, 종종 예기치 않은 사건들에 놀라고 반응하는 우리 자신을 발견한다. 우리는 계획을 세우지만, 때때로 그것들을 변경하지 않을 수 없다. 하지만 하나님께는 우연이란 없다. 우리가 예상치 않게 억지로 계획을 변경하게 된 것도 그분 계획의 일환이다. 하나님은 절대 놀라지 않으신다. 절대 불시에 허점을 찔리지 않으신다. 일이 예상치 못한 방향으로 전개되는 것에 좌절하지 않으신다. 하나님은 자신이

기뻐하시는 대로 행하시는데, 그분을 기쁘시게 하는 것은 언제나 그분의 영광과 우리의 유익을 위한 것이다.
-제리 브릿지즈(1929-), 저자, 네비게이토

성경의 진리 "사람의 마음에는 많은 계획이 있어도 오직 여호와의 뜻만이 완전히 서리라"(잠 19:21).

911
사탄의 일은 하나님의 목적을 이루는 데 도움이 되도록 뒤집힌다. 비록 사탄 편에서는 그 목적을 훼방하기 위해 최대한 기를 쓰지만 말이다.
-작자 미상

성경의 진리 하나님은 모든 작은 권세를 자신의 주권 아래 다스리신다(엡 1:20-22).

912
하나님은 마귀가 하는 모든 일보다 한 수 앞지르셔서 그분의 목적에 도움이 되게 하신다.
-오스왈드 챔버스(1874-1917), 『주님은 나의 최고봉』 저자

성경의 진리 하나님은 단언하신다. "나의 뜻이 설 것이니 내가 나의 모든 기뻐하는 것을 이루리라"(사 46:10).

913
하나님이 우리에게 주시는 모든 경험, 그분이 우리 삶에 두시는 모든 사람은 오직 하나님만이 보실 수 있는 미래에 대한 완벽한 준비다.
-코리 텐 붐(1892-1983), 홀로코스트 생존자

성경의 진리 요셉을 통해 그것을 볼 수 있다. 하나님은 요셉이 형들에게 배신당한 일

을 사용하셔서 큰 선을 이루셨다(창 45:8, 50:20).

914
우리의 하늘 아버지는 더 나은 것을 주시려는 생각이 아니면 절대 자기 자녀들에게서 어떤 것도 취하지 않으신다.
-조지 뮐러(1805-1898), 영국 브리스틀 고아원 원장

성경의 진리 우리는 언제나 이 교훈에 주의를 기울여야 한다. "너는 마음을 다하여 여호와를 신뢰하고 네 명철을 의지하지 말라"(잠 3:5).

하나님의 아름다우심

915
하나님은 아름다우시다.
-아시시의 성 프란체스코(1131-1226), 프란체스코 수도회 설립자

성경의 진리 시편 기자처럼 우리도 "내 평생에 여호와의 집에 살면서 여호와의 아름다움을 바라보"기를 열망하자(시 27:4).

하나님의 약속

916
하나님의 약속은 별과 같다. 어두울수록 별은 더 밝게 빛난다.
-데이비드 니콜라스, 교회 설립 네트워크 대표

성경의 진리 "약속하신 이는 미쁘시"다는 것을 잊지 말라(히 10:23). 실로 "그 모든 좋은 약속이 하나도 이루어지지 아니함이 없도다"(왕상 8:56).

하나님의 영광

917
우리는 하나님 영광의 빛을 삶 전체에 굴절시키는 프리즘이 되도록 지음 받았다.
-존 파이퍼(1936-), 설교자, 저자

성경의 진리 "너희 빛이 사람 앞에 비치게 하라"(마 5:16).

918
세상의 창조자이신 성부 하나님께
영광이 있기를 원합니다.
인류의 구속주이신 성자 하나님께
영광이 있기를 원합니다.
당신의 백성을 거룩하게 하시는
성령 하나님께 영광이 있기를 원합니다.
-B. F. 웨스트코트(1825-1901), 영국 목사, 신학자

성경의 진리 우리의 삼위 하나님은 굉장한 분이시다! "주 예수 그리스도의 은혜와 하나님의 사랑과 성령의 교통하심이 너희 무리와 함께 있을지어다"(고후 13:13).

919
하나님의 영광을 볼 때 우리는 겸손해진다. 태양이 솟아오르면 별들은 사라진다.
-토마스 왓슨(1620-1686), 청교도 설교자, 저자

성경의 진리 이사야가 하나님의 영광을 보았을 때 겸손해졌던 것과 마찬가지로(사 6:1-5), 요한은 부활하고 승천하신 예수님의 영광을 목격했을 때 겸손해졌다(계

1:17). 하나님은 "가까이 가지 못할 빛에 거하"신다(딤전 6:16).

하나님의 위대하심

920
하나님의 위대하심을 깊이 묵상하는 사람에게 세상은 보잘것없어 보인다.
-로렌스 형제(1614-1691), 『하나님의 임재 연습』 저자

성경의 진리 "여호와 우리 주여 주의 이름이 온 땅에 어찌 그리 아름다운지요 주의 영광이 하늘을 덮었나이다"(시 8:1).

921
그 때에만 우리는 하나님을 참으로 알 것이다. 하나님이 우리가 그분에 대해 생각할 수 있는 모든 것을 훨씬 뛰어넘으신다는 사실을 믿을 때에.
-토마스 아퀴나스(1225-1274), 이탈리아 철학자, 신학자

성경의 진리 "여호와여 신 중에 주와 같은 자가 누구니이까 주와 같이 거룩함으로 영광스러우며 찬송할 만한 위엄이 있으며 기이한 일을 행하는 자가 누구니이까"(출 15:11).

922
어떻게 유한한 존재가 무한한 존재를 파악할 수 있단 말인가? 우리는 그분을 이해하는 것이지, 파악하는 것은 아니다.
-리처드 시브스(1577-1635), 영국 신학자

성경의 진리 하나님은 "이는 하늘이 땅보다 높음 같이 내 길은 너희의 길보다 높으며 내 생각은 너희의 생각보다 높음이니라"(사 55:9)고 단언하신다.

하나님의 인내하심

923
오, 죄인이여, 당신이 살아 있다는 사실은 하나님이 당신을 엄격한 정의에 따라서 대하지 않으시고 인내로 대하신다는 증거다. 당신이 사는 매 순간은 전능하신 인내심을 보여 주는 또 다른 예다.
-찰스 스펄전(1834-1892), 런던 뉴파크 스트리트 교회 목사

성경의 진리 하나님은 노하기를 더디 하시고(출 34:6, 민 14:18, 시 86:15, 103:8, 나 1:3), 아무도 멸망하지 않기를 원하시며(벧후 3:9), 사람들이 구원받기를 참을성 있게 기다리신다(벧후 3:15).

하나님의 임재

924
당신은 그렇게 크게 외칠 필요가 없다. 그분은 생각보다 우리에게 더 가까이 계신다.
-로렌스 형제(1614-1691 추정), 『하나님의 임재 연습』 저자

성경의 진리 "여호와는 마음이 상한 자를 가까이 하시고 충심으로 통회하는 자를 구원하시는도다"(시 34:18).

925
하나님은 절대 우리의 문제들을 해결해 주겠다고 약속하지 않으셨다. 우리의 질문들에 대답해 주겠다고 약속하지 않으셨다…하나님은 우리와 동행하겠다고 약속하셨다.
-엘리자베스 엘리엇(1926-), 저자, 짐 엘리엇의 아내

성경의 진리 하나님은 여호수아에게 이렇게 약속하셨다. "강하고 담대하라 두려워하지 말며 놀라지 말라 네가 어디로 가든지 네 하나님 여호와가 너와 함께 하느니라"(수 1:9). 여호수아와 함께하셨던 하나님이 또한 우리와 함께하신다!

하나님의 임재 연습

926
언어도 알아들을 수 없고 나를 적대적으로 대하는 사람들 사이에서 유배 생활을 하는 동안, 무엇이 나를 지탱해주었는지 아는가? 그것은 "볼지어다 내가 너희와 항상 함께 있으리라"는 말씀이었다.
-데이비드 리빙스턴(1813-1873), 의료 선교사

성경의 진리 "볼지어다 내가 세상 끝 날까지 너희와 항상 함께 있으리라"(마 28:20).

927
예수님이 임재하시면 모든 것이 형통하고 순탄하다. 그러나 예수님이 부재하시면, 모든 것은 어렵다.
-토마스 아 켐피스(1380-1471), 『그리스도를 본받아』 저자

성경의 진리 "그가 내 안에 내가 그 안에 거하면 사람이 열매를 많이 맺나니 나를 떠나서는 너희가 아무 것도 할 수 없음이라"(요 15:5).

928
주여, 언제나 내 마음에 임재하옵소서.
그리고 주님의 사랑으로
나를 부르신 모든 장소, 사람, 일에서
내 영혼을 채우고 다스리소서. 아멘.
-존 웨슬리(1703-1791), 감리 교회 창시자

성경의 진리 "여호와와 그의 능력을 구할지어다 그의 얼굴을 항상 구할지어다"(시 105:4).

929
삶은 우리를 위한 축제다. 우리는 하나님이 어디에나 계심을 확신한다. 그래서 우리는 일하며 노래하고, 항해하며 찬송을 부르고, 삶의 다른 모든 일을 행하며 기도한다.
-알렉산드리아의 클레멘트(150-215), 신학자, 철학자

성경의 진리 "그리스도의 말씀이 너희 속에 풍성히 거하여 모든 지혜로 피차 가르치며 권면하고 시와 찬송과 신령한 노래를 부르며 감사하는 마음으로 하나님을 찬양하고"(골 3:16).

930
그리스도인은 위험의 부재가 아닌, 하나님의 임재 안에서 안전을 발견한다.
-작자 미상

성경의 진리 "나를 눈동자 같이 지키시고 주의 날개 그늘 아래 감추사"(시 17:8).

931
당신의 삶에서 그리스도의 임재를 연습하라. 당신이 있는 곳에 그분도 계시다는 사실을 기억하라. 그분은 모든 상황을 보신다. 그분은 매 순간 당신을 도우실 수 있다.
-에리히 자우어(1898-1959), 독일 비데네스트 성경학교

성경의 진리 예수님은 '임마누엘'이시다. 그것은 "하나님이 우리와 함께 계시다"(마 1:23)는 의미다.

932

하나님과 가까이 살라. 그러면 세상의 모든 것이 영원한 실상에 비해 작게 보일 것이다.

−로버트 머레이 맥체인(1813−1843), 스코틀랜드 교회 목사

성경의 진리 "하나님을 가까이 하라 그리하면 너희를 가까이 하시리라"(약 4:8).

하나님의 자녀

933

당신의 선택은 어느 쪽인가? 하루 동안 크고 높은 산의 왕이 되는 것인가? 아니면 영원토록 하나님의 자녀가 되는 것인가?

−맥스 루케이도(1955−), 저자, 오크힐스 교회 목사

성경의 진리 하나님의 자녀가 되는 것이 더 낫다. 우리는 하나님의 자녀로서 "썩지 않고 더럽지 않고 쇠하지 아니하는 유업", 곧 "하늘에 간직하신"(벧전 1:4) 것을 가지고 있기 때문이다. 우리는 "약속대로 유업을 이을 자"(갈 3:29)다.

하나님의 자비로우심

934

하나님의 자비가 그분의 백성에게 아침마다 새로운 것처럼, 그분의 진노는 악한 자에게 아침마다 새롭다.

−매튜 헨리(1662−1714), 성경 주석가, 장로교 목사

성경의 진리 "여호와의 인자와 긍휼이 무궁하시므로 우리가 진멸되지 아니함이니이다 이것들이 아침마다 새로우니 주의 성실하심이 크도소이다"(애 3:22−23). 그러나 악한 사람들은 그분의 진노를 경험한다(렘 44:3).

935

하나님의 자비는 너무나 커서 그 자비를 감소시키는 것보다는 바다의 물을 말리거나, 해의 빛을 빼앗거나, 우주를 좁게 만드는 것이 더 빠를 것이다.

-찰스 스펄전(1834-1892), 런던 뉴파크 스트리트 교회 목사

성경의 진리 하나님은 "자비의 아버지"(고후 1:3)시다.

하나님의 전능하심

936

우리는 하나님 전능하심의 한계가 아닌 우리 무력함의 한계까지 그분을 위해 일하려 하는 경우가 얼마나 많은가?

-허드슨 테일러(1832-1905), 중국내지선교회 설립자

성경의 진리 하나님은 아무도 닫을 수 없는 문들을 여신다(계 3:7).

937

하나님의 능력은 너무나 커서 어떤 악도 선한 목적을 위해 사용하실 수 있다.

-토마스 아퀴나스(1225-1274), 이탈리아 철학자, 신학자

성경의 진리 바울은 "우리가 알거니와 하나님을 사랑하는 자 곧 그의 뜻대로 부르심을 입은 자들에게는 모든 것이 합력하여 선을 이루느니라"(롬 8:28)고 단언했다.

하나님의 주권

938
설령 그것이 큰일이든 작은 일이든 무엇이든 간에 하나님의 지시와 허락 없이는 신자에게 어떤 일도 일어날 수 없다…이 세상에서 살아가는 동안 그리스도인에게는 '우연'이라든가 '운'이라든가 '돌발적인 것'은 없다. 모든 것은 하나님이 정하시고 마련하신 것이다. 그리고 모든 것은 신자의 유익을 위하여 "합력하여 선을 이룬다."
-J. C. 라일(1816-1900), 영국 리버풀 성공회 주교

성경의 진리 "우리가 알거니와 하나님을 사랑하는 자 곧 그의 뜻대로 부르심을 입은 자들에게는 모든 것이 합력하여 선을 이루느니라"(롬 8:28).

939
하나님이 양초에 불을 붙이시면, 어느 누구의 입김으로도 그것을 끌 수 없다.
-찰스 스펄전(1834-1892), 런던 뉴파크 스트리트 교회 목사

성경의 진리 그리스도는 "열면 닫을 사람이 없고 닫으면 열 사람이 없는"(계 3:7) 분이시다.

하나님의 징계

940
우리는 우리를 위로하는 지팡이보다는 우리를 때리는 막대기를 통해 하나님에 대해 더 많이 배운다.
-스테판 차녹(1628-1680), 청교도 목사

성경의 진리 다윗이 다시 하나님께로 돌아간 것은 밧세바와 더불어 지은 죄 때문에 하나님이 다윗을 육체적으로 징계하시고 난 후였다(시 51:8 참고). 시편 기자는 고백했다. "고난 당한 것이 내게 유익이라 이로 말미암아 내가 주의 율례들을 배우게 되었나이다"(시 119:71).

941
징벌을 받을 때 우리는 가르침을 얻기 위해 기도해야 하며, 섭리에 대한 최고의 해설자인 율법을 들여다보아야 한다. 유익은 징벌 자체가 아니라 징벌과 함께 오며, 그 징벌에 대한 해설인 가르침이 바로 그것이다.

-매튜 헨리(1662-1714), 성경 주석가, 장로교 목사

성경의 진리 하나님께 징계받는 사람(욥 5:17, 시 94:12)과 하나님 말씀에 복종하는 사람(요 8:51, 요일 2:17)은 복이 있다.

942
당신은 하나님의 빛에 반응하든가, 하나님의 뜨거운 열에 반응하든가 둘 중 하나를 하게 될 것이다.

-작자 미상

성경의 진리 "주께서 그 사랑하시는 자를 징계하시고 그가 받아들이시는 아들마다 채찍질하심이라"(히 12:6). 우리가 하나님 말씀의 빛에 순종으로 반응하지 않으면, 하나님은-우리를 사랑하시기 때문에-징계의 뜨거운 열을 우리에게 비추실 수도 있다.

943
우리는 일용할 양식만큼이나 우리가 날마다 만나는 징계의 막대기에도 축복이 임하기를 기도해야 한다.

-존 오웬(1616-1683), 교회 지도자, 신학자

성경의 진리 여호와는 단지 우리에게 필요하기 때문에 우리를 징계하신다(시 119:75).

944
징벌을 통해 주님은 그분이 미워하시는 죄와 그분이 사랑하시는 죄인을 분리시키신다.
-작자 미상

성경의 진리 하나님은 우리를 징계하심으로써 우리를 당신의 친자녀로 대하신다(히 12:7).

945
하나님은 교훈을 주사 바로잡으시고, 또한 채찍질로 우리에게 교훈을 주신다. 하나님의 응징은 우리의 선생이고, 그분의 징벌들은 우리에게 주시는 훈계다!
-토마스 브룩스(1608-1680), 영국 청교도 목사

성경의 진리 "오직 하나님은 우리의 유익을 위하여 그의 거룩하심에 참여하게 하시느니라"(히 12:10).

946
때로 하나님은 우리가 그분을 바라보기 전에 우리를 뒤로 넘어지게 하셔야 할 때가 있다.
-잭 그레이엄(1950-), 침례교 목사

성경의 진리 시편 기자는 하나님께로부터 받은 육체적 징계(시 32:3-4)를 통해 회개와 죄의 고백으로 나아갔다(5절).

947
하나님은 상처를 입히기 전에 경고하신다.
-매튜 헨리(1662-1714), 성경 주석가, 장로교 목사

성경의 진리 하나님은 우리에게 기대하는 바를 보여 주시려고 그분의 말씀을 주신다(고전 11:23-26 참고). 우리가 하나님의 교훈들을 피하면, 하나님은 징계로 반응하신다(고전 11:27-32 참고).

하나님의 축복

948

하나님은 그분께 선택권을 드리는 사람들에게 언제나 최고의 것을 주신다.

-워렌 위어스비(1929-), 목사, 저자

성경의 진리 하나님 아버지는 최고의 것을 아신다(시 139:1-4, 요일 3:20).

하나님의 침묵

949

그리스도인은 하나님이 뒤로 물러나셔도 그분을 반드시 신뢰해야 한다.

-윌리엄 거널(1617-1679), 저자

성경의 진리 "여호와여 어느 때까지이니까 나를 영원히 잊으시나이까 주의 얼굴을 나에게서 어느 때까지 숨기시겠나이까"(시 13:1).

950

나는 설령 해가 비치고 있지 않더라도 해가 있음을 믿는다. 나는 설령 홀로 있을 때라도 사랑을 믿는다. 나는 설령 하나님이 침묵하시더라도 하나님을 믿는다.

-작자 미상

성경의 진리 "보지 못하고 믿는 자들은 복되도다"(요 20:29).

951

그리스도는 자기 신부를 떠나실 때, 그녀를 완전히 버리신 것이 아니라 그녀의 마음속에 그분을 간절히 사모하게 만드는 무언가를 남겨 두신다. 그리스도는 영혼의 욕망을 확대하고 불러일으키기 위해서만 자리를 비우시며, 그 영혼이 다시 하나님을 찾게 되면 다시는 그분을 보내지 않으려 할 것이다. 하나님은 우리의 유익을 위해 오시며 우리의 유익을 위해 떠나신다.

—리처드 시브스(1577-1635), 영국 신학자

성경의 진리 "너는 여호와를 기다릴지어다 강하고 담대하며 여호와를 기다릴지어다"(시 27:14).

952

우리는 감히 하나님이 부재중이시거나 공상에 잠겨 계신다고 생각하지 않는다. 아무것도 하지 않으시는 하나님, 그분은 우주 저 먼 구석 눈에 띄지 않는 곳에 계시면서 돌보지 않으시고, 느끼지 않으시며, 생각하지 않으시고, 관여하지 않는 그런 분이 아니시다. 믿으라. 하나님은 영광스럽고 무수히 많은 방식으로 개입하신다.

—조니 에릭슨 타다(1949-), '조니와 친구들' 설립자

성경의 진리 "내가 여호와를 기다리고 기다렸더니 귀를 기울이사 나의 부르짖음을 들으셨도다"(시 40:1).

하나님의 편재하심

953
하나님이 계시지 않는 곳이 있을 수 없는 것처럼, 어떤 곳도 하나님을 다 포함할 수 없다.
-스테판 차녹(1628-1680), 청교도 목사

성경의 진리 가장 높은 하늘이라도 어디에나 계시는 우리 하나님을 다 포함할 수 없다(왕상 8:27, 대하 2:6).

954
우리는 하나님의 임재를 무시할 수 있겠지만, 어디에서도 그 임재를 벗어날 수는 없다. 세상은 하나님으로 가득 채워져 있다. 그분은 자신의 신분을 숨기시고 어디에든 행하신다.
-C. S. 루이스(1898-1963), 저자, 옥스퍼드 대학 교수

성경의 진리 하나님은 하늘과 땅, 어디에도 계신다(시 113:4-6, 사 66:1, 렘 23:23-24).

한결같은 마음

955
이 세상과 앞으로 올 세상은 서로 원수다. 그러므로 우리는 이 두 세상과 벗할 수 없고, 둘 중 하나를 선택해야 한다.
-알렉산드리아의 클레멘트(150-215), 신학자, 철학자

성경의 진리 "세상과 벗된 것이 하나님과 원수 됨을 알지 못하느냐 그런즉 누구든지 세상과 벗이 되고자 하는 자는 스스로 하나님과 원수 되는 것이니라"(약 4:4).

956
나에게는 단 하나 열망하는 것이 있다. 그것은 그분이다! 그것은 그분이다!

-니콜라스 본 진젠도르프(1700-1760), 독일 종교가

성경의 진리 바울은 "또한 모든 것을 해로 여김은 내 주 그리스도 예수를 아는 지식이 가장 고상하기 때문이라"(빌 3:8)고 단언했다.

행복

957
쾌락을 추구하는 것은 무익한 일이다. 행복은 우리가 그것을 찾는 일을 중단하고, 다른 사람들과 그들의 사정에 주의를 기울이는 은혜를 누릴 때까지는 절대 발견되지 않는다.

-J. I. 패커(1926-), 저자, 신학자

성경의 진리 "의인은 기뻐하여 하나님 앞에서 뛰놀며 기뻐하고 즐거워할지어다"(시 68:3).

958
의로움을 추구하는 사람들만이 진정 행복하다. 의로움 대신 행복을 추구한다면, 당신은 결코 행복을 얻지 못할 것이다.

-마틴 로이드 존스(1899-1981), 웨일스 개신교 목사

성경의 진리 "너희 의인들아 여호와를 기뻐하며 즐거워할지어다 마음이 정직한 너희들아 다 즐거이 외칠지어다"(시 32:11).

959
당신의 쾌락이 있는 곳에 당신의 보물도 있다. 당신의 보물이 있는 곳에 당신의 마음도 있다. 당신의 마음이 있는 곳에 당신의 행복도 있다.
-아우구스티누스(354-430), 히포의 주교

성경의 진리 "너희를 위하여 보물을 하늘에 쌓아 두라"(마 6:20).

960
그리스도를 자신의 '모든 것'으로 삼는 법을 배우라. 그 사람은 복되다.
-J. C. 라일(1816-1900), 영국 리버풀 성공회 주교

성경의 진리 우리는 바울처럼 되기 위해 애써야 한다. "내가 그리스도와 함께 십자가에 못 박혔나니 그런즉 이제는 내가 사는 것이 아니요 오직 내 안에 그리스도께서 사시는 것이라 이제 내가 육체 가운데 사는 것은 나를 사랑하사 나를 위하여 자기 자신을 버리신 하나님의 아들을 믿는 믿음 안에서 사는 것이라"(갈 2:20).

961
온전히 헌신된 그리스도인만이 온전히 행복한 그리스도인이다.
-에리히 자우어(1898-1959), 독일 비데네스트 성경학교

성경의 진리 "의인이여 너희는 여호와로 말미암아 기뻐하며"(시 97:12).

962
일단 회심만 하면 모든 것이 행복해지리라고 생각하는 사람들은 사탄을 잊어버린 것이다.
-마틴 로이드 존스(1899-1981), 웨일스 개신교 목사

성경의 진리 사탄은 "참소하던 자"(계 12:10)이며, 종종 그리스도인의 양심을 참소한다.

963
우리를 사랑하시는 하나님은 우리가 먹고, 마시고, 유쾌하게 지내기를 바라신다.

-마르틴 루터(1483-1546), 종교개혁가, 사제, 신학 교수

성경의 진리 "사람이 먹고 마시며 수고하는 것보다 그의 마음을 더 기쁘게 하는 것은 없나니"(전 2:24).

964
하나님은 거룩함과 행복을 결부시키셨다. 하나님이 결합시키신 것을 우리가 떼어 놓으려 해서는 안 된다.

-J. C. 라일(1816-1900), 영국 리버풀 성공회 주교

성경의 진리 거룩한 사람은 깨끗한 양심을 가지고 있다(고후 1:12, 딤전 1:5, 19, 히 13:18). 그것은 행복을 구성하는 핵심 요소다.

965
더 이상 죄를 짓지 않는 것, 그것이 내가 원하는 참된 행복이다.

-로버트 머레이 맥체인(1813-1843), 스코틀랜드 교회 목사

성경의 진리 "다시는 죄를 범하지 말라"(요 5:14, 8:11). 이것은 구세주가 친히 하신 말씀이다.

966
행복하기를 바라는 사람은 먼저 거룩함을 위해 힘써야 한다.

-리처드 시브스(1577-1635), 영국 신학자

성경의 진리 하나님은 말씀하신다. "내가 거룩하니 너희도 거룩할지어다"(벧전 1:16).

967
행복은 미덕을 실천하는 것이다.

−알렉산드리아의 클레멘트(150-215), 신학자, 철학자

성경의 진리 하나님의 방식으로 살 때 우리는 참된 복을 경험한다. "복 있는 사람은 악인들의 꾀를 따르지 아니하며 죄인들의 길에 서지 아니하며 오만한 자들의 자리에 앉지 아니하고"(시 1:1).

행위에 근거한 구원?

968
오래전부터 사람들의 마음을 괴롭혔던 가장 가증하고 해로운 사이비 종교는 그토록 거룩하신 하나님과 같이 살려면 어떻게든 자신을 충분히 선한 존재로 만들어야 한다는 생각이었다.

−마르틴 루터(1483-1546), 종교개혁가, 사제, 신학 교수

성경의 진리 "너희는 그 은혜에 의하여 믿음으로 말미암아 구원을 받았으니 이것은 너희에게서 난 것이 아니요 하나님의 선물이라 행위에서 난 것이 아니니 이는 누구든지 자랑하지 못하게 함이라"(엡 2:8-9). "사람이 의롭게 되는 것은 율법의 행위로 말미암음이 아니요 오직 예수 그리스도를 믿음으로 말미암음이라(갈 2:16).

허영심

969
썩어가는 재물을 추구하고 그것을 믿는 것은 헛되다. 명예를 추구하고 높은 위치로 올라가려는 것도 헛되다. 육신의 욕망을 따르고, 후에 벌을 받되 오랜 뒤에 그렇게 되기를 바라는 것은 헛되다.

−토마스 아 켐피스(1380-1471), 『그리스도를 본받아』 저자

성경의 진리 시편 90편 12절은 우리의 날을 계수함으로 우리가 지혜의 마음을 얻게 된다는 것을 알려준다. 시편 기자는 "여호와여 나의 종말과 연한이 언제까지인지 알게 하사 내가 나의 연약함을 알게 하소서"(시 39:4)라고 기도했다.

헌금

970

하나님께는 우리의 돈이 필요 없다. 하지만 당신과 나에게는 돈을 헌금하는 경험이 필요하다.

-제임스 돕슨(1936-), '포커스 온 더 패밀리' 설립자

성경의 진리 우리는 언제나 궁핍한 사람들을 구제해야 한다(눅 11:41, 12:33, 히 13:16).

971

가난한 사람들에게 자신의 재물을 주는 사람은 그만큼 다시 소유하게 될 것이며, 그것도 열 배 더 갖게 될 것이다.

-존 번연(1628-1688), 저자, 설교자

성경의 진리 "주는 것이 받는 것보다 복이 있다"(행 20:35).

972

미소를 지으며 적은 것을 드리는 사람은 인상을 쓰면서 많은 것을 드리는 사람보다 더 많이 드리는 것이다.

-작자 미상

성경의 진리 "하나님은 즐겨 내는 자를 사랑하시느니라"(고후 9:7).

973

당신의 집에서 썩어가고 있는 빵은 굶주린 자의 것이다. 당신의 침대 아래서 곰팡이가 피고 있는 구두는 신발이 없는 사람들의 것이다. 당신의 트렁크에 비축되어 있는 옷은 헐벗은 이들의 것이다.

-위대한 바실(330-379), 카이사랴 마사카 감독, 신학자

성경의 진리 "내가 주릴 때에 너희가 먹을 것을 주었고…헐벗었을 때에 옷을 입혔고…음식을 대접하였으며…임금이 대답하여 이르시되 내가 진실로 너희에게 이르노니 너희가 여기 내 형제 중에 지극히 작은 자 하나에게 한 것이 곧 내게 한 것이니라"(마 25:35-40).

974

우리가 궁핍한 자를 먹이지 않는다면, 우리가 무엇을 말하든 우리에게는 하나님의 사랑이 없는 것이다. 주일 아침 11시에 우리가 어떤 행동과 말을 하든, 가난한 사람들을 돌보지 않는 부유한 사람은 하나님의 백성이 아니다.

-로날드 사이더(1939-), 신학자, 기독교 활동가

성경의 진리 가난한 사람들에게 베푼 친절한 행동은 그리스도께 한 것과 같다(마 25:35, 40).

헌신

975

그리스도인의 삶은 자신의 생활 방식에 예수님을 추가하는 것이 아니라, 예수님의 방식을 위해 자신의 방식을 포기하고 그에 따르는 대가가 무엇이든 기꺼이 지불하는 것이다.

-존 맥아더(1939-), 그레이스 교회 목사

성경의 진리 예수님은 "누구든지 자기 십자가를 지고 나를 따르지 않는 자도 능히 내 제자가 되지 못하리라"(눅 14:27)고 경고하셨다.

976
하나님은 우리의 마음이 그분으로 인하여 감동받을 때까지는 우리의 예배로 감동받지 않으신다.
-켈리 스파크스, 예배 인도자

성경의 진리 "오라 우리가 굽혀 경배하며 우리를 지으신 여호와 앞에 무릎을 꿇자"(시 95:6). "아름답고 거룩한 것으로 여호와께 예배할지어다 온 땅이여 그 앞에서 떨지어다"(시 96:9).

977
하나님의 마음이 그토록 우리를 향해 있으신데 어떻게 우리의 마음이 하나님을 향해 있지 않겠는가.
-리처드 백스터(1615-1691), 영국 청교도 교회 지도자

성경의 진리 하나님의 마음은 세상이 창조되기 전부터 우리에게 초점을 맞추고 있었다(엡 1:4).

978
너무나 많은 사람이 기독교의 경험보다 기독교의 어휘들만 갖고 있다.
-찰스 F. 배닝

성경의 진리 우리는 심지어 예수님을 '주님'이라고 부르면서도 그분과 모르는 사이일 수 있다(마 7:21-22).

979
죄 외에는 아무것도 무서워하지 않고 하나님 외에는 아무것도 바라지 않

는 사람 백 명을 내게 달라. 그들이 목사건 평신도건 상관없다. 그들만이 지옥의 문을 흔들고 이 땅에 천국을 세울 것이다.

−존 웨슬리(1703−1791), 감리 교회 창시자

성경의 진리 초대 사도들은 훈련받은 사역자가 아니었다. 하지만 성령의 권능 아래 그들은 "땅 끝까지" 이르는 증인이 되었다(행 1:8).

980

나의 하나님이시여, 내 삶을 소비하소서. 내 삶은 당신의 것입니다. 저는 오래 살기를 구하지 않습니다. 다만, 주 예수님 당신처럼 충만히 살기를 간구합니다.

−짐 엘리엇(1927−1956), 에콰도르 선교사

성경의 진리 "너희 몸을 하나님이 기뻐하시는 거룩한 산 제물로 드리라"(롬 12:1).

981

주님, 저의 모든 계획과 목적, 모든 욕망과 소망을 포기하고
제 삶을 향한 주님의 뜻을 받아들입니다.
저 자신, 저의 생명, 저의 모든 것을
주님이 소유하시도록 영원히 주님께 드립니다.
저를 주님의 성령으로 채워 주소서.
저를 주님이 뜻하시는 대로 사용하소서.
저를 주님이 뜻하시는 곳으로 보내소서.
지금도 그리고 영원토록 어떤 일이 있어도
저의 삶에서 주님의 뜻을 온전히 이루소서.

−베티 스탬(1907−1934), 중국내지선교회 선교사

성경의 진리 시편 기자도 이렇게 부르짖었다. "나의 하나님이여 내가 주의 뜻 행하기를 즐기오니"(시 40:8).

982

그리스도는 하나도 남김 없이 당신을 위해 자신을 주셨다. 당신의 삶도 남김 없이 그분께 드려야 한다.

-에리히 자우어(1898-1959), 신학자, 독일 비데네스트 성경학교

성경의 진리 한 발은 세상에 담그고 한 발은 하나님 나라에 담그는 부분적 헌신은 쓸모가 없다(참고 왕상 3:3, 22:43, 눅 16:13). 우리의 헌신은 전적이어야 한다(눅 9:62).

혀

983

혀는 세 치밖에 되지 않지만, 여섯 자나 되는 사람을 죽일 수 있다.

-작자 미상

성경의 진리 혀는 날카로운 삭도같이 벨 수 있고(시 52:2), 뱀처럼 독이 있으며(시 140:3), 죽일 수도 있다(잠 18:21). 아무도 그것을 길들일 수 없다(약 3:8).

984

혀는 마음의 종이다. 그러므로 반드시 마음 좋은 주인이 되라.

-스탠리 투쌍, 달라스 신학교 교수

성경의 진리 "입에서 나오는 것들은 마음에서 나오나니 이것이야말로 사람을 더럽게 하느니라"(마 15:18).

혀를 길들임

985
사람이 성령 충만할 때 일어나는 첫 번째 일은 그가 여러 종류의 방언을 하는 게 아니라, 이미 있는 하나의 혀를 제어하는 방법을 배우는 것이다.
-시들로우 백스터(1903-1999), 목사, 신학자

성경의 진리 바울은 성령의 열매는 사랑, 자비, 양선, 온유, 절제 같은 미덕이라고 말했다(갈 5:22-23). 이런 미덕들은 혀를 다스리는 중대한 역할을 한다.

협력

986
인간의 몸은 가장 놀라운 협력의 예를 보여 준다. 모든 기관이 다른 기관을 필요로 한다. 위로 배고픔을 느낄 때, 눈은 햄버거를 찾는다. 코는 양파 냄새를 맡고, 발은 식당으로 달려가며, 손은 햄버거를 집어 들고, 입으로 밀어 넣는다. 그리고 햄버거는 입에서 위로 내려간다. 이런 것이 바로 협력이다!
-조니 에릭슨 타다(1949-), '조니와 친구들' 설립자

성경의 진리 하나님은 그리스도의 몸에서 서로 다른 지체가 협력하게 하신다(고전 12:21-26).

화

987
나는 그리스도인으로서 마귀가 내 안에 거하도록 허용할 권리가 없는 것

과 마찬가지로 화가 내 안에 거하도록 허용할 권리도 없다.
-찰스 스펄전(1834-1892), 런던 뉴파크 스트리트 교회 목사

성경의 진리 "분을 내어도 죄를 짓지 말며 해가 지도록 분을 품지 말고 마귀에게 틈을 주지 말라"(엡 4:26-27).

화합

988
우리는 형제로서 함께 사는 법을 배우든가, 바보로서 함께 멸망하든가 선택해야 한다.
-마틴 루터 킹(1929-1968), 목사, 미국 흑인 인권 운동가

성경의 진리 인종차별주의는 하나님의 뜻에 완벽히 어긋난다. 하나님은 "인류의 모든 족속을 한 혈통으로 만드사 온 땅에 살게 하"셨기 때문이다(행 17:26). 게다가 하나님의 구속받은 자들은 "각 족속과 방언과 백성과 나라 가운데에서" 나올 것이다(계 5:9).

환멸과 그리스도인

989
하나님에 대한 실망은 다른 그리스도인들에 대한 환멸에서 시작된다.
-필립 얀시(1949-), 저자

성경의 진리 바울은 동료들이 자신을 버리고 떠났을 때 조금은 실망했을 것이다. 그러나 그는 즉시 그들을 용서한 것으로 보인다(딤후 4:10, 16).

회개

990
다시는 똑같이 행동하지 않는 것이 가장 참된 회개다.
-마르틴 루터(1483-1546), 종교개혁가, 사제, 신학 교수

성경의 진리 "그러므로 회개에 합당한 열매를 맺고"(마 3:8).

991
증거 없는 회개를 조심하라.
-J. C. 라일(1816-1900), 영국 리버풀 성공회 주교

성경의 진리 신자들은 "회개에 합당한 일을"(행 26:20) 해야 한다.

992
회개하지 않은 죄는 진행되고 있는 죄다.
-코리 텐 붐(1892-1983), 홀로코스트 생존자

성경의 진리 "악을 떠날지어다"(잠 3:7).

993
하나님 앞에서 회개하지 않는 죄인은 용서 없는 심판을 받게 될 것이다.
-매튜 헨리(1662-1714), 성경 주석가, 장로교 목사

성경의 진리 "우리가 다 하나님의 심판대 앞에 서리라"(롬 14:10).

994
얼음은 오래 얼릴수록 깨뜨리기 더 어렵다. 이처럼 회개를 미루면 죄는 더 강해지고 마음은 완악해진다.

-토마스 왓슨(1620-1686), 청교도 설교자, 저자

성경의 진리 "그들이 감각 없는 자가 되어 자신을 방탕에 방임하여 모든 더러운 것을 욕심으로 행하되"(엡 4:19).

995
참된 회개는 양면성을 갖고 있다. 그것은 눈물을 흘리며 과거의 것들을 지켜보고, 주의 깊은 눈으로 미래를 지켜본다.

-로버트 사우스(1634-1716), 영국 목사

성경의 진리 "모든 무거운 것과 얽매이기 쉬운 죄를 벗어버리고 인내로서 우리 앞에 당한 경주를"(히 12:1) 하자.

996
마귀는 우리로 하여금 회개의 바다에서 너무 멀리까지 나아가게 해서, 우리가 감당할 깊이를 넘어선 절망의 심해에 빠지게 한다.

-토마스 왓슨(1620-1686), 청교도 설교자, 저자

성경의 진리 성경은 "마귀의 간계"(엡 6:11)에 대해 경고한다. 우리는 근신하며 깨어 있어야 한다(벧전 5:8 참고).

997
진정한 부흥의 참된 표시는 지속적인 회개다.

-에롤 헐스(1931-), 저자

성경의 진리 회개하고 하나님께 돌이키면 "새롭게 되는 날이 주 앞으로부터 이를 것이

요"(행 3:19-20).

998
마음이 완고해지는 것은 동맥경화보다 더 빠르게 사람을 늙게 한다.
-작자 미상

성경의 진리 "오늘 너희가 그의 음성을 듣거든…너희 마음을 완고하게 하지 말라"(히 3:15).

회심

999
모든 세대(generation)는 거듭(re-generation)나야 한다.
-찰스 스펄전(1834-1892), 런던 뉴파크 스트리트 교회 목사

성경의 진리 예수님은 말씀하셨다. "진실로 진실로 네게 이르노니 사람이 거듭나지 아니하면 하나님의 나라를 볼 수 없느니라"(요 3:3). 니고데모에게 주신 이 말씀은 여전히 우리에게도 동일한 진리다.

1000
나는 마음이 이상하게 따뜻해지는 것을 느꼈다. 나는 구원받기 위해 그리스도를, 오직 그리스도만을 믿었다. 그분이 나의 죄들을 제거하시고, 나를 죄와 사망의 법에서 구원하셨다는 확신이 들었다.
-존 웨슬리(1703-1791), 감리 교회 창시자

성경의 진리 "그러므로 우리가 믿음으로 의롭다 하심을 받았으니 우리 주 예수 그리스도로 말미암아 하나님과 화평을 누리자"(롬 5:1). 하나님과 화평할 때 우리의 마음은 따뜻해진다.

1001
우리를 만드신 분이 또한 우리를 새로 만드셨다.

-아우구스티누스(354-430), 히포의 주교

성경의 진리 우리는 "우리가 행한 바 의로운 행위로 말미암지 아니하고 오직 그의 긍휼하심을 따라 중생의 씻음과 성령의 새롭게 하심으로"(딛 3:5) 구원받았다.

1001 Unforgettable
Quotes About God,
Faith, and the Bible

1001 Unforgettable
Quotes About God,
Faith, and the Bible

1001 Unforgettable
Quotes About God,
Faith, and the Bible

1001 Unforgettable Quotes About God, Faith, and the Bible